KB131618

재미있는
법률
여행
5

# 재미있는 법률여행 5
**민사소송법**

개정판 1쇄 발행 2014. 11. 14.
개정판 6쇄 발행 2023. 9. 1.

지은이 한기찬

발행인 고세규
편집 조혜영 | 디자인 안희정
발행처 김영사
등록 1979년 5월 17일 (제406-2003-036호)
주소 경기도 파주시 문발로 197(문발동) 우편번호 10881
전화 마케팅부 031)955-3100, 편집부 031)955-3200, 팩스 031)955-3111



값은 뒤표지에 있습니다.
ISBN 978-89-349-6934-1 04360
978-89-349-6929-7 (set)

홈페이지 www.gimmyoung.com 블로그 blog.naver.com/gybook
인스타그램 instagram.com/gimmyoung 이메일 bestbook@gimmyoung.com

좋은 독자가 좋은 책을 만듭니다.
김영사는 독자 여러분의 의견에 항상 귀 기울이고 있습니다.

이 도서의 국립중앙도서관 출판시도서목록(CIP)은 서지정보유통지원시스템홈페이지
(http://seoji.nl.go.kr)와 국가자료공동목록시스템(http://www.nl.go.kr/kolisnet)에서
이용하실 수 있습니다.(CIP제어번호 : CIP2014028814)

# 5

한기찬 지음

김영사

## 머리말

많은 미래학자들이 오래전부터 21세기 사회는 정보화 사회, 지식 산업화 사회가 될 것이라고 예측하고 있었습니다. 이 예측은 21세기에 들어와 현실화되었습니다.

산처럼 쌓이고 폭포처럼 쏟아져 나오는 수많은 책, 늘어나는 TV 채널, 점점 두꺼워지는 신문, 인터넷의 등장과 확산 등 어디를 보더라도 지식과 정보의 양은 가히 폭발적입니다. 이제는 '빈부의 격차'가 아니라 '정보의 격차'를 우려하는 목소리가 등장하고 있을 정도입니다.

이러한 정보화 사회, 지식 기반 사회를 살아가는 오늘날의 성실한 시민들은 자기가 전공하지 않은 분야 지식에 대한 탐구열도 높습니다. 그렇지만 아직까지 법률은 일반 시민들이 쉽사리 접근할 수 있는 그리 만만한 대상은 아닌 듯싶습니다.

그 이유는 여러 가지가 있겠지만, 아마도 법 전공자나 법조 분야에 종사하는 실무자가 아닌 일반 시민들을 위해 어렵고 난삽한 법률을 이해하

기 쉽도록 해주는 성실한 가이드가 없다는 측면도 있을 것입니다.

김영사가 기획하고 제가 참여하고 있는 《재미있는 법률여행》 시리즈는, 말하자면 법률을 알고 싶고 진지하게 탐구해보려는 일반 시민들의 기대와 욕구에 대한 의미 있는 대응 작업이라고 생각합니다.

여러모로 능력이 부족한 필자가 김영사와 손잡고 이미 펴낸 바 있는 《재미있는 법률여행》 시리즈(1편 민법: 재산법, 2편 민법: 가족법, 3편 형법, 4편 형사소송법)가 기대 이상으로 독자 여러분의 사랑을 받고 있다는 사실은 고무적인 일이 아닐 수 없습니다.

이제 제5편으로 민사소송법을 내놓게 되었습니다. 시민들의 권리 의식 향상으로 민사소송 건수는 해마다 증가하고 있으며, 이를 받아 재판을 하는 법관들은 과다한 업무에 시달리고 있는 실정입니다. 절차법에 불과한 민사소송법의 중요성이 점점 커지고 있는 것입니다.

그런데 민사소송법은 법률을 전공하는 법학도들에게도 가장 어렵다고 정평이 나 있을 정도입니다. 저의 공부 경험에 의하더라도 그렇습니다.

대학 시절 사법 시험에 뜻을 두고 공부하면서 민사소송법 교과서를 처음으로 대한 때가 3학년이었습니다. 교과서 초반부터 생전 처음 보는 낯선 용어들로 가득 차 있었고, 설명을 아무리 읽어도 도대체 무슨 소리인지 이해가 되질 않았습니다. 진도가 너무 나가지 않자 가슴이 답답해서 책장을 덮고 몇 번이나 밖으로 뛰쳐나가 심호흡을 하였던 기억이 지금도 선명합니다.

당시의 사법 시험에서 필수 과목의 하나였던 민사소송법은 저에게 사법 시험에 대한 공포와 절망을 안겨준 법률이기도 하였습니다. 그러나 장담컨대 민사소송법은 사실 그렇게 어려운 것이 아닙니다. 일단 '이해의 단계'를 넘게 되자 그다음부터의 공부는 내리막길을 걷는 것만 같았습니다.

민사소송법이란 결국 사람 사이에 일어나고 또 일어날 수밖에 없는 '분쟁'을, 소송이라는 '절차'와 '법정'이라는 공간에서 합리적으로 처리 · 해결하고자 그 기준, 방법, 절차 등을 정해놓은 지극히 기술적이고 실용적인 법률에 불과합니다. 다시 말한다면, 민사소송법은 '분쟁 해결의 규칙(게임의 규칙)'에 불과합니다.

게임의 룰을 알고 나면 그 게임의 관전이 즐겁듯이, 민사소송법이라는 게임의 룰도 이해의 단계만 넘기면 그렇게 어려운 법률은 아니라는 것이 저의 확신입니다.

실체가 이러한데도 민사소송법의 공부와 이해가 어려운 이유는, 소송이라는 것이 보통 사람에게는 평생 한 번 겪을까 말까 한 일이기 때문입니다. 게다가 소송이 실제로 진행되는 법정 구경도 한 번 해보지 않은 상태에서 그 분쟁 해결 절차를 설명한 교과서나 법조문을 대할 때 어렵다고 고개를 젓게 되는 것은 어쩌면 당연한 것입니다.

사정이 이러함에도 불구하고 민사소송법을 해설한 교과서들은 사법 시험이나 변호사 시험을 위해서 죽으나 사나 공부해야 하는 법학과 대학생 즉 전공자를 대상으로 집필되었기 때문에, 전공자가 아닌 시민들에게 민사소송법은 가장 어렵다는 악명을 날리고 있는 것입니다.

이 책은 저의 이러한 공부 경험과 30여 년이 넘는 법조인으로서 또 대학에서 학생들에게 민사소송법을 가르쳐본 실무 경험자로서, 민사소송법은 어떠한 법률인가, 그 속에는 어떤 절차·제도·원리가 담겨 있는가, 왜 그러한 절차·제도를 만들었는가, 또 그것들은 실제 어떻게 운영되고 있는가, 일반 시민들이 알아두면 어떻게 활용할 수 있는가 등에 초점을 맞추어 첫째로는 재미있게, 둘째로는 쉽게 이해할 수 있도록 애써본 것입니다.

먼저 민사소송법에서 정해놓은 수많은 제도·원리·절차 들 중에서 독자들이 '알아둘 만한 것들'을 제 나름대로 엄선하였습니다. 그리고 해설과 설명에 앞서서 '사례'를 제시하였습니다. 민사소송에는 반드시 대립하는 분쟁 당사자(즉 원고와 피고)가 있기 마련인데 이 당사자를 우리가 익히 알고 있는 놀부나 흥부, 이몽룡과 춘향이 등으로 가정하거나 또는 필자가 창작하여 분쟁의 내용을 사례화한 것입니다.

또한 사례 속에서 당사자들이 이해관계 때문에 대결하고 다투는 모습들은 전부 창작이고 가상이며 재미를 위해서 꽁트의 형식을 빌렸으나, 따지고 보면 우리 사회에서 일상적으로 일어나고 있거나 있을 수 있는 분쟁의 모습입니다.

다음으로 '해설'은 학자들 간의 복잡한 다툼을 짐짓 피하고 통설이나 확립된 판례에 따라 풀이하였습니다. 콩트화한 이 사례에서처럼 해설은 좀 더 쉽게 하였으면 좋겠다는 독자들의 요청에 최대한 유의하였으나 지면의 제약도 무시할 수 없는 어려움이 있었습니다.

마지막으로 '부록'에는 소송 실무에서 실제 사용하고 있는 각종 서식례를 소개하였는데, 이 서식을 찬찬히 읽어보는 것만으로도 공부에 도움이 되리라고 믿습니다.

원래 민사소송법은 판결이 이루어지는 절차(소송 절차)와 확정된 판결을 국가의 공권력이 강제적으로 실현하는 절차(강제 집행 절차)로 대별되는데, 오랫동안 이 두 개의 절차는 하나의 법률(민사소송법)에 포함되어 있었으나 2002년 1월경 민사소송법과 민사집행법으로 분리된 바 있습니다. 이 책은 '민사소송법'이므로 대부분 소송에 관련된 주제만을 다루었으나 강제 집행 분야도 '최소 필요 한도'는 다루었다는 점도 밝힙니다.

참고로, 이 책에서는 대학에서 학생들에게 민사소송법을 강의해본 경험에 비추어, 해설의 순서와 편제를 민사소송법의 조문이나 학자들의 민사소송법 교과서에 따르지 아니하고 소송의 제기부터 시작하여, 변론·공제·판결·집행이라는 순서에 따라 보았습니다. 이 점이 이 책의 특색이기도 한데 독자 여러분의 평가가 어떠할지 자못 궁금합니다.

《재미있는 법률여행》 5편을 오랫동안 기다려주신 독자 여러분께 마음으로 감사하다는 인사를 드립니다.

독자 여러분의 여행길에 행운이 가득하길 기원하면서….

2014년 11월

한기찬

# 차례

머리말

법률여행을 시작하려는 당신에게

민사소송법에 관하여

## PART 1 소송

1 아범아, 생활비 좀 다오 | 부양료 청구 소송 | 31

2 무식하면 소송도 못 하나요 | 구술 제소 | 33

3 노인이라고 무시하면 안 돼요 | 소액 사건의 심판 청구 | 35

4 낙선 운동을 중지하라 | 소가의 산정 | 37

5 내가 누군지 몰라? | 인지 보정 명령 | 39

6 소송 비용 좀 도와줘유 | 소송 비용의 구조 신청 | 41

7 내 조상의 땅을 돌려다오 | 소송 요건 | 43

8 어리다고 무시하십니까? | 소송 능력 | 45

9 혼수품이 도대체 뭐라고 | 법정 대리인 | 47

10 잘나가는 벤처 사장의 망신 | 허가에 의한 소송 대리 | 49

11 변호사만 변호할 수 있나요 | 변호사 대리의 원칙 | 51

12 조상 자랑이 불러온 화 | 변호사강제주의 | 53

13 정력에 좋다면 그저 | 당사자 능력 | 55

14 명당이라더니 소송만 당하고 | 죽은 사람을 상대로 한 소송 | 57

15 내 뜻이 아니라 아들의 뜻이라오 | 성명 도용 소송 | 59

16 진짜 이름이 뭐예요? | 당사자 표시의 정정 | 61

17 피자냐 빈대떡이냐, 이것이 문제로다 | 외국인 상대 소송 | 63

18 성미가 급하다 보니 | 장래 이행의 소송 | 65

19 내 동전을 내놓으란 말이다 | 확인의 소 | 67

20 내 돈은 어디로 갔나 | 채무 부존재 확인 소송 | 69

21 이름 끝 자는 같아도 생각은 달라요 | 필수적 공동 소송 | 71

22 정의감 빼면 시체인 탓에 | 집단 소송 | 73

23 피고 선수 교체합니다 | 피고의 교체 | 75

24 원고가 너무 많다 | 선정 당사자 | 77

25 남자가 울거나 하품하거나 | 부작위 청구 | 79

26 일단 청구부터 하고 보자 | 일부 청구 | 81

27 내 고양이 내놓으라고 | 대상 청구 | 83

28 법대로 하면 손해 볼 일 없다 | 이자의 청구 | 85

29 방송국을 상대로 이길 수 있다고요? | 간접 강제 청구 | 87

30 가훈이 발목을 잡네 | 지급 명령 신청 | 89

31 아직도 지역감정이 문제라니 | 배상 명령 신청 | 91

32 잃어버린 내 수표를 돌려다오 | 공시 최고 절차 | 93

33 어느 해고자의 억울함을 풀어주오 | 청구의 병합 | 95

34 우리는 아무것도 몰라요 | 청구의 주관적, 예비적 병합 | 97

35 달면 삼키고 쓰면 뱉는 세상 | 청구의 변경 | 99

36 소송은 어디에서 하는가? | 토지 관할 | 101

37 벚꽃 구경인지, 사람 구경인지 | 재판적 | 103

38 맹물로 가는 자동차를 발명하였더니 | 관련 재판적 | 105

39 죽고 못 산다더니 이제 와서 딴소리? | 직분 관할, 심급 관할 | 107

40 우리 서울에서 만나요 | 합의 관할 | 109
41 하도 깨알 같은 글씨라 미처 못 보았소 | 약관상 관할 합의의 효력 | 111
42 일단 재판에 나갔다가 | 응소 관할 | 113
43 땅 판 것도 억울한데, 돈도 못 받고 | 소송의 이송 | 115
44 보신탕? 맛만 좋더라 | 법관의 기피 | 117
45 소송도 소송 나름 | 민사소송과 신의 성실의 원칙 | 119
46 칼자루를 잡았으니 | 민사소송의 남용 | 121
47 뭐! 몸으로 때우면 될 것 아냐 | 형사 고소와 민사 책임 | 123
48 구속만 되면 돈은 나오게 되어 있다 | 민사 사건의 형사 사건화 | 125
49 사랑하는 여인도 뺏기고 몸도 다치고 | 부제소 합의 | 127
50 경기 불황이 유죄 | 소송 신탁 | 129
51 원체 주문이 밀려드는 탓에 | 중복 제소 | 131
52 정력의 비결 | 중재 | 133
53 팬은 왕이다 | 재판상 화해 | 135
54 마음은 늘 변하는 법이지 | 제소 전 화해 | 137
55 정직의 대가가 고작 10만 원이라니 | 조정 | 139
56 내 간장을 돌리도! | 강제 조정 | 141
57 알아서 하세요 | 소장의 송달 | 143
58 피고가 행방불명이라서 | 공시 송달 | 145
59 그림의 기초도 안 된 자가 | 소의 취하 | 147
60 재판은 재판장님이 알아서 해주시오 | 소 취하 간주 | 149
61 있는 것은 돈밖에 없다 | 반소 | 151
62 먹는장사는 불황이 없다더니 | 보조 참가 | 153
63 소송 도중에 죽으면 어떡하냐고 | 소송 승계 1 | 155
64 해도 해도 너무했다 | 소송 승계 2 | 157

## PART 2 재판


1 죽기 전에 판결이 날까 | 기일 지정 신청 | 161

2 사정상 법원에 출석할 수 없소이다 | 기일의 변경 신청 | 163

3 가는 날이 장날이라더니 | 변론의 재개 신청 | 165

4 소송은 원래 오래가는 법? | 소송 지연 대책 | 167

5 원고의 청구에 이유가 있다면? | 청구의 인락 | 169

6 원고는 변호사를 선임하라 | 변호사 선임 명령 | 171

7 아무리 급해도 절차를 무시할 수는 없다 | 본안 전 항변 | 173

8 땅도 법을 아는 사람이 임자다 | 변론주의 | 175

9 죽마고우라고 봐주다가 큰코 다친다 | 처분권주의 | 177

10 할 말이 있으면 서면으로 하시오 | 구술주의와 서면주의 | 179

11 외상은 공짜가 아니니다 | 주장 책임 | 181

12 장인, 장모 욕하는 사위는 나가라 | 입증 책임 1 | 183

13 누가 입증할 것인가 | 입증 책임 2 | 185

14 홈런 공에 맞았소! | 입증 촉구 | 187

15 광어는 왜 죽었을까? | 인과 관계의 입증 | 189

16 사랑의 비싼 대가 | 자백 | 191

17 아무 말 안 하면 장땡? | 자백 간주 | 193

18 치료비와 위자료, 뭐가 다르죠? | 석명 | 195

19 내 건강을 누가 책임진단 말이오 | 직권 증거 조사 | 197

20 국회의원들은 떡을 아주 좋아한다? | 직권 탐지 | 199

21 내가 억울한 건 동네 사람이 다 안다 | 증거의 신청과 채택 | 201

22 나는 모르는 일입니다 | 증거의 인부 | 203

23 누가 썼는지 난들 어떻게 아오? | 사문서의 진정 성립 | 205

24 4·19 혁명이 일어난 해는? | 불요증 사실 | 207
25 짬밥을 먹었냐 안 먹었냐, 이것이 문제로다 | 당사자 간에 다툼이 없는 사실 | 209
26 원고, 증인 신문하시오 | 증인 신문 방식 | 211
27 고개 숙인 남자여, 내게로 오라 | 증언 거부권 | 213
28 정말 이렇게까지는 하고 싶지 않다고요 | 당사자 신문 | 215
29 뜻이 있는 곳에 정말 길이 있다? | 문서 제출 명령 신청 | 217
30 광고는 모두 진실이다, 거짓이다 | 검증 | 219
31 법관이라고 다 아는 건 아니에요 | 감정 | 221
32 재판장님, 미국 출장가시겠습니다 | 유일한 증거 방법 | 223
33 그 사람, 성격 한번 급하구먼 | 실기한 공격 방어 방법 | 225
34 증인님, 이민 가십니다 | 증거의 보전 | 227
35 모로 가도 서울만 가면 된다 | 증거 공통의 원칙 | 229
36 '감'은 잡았다 | 변론의 전 취지 | 231
37 현대판 솔로몬은 어떤 판결을 내릴까 | 자유심증주의 | 233
38 판사님, 몇 말씀만 더 하소서 | 판결의 선고 | 235
39 꿩 대신 닭? | 판결의 효력 1 | 237
40 이길 때까지는 끝난 게 아니다 | 판결의 효력 2 | 239
41 명 짧은 사람은 소송도 못 하겠네 | 가집행 선고 | 241
42 판사님도 실수할 때가 있다 | 판결의 경정 | 243
43 나도 모르는 패소 판결 | 판결의 편취 | 245
44 변호사 비용은 누가 내나? | 변호사 비용 | 247
45 위화도 회군은 쿠데타? | 항소 | 249
46. 쪽박은 깨지 말지 | 불이익 변경 금지 | 251
47 산삼의 효과인가, 오기 때문인가 | 부대 상소 | 253
48 억울하면 법대에 가시오 | 상고의 이유 | 255

49 대법원은 뭐가 달라도 다를 거야 | 심리 불속행 | 257

50 침대는 가구인가, 예술인가 | 파기 환송 | 259

51 어디 할 짓이 없어 땅 갖고 사기를 치냐 | 재심 | 261

52 법 없이 산다고? 아니 아니 되어요 | 가압류 | 263

53 사정이 생겨서 해약합니다 | 가처분 | 265

54 사람만 소개해도 빚보증? | 제소 명령 신청 | 267

55 승소 판결문이 곧 돈은 아니다 | 강제 집행의 개시 | 269

56 이장님 만세! | 승계 집행 | 271

57 일찍 일어난 새가 법정에서도 이긴다 | 강제 집행의 정지 | 273

58 팔은 안으로 굽는다 | 외국 판결의 집행 | 275

59 법대 출신은 역시 달라 | 공정 증서 | 277

60 신용 카드 마구 긁어대다 패가망신한다 | 압류의 제한 | 279

61 집행해볼 테면 해보던지 | 공유 재산에 대한 집행 | 281

62 외상 술값 다 내놓으란 말이다 | 전부 명령 | 283

63 어느 셔터맨의 비애 | 제3자 이의의 소 | 285

64 당신의 재산이 얼마인지 다 밝히시오 | 채무자의 재산 명시 | 287

부록 1 소장의 예

부록 2 답변서의 예

부록 3 판결서의 예

부록 4 각급 법원 관할 구역표

부록 5 소가 산정 기준표

부록 6 민사소송 등 인지액

# 법률여행을 시작하려는 당신에게

**1. 이 책은 실제로 어떤 법률문제에 부딪혀서 당장 실용적인 해답을 구하려는 분에게는 어울리지 않습니다.**

그런 분은 여행에 나설 것이 아니라, 서점에 산처럼 쌓여 있는 법률 상담집을 구해 보거나 변호사 사무실의 문을 두드리는 것이 더 빠르고 옳은 길입니다.

**2. 이 책은 전문적인 법률 서적이 아닙니다.**

'재미있는'이라는 수식어가 암시하고 있듯이 전적으로 법률을 전공하지 않은 일반 시민들의 법률 공부(여행)에 도움을 주기 위한 것입니다.

**3. 이 책은 법률 퀴즈 문답집이 아닙니다.**

퀴즈 문답집이라면 해답만 필요하고, 구태여 해설까지는 필요치 않을 것입니다.

**4. 이 책은 민사소송법 분야에서 중요하고도 기본적인 개념이나 제도 중 120여 개를 선정해서 사례화하고, 사례마다 3개 정도의 문항을 제시한 뒤, 다음 페이지에서 정답을 해설하고 있습니다.**

- '사례'는 전부 우리 사회에서 실제로 일어나는 사건들입니다. 여

러 번 읽어 사례의 내용과 질문의 취지를 충분히 파악해보십시오. 사례에는 때로 함정도 파놓았습니다.

- 다음, 제시된 해답 중에서 당신의 상상력과 상식을 총동원하여 정답을 구해야 합니다. 이때 이러한 수고를 생략하고 막바로 뒷장의 정답을 찾는다면 당신은 법률여행에 동참할 자격이 없습니다. 여행의 진가는 스스로 고생해보는 데 있으니까요.
- 뒷장의 정답에서 당신이 틀렸다고 하더라도 부끄러워할 필요는 전혀 없습니다. 여행은 알지 못하던 미지의 세계에 대한 노크이기 때문입니다. 그러나 정답은 즐거운 여행의 기억처럼 오랫동안 기억해야만 합니다. 실제 상황이 벌어졌을 때 남아 있는 기억은 당신을 구원할 수도 있습니다.
- 해설은 충분히 음미해보시기 바랍니다. 정답을 확인한 것에 만족하고 해설을 음미하는 수고를 빠뜨린다면, 당신은 진짜 여행을 다녀온 것이 아닙니다.

**5. 여행을 마치고 나면 법률에 대한 당신의 인식이 바뀌기를 기대해봅니다. 법률도 인간을 위해 존재하는 것이고, 인간이 만들고 해석하고 적용하는 것입니다. 산이 등산가만을 위해 존재하는 것이 아닌 것처럼 어려운 법률도 당신의 노력 여하에 따라 친구일 수 있습니다.**

**6. 끝으로 저와 김영사가 안내하는 다른 법률의 여행지에서 당신과 다시 만날 수 있기를 바랍니다.**

# 민사소송법에 관하여

## 1. 민사소송법이란 어떤 법률인가?

1) 민사소송법이 어떠한 법률인가에 대해서 학자들은 정의하기를 '사권의 존재를 확정하여 사권을 보호하고, 국가적으로는 사법 질서의 유지를 목적으로 하는 민사 재판의 절차에 관한 법'이라고 하고 있습니다.

쉽게 말하면 '민사소송 재판에 관한 절차를 정해놓은 법'입니다.

2) '민사소송'이란 '권리와 의무를 둘러싸고 분쟁 중인 당사자들이 법원에 제기하는 소송'이라는 뜻입니다. 일반적으로 소송에는 많은 형태가 있습니다. 가령 형사 소송, 행정 소송, 가사 소송도 소송이라는 말을 쓰고 있는데, 민사소송은 그중 '민사 분쟁에 관한 소송'이라는 뜻입니다.

3) 국가는 왜 민사소송법이라는 법을 만들어 시행, 운영하고 있을까요? 사람 사는 사회에서 분쟁과 대립은 없을 수 없습니다. 이 분쟁을 법의 힘을 빌리지 않고 당사자가 스스로 실력으로 해결하는 것을 자력 구제(自力救濟)라고 하는데, 이와 같은 실력에 의한 해결이 그 자체가 사회 평화에 대한 교란과 파괴가 되고 사회 불안이 됨은 길게 설명할 필요가 없겠지요. 따라서 모든 무리 사회에서는 분쟁을 재판

이라는 형식으로 해결하는 재판 제도를 발전시켜왔습니다. 즉 분쟁으로 인한 권리 구제는 동서 고금을 막론하고 개인의 실력에 의한 자력 구제에서 국가의 재판 절차에 의한 국가 구제로 진화되어온 것입니다.

이상을 정리해보면 민사소송(재판) 제도는 당사자들에게는 분쟁 해결 수단이자 권리 구제 수단이고, 국가적으로는 사회 평화, 사회 정의, 사회 질서를 유지하기 위한 수단인 것입니다.

4) 따라서 모든 민사 분쟁은 가급적 민사소송법이라는 제도의 틀 속에서 해결하는 것이 가장 바람직하다고 볼 때, 민사소송법은 소송을 하려는 당사자들이 따라야 할, 지켜야 할 절차에 관한 법이고, 재판을 하는 법관도 이에 따라 하여야 하는 절차법입니다. 국민(당사자)뿐만 아니라 재판의 주체인 법관도 이 절차법에 따라야 합니다.

절차에 관한 법이므로, 다시 말해서 소송과 재판을 게임으로 비유하면 민사소송법은 '게임의 룰'에 지나지 않으므로, 어렵게만 여겨지는 민사소송법도 그 게임의 룰을 알게 되면 하나도 어렵지 않다는 것이 필자의 판단이고 소신입니다.

## 2. 민사소송법은 어떻게 구성되어 있는가?

1) 민사 재판에 관한 절차법으로서의 민사소송법은 2014년 5월 20일 일부 개정되어, 그 조문이 모두 502조(부칙 10조)로 된 법률입니다.

2) 그 골격에 해당하는 민사소송법의 편과 장을 보면 이 법률이 무엇

을 정해놓고 있는지 그 대강을 알 수가 있으므로 소개합니다.

제1편: 총칙

제1장 법원

제1절 관할

제2절 법관 등의 제척, 기피, 회피

제2장 당사자

제1절 당사자 능력과 소송 능력

제2절 공동 소송

제3절 소송 참가

제4절 소송 대리인

제3장 소송 비용

제1절 소송 비용의 부담

제2절 소송 비용의 담보

제3절 소송 구조

제4장 소송 절차

제1절 변론

제2절 전문 심리 위원

제3절 기일과 기간

제4절 송달

제5절 재판

제6절 화해 권고 결정

제7절 소송 절차의 중단과 정지

제2편: 제1심의 소송 절차

제1장 소의 제기

제2장 변론과 그 준비

제3장 증거

제1절 총칙

제2절 증인 신문

제3절 감정

제4절 서증

제5절 검증

제6절 당사자 신문

제7절 그 밖의 증거

제8절 증거 보전

제4장 제소 전 화해의 절차

제3편: 상소

제1장 항소

제2장 상고

제3장 항고

제4편: 재심

제5편: 독촉 절차

제6편: 공시 최고 절차

제7편: 판결의 확정 및 집행 정지

3) 민사소송법은 위 골격에서 보듯이 주로 소송이 제기되어 그것을 재판하는 절차('판결 절차')를 중심으로 제정된 법률이고, 판결이 확정되어 그 판결을 국가의 공권력으로 실시하는 판결의 후속 절차에 속하는 강제 집행을 하는 절차('강제 집행 절차')에 관한 법률로는 역시 2002년 1월 26일 이전에는 민사소송법에 함께 규정되어 있다가 위 일자에 민사소송법에서 독립해 2014년 5월 20일 일부 개정된 전문 312조와 부칙9조로 된 '민사집행법'이 있는데, 이 법률은 판결 절차 이후에 이루어지는 강제 집행의 절차법이 되고 있습니다.

4) 모두 502조에 이르는 민사소송법의 모든 규정은 따지고 보면 적정, 공평, 신속, 경제라는 민사소송법의 이상을 실행하기 위한 규정들이라고도 할 수 있습니다.

5) 그러나 위와 같은 이상은 사실 서로 상충되기도 합니다. 즉 적정, 공평의 이상은 신속, 경제의 이상과 충돌합니다.

그러나 민사소송법과 지금도 전국 각 법원에서 이루어지고 있는 모든 민사 재판은 어떻게 해서든지 이러한 이상을 실현하기 위한 분투와 노력이라고 볼 수도 있을 것입니다.

### 3. 민사소송법은 무엇을 목적으로 하고 지향하는가?

1) 민사소송법이 지향하는 이념이나 이상은 무엇일까요?

이미 언급한 대로 학자들은 대체로 네 가지를 들고 있습니다. 적정(適正), 공평(公平), 신속(迅速), 경제(經濟)가 그것입니다.

① 적정: 올바르고 잘못이 없는 진실(판결)을 발견하여야 한다는 이상입니다. 이는 당사자보다는 재판을 하는 주체인 법원과 법관에게 요구되는 것입니다.

② 공평: 소송에서는 양쪽 당사자를 공평하게 취급하여야 한다는 이상입니다. 법관이 '중립적 제3자'의 위치에서 재판하고 판결해야 한다는 것입니다.

③ 신속: 권리를 구제받겠다고 시간, 비용, 노력을 들여 하는 소송인데 재판의 심리와 판결은 가급적 빠른 시일 내에 끝내야 한다는 것입니다.

④ 경제: 소송에서는 당사자나 법원, 특히 당사자에게 과다한 비용과 노력을 소모하게 해서는 안 된다는 이상입니다.

### 4. 그 밖의 민사소송에 관한 다른 절차법은 어떤 것이 있는가?

1) 가장 좁은 의미에서 민사소송에 관한 절차법은 위에서 소개한 502조에 달하는 '민사소송법'이지만, 그 밖에도 넓은 의미의 민사소송에 관한 절차법들이 있습니다.

즉 대법원 규칙으로 만들어진 민사소송규칙, 민사소송비용법, 민사소송 등 인지법, 인지 첩부·첨부 및 공탁 제공에 관한 특례법, 소액사건심판법, 소송촉진 등에 관한 특례법, 증권관련 집단소송법, 민사소송 등에서의 전자문서 이용 등에 관한 법률, 상고심절차에 관한 특례법, 국가를 당사자로 하는 소송에 관한 법률, 민사조정법, 국제민사사

법공조법, 채무자 회생 및 파산에 관한 법률 등이 그러합니다.

2) 이들 법규도 민사소송법을 보완하거나 준용하거나 독립하여 기능을 발휘하는 민사소송에 관한 절차법이지만, 일반 독자들은 크게 염려할 것은 없습니다. 지구를 비롯한 행성들이 태양을 중심으로 하여 운동하듯이 민사소송에서 태양에 해당하고 '중심'과 '기본'이 되는 법률은 민사소송법이므로 이에 대한 이해에 주력하면 족합니다.

## 5. 민사소송법을 이해하는 방법은?

1) 우선 민사소송법이라는 법률을 독자의 책상에 놓고 펴보시기 바랍니다(그리고 민사소송법을 해설한 학자들의 교과서도 함께하면 더 좋습니다).

2) 그런데 큰맘 먹고 그렇게 하더라도 민사소송법의 조문, 조항 들 그리고 학자들의 교과서를 펼치는 순간 어려운 '법률 용어'들이 시야에 들어올 것입니다. 그러나 걱정하지 마십시오. 법률 용어도 그렇게 부르기로 약속한 것 이므로, 그런 용어가 있다는 것 그리고 그 용어를 법에서 어떻게 풀이하고 전개해나가고 있는지에 대해서만 알아두면 됩니다. 예를 들어 관할, 기피, 송달, 당사자 능력, 소송 능력, 변론, 증거 등등의 용어가 나오더라도 이런 용어들이 사용되고 있다는 것만 알면 됩니다.

3) 공부를 위해서나, 또는 실제 본인의 소송을 하면서 민사소송법을 꼭 알아야 하는 분들은 겁먹을 필요가 전혀 없습니다.

민사소송법은 고도로 복잡하고 학설 대립이 극심한 다른 분야의 법률 등에 비해서 어쩌면 지극히 단순한 일련의 절차를 규정한 법률에 불과하므로, 문제가 생겼을 때 민사소송법을 펴서 해당 조문을 읽어보면 대강은 어떻게 하라는 것인지, 어떻게 하면 된다는 것인지를 파악해볼 수 있습니다.

가령 소송을 제기하였는데, 소장 부본이 피고에게 송달되지 않는다면 민사소송법의 송달에 관한 규정에서 어떻게 하면 된다는 조항을 발견할 수 있습니다. 또 요즘은 민사소송에 관한 서식례를 인터넷에서 쉽게 입수해볼 수 있으므로 그대로 따라하면 됩니다.

그래도 알 수 없고, 조문만으로는 어떻게 하는 것인지 이해할 수 없다면 그때는 법무사, 변호사, 변호사회, 대한법률구조공단으로 가서 상담하는 수밖에 없습니다.

4) 《재미있는 법률여행》 민사소송법 편은 이 법을 공부해보려는 분들을 위해 판결 절차 중에서 약 110여 가지 문제, 강제 집행 절차에서 약 10여 가지 문제를 선정하여 각각의 제도, 용어, 원리, 방법 등을 사례와 해설로 재미있고 쉽게 이해시켜드리려는 일종의 징검다리입니다. 이 징검다리를 안심하고 딛고 건너시기를 바랍니다.

**일러두기**

1 본문의 표기는 현행 '한글 맞춤법 규정'에 따랐으나, 법률의 명칭은 '법제처 국가법령정보센터' 사이트의 표기를 따랐음.

2 법률의 재·개정이나 판결 일자가 괄호 안에 부가적인 설명으로 들어갈 때는 '0000. 00. 00.'로 표기하였음.

3 법률 조항의 경우, 해당 권에 관한 법인 경우 법률명을 밝히지 않고 조항만 표시했음.

# PART 1
# 소송

# 1. 아범아, 생활비 좀 다오

핵가족이 점점 늘어나게 되자 자식들로부터 버림받는 노인들이 늘어나고 있다. 시골에 혼자 남은 고독한 노인은 서울에 사는 자식들이 생활비도 보내주지 않자 할 수 없이 부양료 청구 소송을 냈다.

소장은 직접 썼다. 소장에는 원고, 피고의 성명과 주소를 쓴 뒤에, "원고의 장남인 피고는 원고에게 매달 생활비로 100만 원을 내놓으라"라는 간단한 내용만 기재하였다.

이런 식의 소송 제기도 유효한가?

① 소장이라는 문서의 형식을 갖추었으므로 유효하다.

② 사실 관계에 대한 자세한 내용이 없으므로 무효이다.

③ 법원이 재판 시에 친절하게 안내할 것이므로 일단은 유효하다.

④ 생활 보호 대상자는 국가를 상대로 해야 하므로 무효이다.

소송을 제기하려면 원칙적으로 '소장(訴狀)'이라는 서면을 작성하여 관할권이 있는 제1심 법원에 제출하여야 한다('소장제출주의'). 소장의 제출이 없으면 재판도, 판결도 없다. 이 소장은 법이 정한 방식을 갖추어야 한다.

첫째, '당사자 표시'이다. 즉 누가 원고이고 피고인지를 표시하는 것인데, 원고와 피고의 이름과 주소를 적어야 한다. 원고나 피고가 법인인 경우에는 그 법인 명칭, 본점 소재지 그리고 법인 대표자 이름을 적는다. 민사소송규칙에 의하면 이밖에도 법원이 당사자에게 연락(송달)의 필요를 위하여 전화번호, 팩스 번호, 전자 우편 주소 등도 기재하게 한다.

둘째, 청구 취지와 청구 원인을 기재하여야 한다. '청구 취지'란 피고에게 어떤 내용과 종류의 판결을 구하는지를 적는 것이다. '청구 원인'이란 청구의 취지를 정당화할 수 있는 사실 관계나 법률 관계를 요령 있게 정리하여 적는 것이다. 증거 서류가 있는 경우에 이를 사본하여 첨부할 수 있다.

마지막으로 소장을 작성하거나 제출하는 날짜와 원고의 성명을 적고 날인한 후 관할 법원의 표시를 한다. 소장은 당사자가 관할 법원에 직접 제출하거나, 우편으로 접수하여도 되며, 또 요즘에는 전자 접수도 가능하다.

소장은 법원이 접수 후 피고에게 발송해야 하므로 피고의 명수만큼 소장의 사본을 첨부, 제출한다. 그리고 소장 제출과 동시에 민사소송 등 인지법이 요구하는 대로 소송 물값(소가)에 따라 산출한 '인지액'을 납부하여야 하며, 송달에 드는 비용인 '송달료'도 납부하여야 한다.

### 결론

원고인 고독한 노인이 제출한 소장에는 필수적 기재 사항인 당사자 표시가 있고, 청구 취지(부양료로 월 50만 원씩)가 기재되었으며, 비록 간략하지만 원고의 피고와의 관계, 부양료를 구한다는 청구 원인도 있으므로, 이 소장은 유효하다.

## 2. 무식하면 소송도 못 하나요

말만 잘하지 글은 쓸 줄도 읽을 줄도 모른다는 무식이가 자칭 똑똑 박사라는 유식이에게 하소연을 했다.

"최 사장은 인간도 아녀."

"아니 왜?"

"아, 아직 못 받은 외상값을 받으러 갔더니, 또 외상을 주면 지난번 외상값을 주겠다는 거여. 이게 말이 되냐고. 누구 무식하다고 무시하는 것도 아니고."

"그러지 말고, 소송을 해버리지 그래?"

"낫 놓고 기역 자도 모르는 데 어떻게 소장을 쓰냐고? 최 사장에게 당하는 것도 억울하지만, 못 배운 것은 더 억울하네."

그렇다. 소송을 하려면 소장이라는 문서를 만들어 법원에 제출하여야 한다. 그렇다면 글이 아닌 '말'로 소송을 할 수는 없을까?

① 안 된다. 예외가 없다.

② 소송 물가액이 2,000만 원 이하일 때는 말로 소송을 할 수도 있다.

③ 법원에 구술 제소하겠다고 허가를 받으면 된다.

④ 소장을 작성할 능력이 없는 경우에는 예외가 적용된다.

소송을 제기하려면 소장이라는 문서를 작성하여 법원에 제출, 접수하는 것이 원칙이다. 그러나 '예외 없는 원칙은 없다'는 말처럼 소장이라는 어려운 문서를 작성할 능력이 없는 사람들을 위해서 법률은 예외적으로 '말'로써 소장의 제출에 갈음(대신)할 수 있는 제도를 마련하고 있다.

바로 '소액사건심판법'에 의하여 마련된 구술 제소(口述提訴) 제도가 그것이다. 위의 법에 의하면 소가(訴價)가 3,000만 원 이하인 경우에는 이를 '소액 사건(少額事件)'이라고 하는데, 이러한 사건은 소를 제기하고자 하는 당사자 즉 원고가 관할 법원에 가서 그 법원 서기관의 면전에서 구술 즉 말로써 소송을 제기할 수 있게 하고 있다(소액사건심판법 제4조 제1항, 제2항).

이처럼 원고가 소액 사건에 한하여 법원 서기관 앞에서 말로 소송을 제기하겠다고 진술을 하면 법원의 서기관은 그 말의 취지를 소장의 형식으로 하는 '제소 조서'를 작성하는데 이것이 소송의 제기로 간주된다.

문서로 제기한 소액 사건과 구술로 제기한 소액 사건에 대해서는 그 재판 절차에서 몇 가지 특별한 규칙이 적용된다. 즉 재판 절차는 가급적 1회의 변론 기일로 그 심리를 종결하도록 하고 있으며, 이 소액 사건의 재판은 필요한 경우에 판사가 근무 시간(오후 6시) 이후에도, 그리고 공휴일에도 개정할 수 있고, 당사자의 배우자, 직계 혈족 또는 형제자매는 법원의 허가 없이도 그 소송을 대리할 수 있으며, 증거의 조사도 판사가 필요하다고 인정하는 때에는 당사자의 입증을 기다리지 않고 직권으로 실시할 수 있고, 재판이 끝나면 변론 종결 후 즉시 판결을 선고할 수 있게 하고 있다.

### 결론

소송 물가액이 3,000만 원 이하인 소액 사건은 예외적으로 구술로도 소송을 제기할 수 있다.

## 3. 노인이라고 무시하면 안 돼요

젊은이, 주부, 명예퇴직자 등 너나 할 것 없이 장래를 대비한다며, 공인중개사 자격 시험에 목을 맨다. 거리에는 '○○○컨설팅'이라는 간판을 건 대형 부동산 중개소들이 눈에 자주 띈다. 따라서 '노인 고유 업종(?)'으로 동네 사랑방 역할까지 도맡아 하던 복덕방은 사라진 지 오래다.

40년째 한동네에서 복덕방을 하고 있다는 '나복덕' 영감은 이런 현대식 부동산들에 맞서 여전히 월세, 전세를 소개하며 용돈 벌이를 하고 있다. 그런데 한 달 전에 월세를 소개해 젊은 부부가 이사를 왔는데, 이 사람들이 소개비는 줄 생각도 않고 떡 한 접시로 때우려드는 게 아닌가?

나복덕 영감이 그 부부에게 받아야 할 소개비, 즉 법정 수수료는 30만 원이었다. 고작 30만 원 받자고 소송을 할 수도 없고, 그렇다고 그냥 넘어가자니 이 젊은 부부가 노인이라고 무시하는 것 같아 괘씸하기만 하다. 이럴 경우 당신이 나복덕 영감에게 해줄 법률적 조언은 무엇인가?

① "소송은 배보다 배꼽이 더 큰 법이니 포기하세요."

② "소액 사건은 소송이 간단하니 소송을 해보세요."

③ "오죽하면 그러겠어요. 젊은 부부를 봐주세요."

④ "싸가지 없는 친구들이니 다음부터는 젊은 부부들에게는 집을 소개하지 마세요."

닭을 잡는 데 소를 잡는 칼을 쓸 수 없다. 마찬가지로 소송 물가액이 적은 금액을 청구하는 소송의 경우에 복잡하고도 난해한 일반 소송 절차를 밟도록 할 수는 없다.

그리하여 제1심인 지방 법원에 제기하는 소송 중 소송 물가액이 3,000만 원 이하인 민사 사건을 '소액 사건'이라고 하며, 이에 대해서는 민사소송법의 특별한 예외를 규정한 소액사건심판법에 의하여 처리하도록 되어 있다.

이 법의 특징은 간소한 절차, 저렴한 비용, 신속한 재판 절차에 있다.

소액 사건이 제소되면 법원은 그 소장 부본이나 제소 조서 등본을 첨부하여 피고에게 송달하면서 원고의 청구를 이행할 것을 권고하는 결정을 보낼 수 있다. 물로 상대방은 이를 거절하고 이의 신청을 할 수 있다. 상대방이 2주일 이내에 이행 권고 결정에 대하여 이의를 제기하지 않거나 이의 신청을 하더라도 법원이 이를 각하하면 원고의 청구는 확정되어 이를 근거로 강제 집행을 할 수 있게 된다.

소액 사건의 심리는 공휴일, 야간에도 할 수 있고, 당사자의 배우자, 직계혈족, 형제자매는 법원의 허가 없어도 소송 대리를 할 수 있다. 소액 사건의 증거에 대한 조사도 법원이 직권으로 할 수 있다.

소액 사건의 판결에는 주문만 표시하고 '이유'의 기재를 생략할 수도 있다.

**결론**

소송 물가액이 3,000만 원 이하인 소액 사건의 경우는 절차, 비용, 심리가 간단하고 절차가 신속하므로 대단히 널리 이용되고 있는 제도이다(이 사례에서도 나복덕 영감은 소액사건심판법에 의한 소액 사건 심판 청구를 할 수 있다).

## 4. 낙선 운동을 중지하라

초선 의원으로 활발한 의정 활동을 하며 지역민과 언론의 각광을 받고 있던 이초선 의원이 총선을 앞두고 다급해졌다.

서울 출신인 그는 평소부터 차기 대통령은 영남도, 호남도 아닌 중부권에서도 나와야 한다는 이른바 '중부권 대망론자'였는데, 지역감정 추방 운동 본부에서 그를 지역감정 조장론자로 지목하여 낙선 운동을 전개하기로 선언하였기 때문이다.

이 의원은 다급한 나머지 지역감정 추방 운동 본부를 상대로 하여 서울지방법원에 "피고는 원고에 대한 낙선 운동을 중지하라"라는 소송을 제기하였다.

자, 소송에는 '소송 물가액'이라는 것이 있어서 그 금액을 일정 비율로 산출한 인지액을 납부하여야 한다. 그렇다면 이 의원이 제기한 소송의 소가는 어떻게 계산하여야 하는가?

① 재판장이 소장을 심사하여 소가를 결정한다.

② 소송을 제기하는 원고가 적당하다고 생각하는 금액만큼이다.

③ 소송 비용이 소가를 산정하기에 곤란하므로 계산하지 않아도 된다.

④ 이런 소송은 법률에서 아예 소가를 2,000만 100원으로 명시하고 있다.

소송을 제기할 때에는 소가에 따라 계산한 인지액을 납부하여야 하는데 그렇다면 소가는 어떻게 산정하는 것일까? 제1심 법원은 그 소가에 따라 소가 2억 원 이하의 사건은 단독 판사(1인)가 재판하고, 2억 원 이상의 사건은 판사 3인으로 구성된 합의부가 재판한다(이처럼 소가에 따라 법원의 관할을 정하는 것을 직분 관할 또는 심급 관할이라고 한다).

우선 '소가'라는 개념을 알아보자. 소가란 원고가 청구 취지로써 구하는 범위 내에서 원고가 승소한 경우에 직접 받는 경제적 이익을 말한다. 가령 1억 원을 청구하여 전부 승소하게 되면 1억 원의 경제적 이익을 얻게 되므로 이 1억 원이 소가가 된다.

소가를 산정하는 방법은 '민사소송 등 인지규칙'이 상세히 정해놓고 있다. 금전을 청구하는 경우에는 그 청구 금액이 소가이다. 이자는 원칙적으로 소가에 산입되지 않는다. 부동산 소송에서 토지의 인도를 구하는 소송은 개별 공시 지가에 100분의 30을 곱하여 산정한 금액, 건물이 소송 대상인 경우에는 지방세법 소정의 과세 시가 표준액으로 산정한 금액, 부동산의 등기에 관한 소송에서는 그 부동산의 가액이 소가가 된다.

그런데 재산권상의 소송으로 그 소가를 산정할 수 없는 경우이거나 비재산권을 목적으로 하는 소송의 소가는, 아예 위 규칙에서 소가를 2,000만 100원으로 보고 있다. 소가를 산정하는 시기는 소 제기 시이다. 하나의 소로써 여러 개의 청구를 하는 때에는 원칙적으로 그 소가를 합산한다(참고: 부록 5 '소가 산정 기준표' 참조).

**결론**

낙선 운동의 금지를 청구하는 소송은 비재산권상의 소송으로 민사소송 등 인지규칙에 의하면 그 소가는 2,000만 100원이다(그러므로 원고는 '2,000만 100원×1만분의 45+5,000'원의 방식으로 산정한 인지액을 납부하면 된다).

## 5. 내가 누군지 몰라?

자타 공인 선량한 시민인 조술만 씨. 다만 흠이라면 낮이고 밤이고 늘 얼굴이 벌겋다는 점이다. 연일 전국에서 발생하는 위조 지폐 사건으로 경찰의 검문이 곳곳에서 이루어지던 어느 날, 술 한잔을 기분 좋게 걸치고 집으로 가던 조술만 씨가 불심 검문을 당하였다.

"주민등록증 좀 보여주시겠습니까?"

"이거 왜 이래? 내가 누군지 몰라?"

검문에 불응한 죄(?)로 파출소에 연행되어 무려 두 시간 만에 귀가하게 된 조술만 씨는 화가 났다. 도저히 참을 수 없다며 조술만 씨는 안전행정부장관과 경찰청장을 상대로 "선량한 시민을 불법으로 두 시간 동안 감금했으니 위자료 500만 원을 내놓으라"는 소송을 제기하였다.

소장을 접수한 법원에서 "인지대 2만 5,000원을 5일 이내에 내라"라는 인지 보정 명령이 문서로 배달되었다. 조술만 씨는, "개인 간의 소송도 아니고 선량한 시민이 개인도 아닌 국가로부터 손해를 당했는데 왜 인지대를 내란 말인가?" 하고 무시해버렸다. 어떤 결과가 예상되는가?

① 소장이 각하된다.

② 국가를 상대로 한 소송이므로 법원이 인지대를 부담한다.

③ 승소 금액에서 인지대만큼 공제하면 된다.

민사소송 제도는 재판이라는 절차를 통하여 분쟁을 해결하고 권리를 구제받는 가장 유력한 법률적 수단이지만, 이 제도를 이용하는 데는 많은 어려움이 따르고 있다. 그중의 하나가 소송 비용이 너무 많이 든다는 것이다.

우선 소송을 제기하려면 소송의 제기와 동시에 '민사소송 등 인지법'에 의한 인지(印紙)대를 납부하여야 한다(예전에는 우체국에서 파는 인지를 사서 소장에 붙였지만, 요즘은 인지대에 해당하는 금액을 법원이 지정하는 금융 기관에 납부하는 것으로 절차가 개선되었다).

납부해야 할 인지대는 소가에 따라 다른데, 가령 소가가 1억 원 이상 10억 원 미만이라면 '소가×45/10,000'로 산출한 금액에 5만 5,000원을 더하여야 한다(따라서 1억 원이 소가라면 50만 5,000원을 인지액으로 납부해야 한다).

이 사건이 만일 제1심에서 패소하여 항소를 제기하려면 제1심에 납부한 인지대의 1.5배액을, 항소심에서도 패소하여 대법원에 상고하려면 2배액의 인지대를 납부해야 한다.

소장에서 청구한 금액은 승소하고 또 그 판결이 종결, 확정된 뒤에 강제 집행을 통하여 내 손에 들어오는 미래의 일이지만, 인지대라는 소송 비용은 소송 제기와 동시에 납부해야 하는 선지출이다.

따라서 소송 제기와 동시에 인지대 납부는 필수적이며, 인지대 납부 없이 소송이 제기되면 법원은 보정 명령이라는 절차를 통하여 법정의 인지대를 납부할 것을 요구하고 있고, 법원이 정해준 기간 내에 납부하지 아니하면 그 소송은 각하하도록 하고 있다(참고: 부록 6 '민사소송 등 인지액').

**결론**

소송 제기 시에 소정의 인지액을 납부하지 않으면 일정 기간 내에 이를 납부하라는 인지 보정 명령이 원고에게 내려지고, 여기에 불응하면 그 소송은 각하된다.

## 6. 소송 비용 좀 도와줘유

국내 굴지의 재벌인 '초현대'그룹이 공유 수면 매립 허가를 받아 서해안 바닷가 1,000만 평을 매립하는 바람에 바닷가에서 고기잡이를 하던 어민 200여 가구는 졸지에 생업을 잃게 되었다.

주민들은 초현대그룹에 몰려가 보상을 요구하게 되자 초현대그룹에서는 가구당 100만 원씩 이사 비용만큼은 배상해주겠다고 버텼다.

주민들은 초현대그룹이 제시한 보상액을 거부하고 배상금 청구소송을 내기로 하였다. 배상액을 산출해보니 무려 200억 원.

그런데 문제가 생겼다. 소송을 낼 때에는 소송 물가액인 200억 원×35/10,000로 계산된 금액을 인지액으로 내야 하는데, 이 돈을 마련할 길이 막막한 것이다.

방법이 없을까?

① 인지액은 승소 후 낸다는 조건으로 법원과 협상한다.

② 인지액을 국가에서 부담해달라는 구조 신청을 내본다.

③ 청구액에서 인지액만큼 공제(포기)하고 소장을 내면 된다.

민사소송의 소장에는 반드시 인지대를 납부하여야 한다. 현재 시행되고 있는 민사소송 등 인지법에 의하면 소송 물가액(청구 금액)이 200억 원이면 이 소가에 1만 분의 35를 곱하여 산출한 금액에 5만 5,000원을 가산한 금액이 인지액이므로, 이 사례에서는 7,005만 5,000원을 납부하여야 한다. 이 인지액은 국고로 귀속된다.

이러한 인지액의 납부가 가난한 사람들에게는 부담이 되어 재판 청구권을 행사하는데 장애가 되기도 하며, 세계에서 유례가 없는 과다한 인지의 납부를 재고해야 한다는 비판이 있어왔다. 위와 같은 비판으로 인지법을 개정하여 인하되기는 하였으나 여전히 인지액은 부담이 되고 있는 것이 사실이다.

그렇다면 인지액을 납부할 능력이 없는 사람들은 소송 제기도 할 수 없는가? 이러한 비판에 직면하여 민사소송법은 '소송 구조'라는 제도를 두고 있다. 즉 인지액을 포함한 소송 비용을 지출할 자금 능력이 부족한 사람이 신청을 하면 법원이 심사하여 직권으로 소송 비용의 납입을 유예해주는 것이다(민사소송법 제129조). 여기의 소송 비용에는 변호사의 선임 비용도 포함된다.

소송 구조 결정을 받으면 인지액, 송달료 등의 소송 비용을 소송 제기 시에 납부하는 것이 일단 유예된다. 그러나 구조 결정을 받은 자가 나중에 패소하게 되면 이를 지급해야만 한다. 따라서 소송 구조를 받기 위해서는 그 요건이 소송 비용을 지급할 능력이 없다는 것 외에 그 소송이 패소하지 않을 것이 명백한 경우여야 한다.

### 결론

소송 구조 제도로 말미암아 인지액에 대해서는 소송 구조 신청을 하여 구조 결정을 받게 되면 납입이 유예되고, 유예된 인지액은 일단 국고에서 부담한다.

## 7. 내 조상의 땅을 돌려다오

노인들이 제일 많이 모이기로 유명한 종로 탑골공원. 그 공원에서 두 노인이 혀를 끌끌 차며 이야기를 나누고 있었다.

"세상이 말세야 말세!"

"아니 뭣 때문에 말세라는 거야?"

"아 글쎄, 매국노 이완용의 후손이라는 자가 조상이 물려준 땅을 되찾겠다고 소송을 했다지 않은가?"

"그러게 말세가 맞구먼. 대한민국 법은 애국과 매국을 구별도 못한단 말인가?"

"그런 소송은 판사가 무조건 기각해야 돼!"

자, 그렇다면 매국노의 후손은 조상이 남겨준 상속 재산을 찾는 소송을 낼 권리도 없는 것일까?

다시 말해서, 실제로 이런 소송이 접수되면 법원은 어떻게 해야 하는가?

① 민족 정기와 국민 감정에 반하는 소송은 재판을 거부할 수 있다.

② 소송 요건에 해당하는 한 재판 자체를 거부할 수 없다.

③ 원고에게 소 취하를 종용하여야 한다.

④ 형사 재판으로 돌려 처벌해야 한다.

원고가 제기한 소송이 승소 판결을 받기 위해서는 다음의 네 가지 관문을 통과해야 한다. 첫째, 소장에 필수적 기재 사항(당사자 표시, 청구 취지, 청구 원인)이 구비되고 소정의 인지액을 납부해야 한다(적법한 소장). 둘째, 소송이 본격적인 심리에 들어가기에 앞서 그 소송이 적법한 취급을 받기 위해 구비해야 할 사항을 갖추어야 한다(이를 '소송 요건'이라고 한다). 셋째, 원고가 소장에서 주장하는 사실로 미루어볼 때 원고의 청구가 법률상 이유가 있어야 한다(주장 자체의 정당성). 마지막으로, 원고의 주장 사실을 피고가 다투는 경우에 이를 증명할 수 있어야 하고(입증 책임), 피고가 제출하는 항변이 이유 없어야 한다. 그중 소송 요건을 살펴보자.

1. 법원에 관한 것: 소송을 받은 법원이 피고에 대해 재판권(관할권)이 있어야 하고, 그 소송이 민사소송 대상이어야 한다.

2. 당사자에 관한 것: 당사자가 생존하여 실존하고 있어야 하고, 당사자로서 적격하여야 하며, 소송 능력과 변론 능력이 있어야 하고, 대리인이 있는 경우에는 대리권이 있거나 받았음을 증명해야 한다.

3. 소송에 관한 것: 특정한 소송의 대상이 있어야 하고, 권리 보호의 이익이나 필요가 있어야 하며, 중복 제기 소송이 아니어야 하고, 재소 금지에 저촉되지 않아야 한다.

**결론**

을사오적과 같은 친일파 매국노의 후손이 매국의 대가로 받은 토지를 찾고자 하는 소송도 법원은 소송 요건을 갖추고 있으면 일단 재판은 해야 한다(이런 유형의 소송 제기가 사회적 문제가 되자, 국회는 2005년 12월 29일 '친일반민족행위자 재산의 국가 귀속에 관한 특별법'을 제정하여 친일파 소유의 재산에 관하여 이를 국유로 선언하고 점차 국가로 환수하고 있는 중이기 때문에, 현재는 친일 재산에 대하여 상속을 주장하는 후손이 소송 제기는 할 수 있겠지만 재판에서는 대체로 기각될 것이다).

## 8. 어리다고 무시하십니까?

대학 진학에 실패한 이탄 군. 며칠간 방구석에 처박혀 꼼짝도 않더니, 자신의 인생을 설계했단다.

"아버지, 저는 공부는 아무래도 길이 아닌 것 같습니다. 대신 장사로 승부를 내보겠으니 장사 밑천을 대주세요."

아들의 결심에 찬성한 이 군의 아버지는 큰맘 먹고 시내에 커피숍을 하나 차려주었다. 아직 미성년자였지만, 어엿한 커피숍 사장인 이 군은 타고난 부지런함, 싹싹함, 붙임성을 바탕으로 좋은 평가를 받았고, 무엇보다 좋은 커피 맛으로 금세 유명해졌다.

1년 만에 커피숍을 거금 2억 원에 팔았는데, 이것을 산 영도 씨가 잔금 1억 원을 차일피일하는 것이 아닌가? 이 군은 소송을 해보는 것도 좋은 사회 경험이 될 것이라고 생각하고 영도 씨를 상대로 법원에 소송을 제기하였다.

여기서 잠깐, 이탄 군의 소송은 무언가 잘못되었다. 무엇인가?

① 미성년자이므로 소 제기에 부모의 동의가 있어야 하는데 동의가 없었다.

② 미성년자이므로 법정 대리인인 부모가 소를 제기하여야 하는데 본인이 소를 제기하였다.

③ 피고에게 잔금을 지급해달라는 최후 통첩을 하지 않고 소송을 냈다.

소송을 제기하는 원고가 되거나 그 소송을 당하는 피고에게는 소송 능력이 있어야 한다. 이는 소송 비용을 감당할 재산 능력이나 소송 수행을 할 수 있는 전문적인 지식과 기술의 능력이라는 일반적 의미의 능력을 뜻하는 것이 아니다. 민사소송법은 당사자가 유효하게 소송 행위를 하기 위해서 갖추어야 할 능력이 있는지를 요구하고 있다. 이것을 '소송 능력'이라고 하는데, 이 소송 능력은 민법에 의하여 법률행위를 할 능력을 의미한다.

민법은 19세 미만의 미성년자, 성년 후견 개시 선고를 받은 자, 한정 후견 개시 선고를 받은 자를 행위 무능력자로 규정하고 있으므로, 이들은 동시에 민사소송을 할 수 없는 소송 무능력자이다. 그렇다면 위와 같은 행위 무능력자는 소송의 제기도, 또 소송을 제기당한 경우에 응소할 수도 없는가?

그렇지는 않다. 이들 행위 무능력자는 그 '법정 대리인'이나 그 후견인에 의하여 소송을 제기하거나 받을 수 있다. 미성년자의 법정 대리인은 친권자인 부모이므로, 부모가 생존해 계시면 공동 친권자인 부모가 이를 대리한다. 미성년자의 이름으로 제기하는 소송, 그리고 상대방이 미성년자인 경우에는 그 부모를 법정 대리인으로 표시하여야 하고 이름도 기재하여야 한다.

이렇게 하여 미성년자가 소장에 당사자로서 표시는 되나, 그 소송은 당연히 법정 대리인에 의하여 수행되어야 한다. 미성년자가 법정 대리인으로부터 허락을 얻어 특정한 영업을 하는 경우, 그 영업에 관해서는 행위 능력자로 간주되므로, 자기 영업에 관하여는 소송 능력이 있다고 본다.

### 결론

민법이 미성년자가 법정 대리인으로부터 특정한 영업을 하는 경우 그 범위 내에서는 소송 능력이 있다고 보지만, 점포를 팔고 그 대금을 청구하는 것은 이 범위에 있다고 볼 수 없으므로, 이 소송은 법정 대리인을 통해야 한다.

# 9. 혼수품이 도대체 뭐라고

제국그룹의 후계자 나제국과 제우스그룹의 딸 황빛나가 약혼을 하게 되었다. 제우스그룹에서는 한 알 한 알 다이아몬드를 박아 만들었다는 시계를 예물로 준비했다. 더구나 시아버지가 될 제국그룹 회장에게는 심지어 전 세계에서 하나밖에 없다는 금으로 만든 골프채를 선물했다.

그런데 제국그룹에서 혼수가 요란스럽기만 하고 세련되지 못했다며 트집을 잡는 바람에 그만 약혼이 깨지고 말았다.

충격을 받은 황빛나는 며칠간 끙끙 앓고 나더니, 혼수 예물을 놓고 트집이나 잡는 인격밖에 안 되는 집안과 결혼하느니, 차라리 잘되었다며 혼수 반환과 위자료를 요구하는 소송을 법원에 냈다. 황빛나의 부모도 이 소송 제기에 찬성, 동의하였다.

그런데 여기서 문제는 황빛나가 아직 19세가 안 된 미성년자라는 점이다. 이 소송에 문제는 없는가?

① 관할 법원이 잘못되었다.

② 미성년자가 소송을 낸 것이 잘못이다.

③ 일단 증여한 예물의 반환을 구하는 내용 자체가 잘못이다.

④ 소송을 하게 되면 망신만 당할 게 분명하다.

우리나라 민사소송법은 소송을 본인이 수행하지 않고 제3자에게 위임할 경우 그 대리인은 반드시 변호사여야 한다는 소위 '변호사강제주의'를 채택하지 않고, 본인소송주의를 채택하고 있다.

그러나 당사자 본인이라고 해도 모두 소송을 내거나, 응소하거나, 소송 행위를 할 수 있는 것이 아니고, 제3자(변호사가 아닌)가 소송을 해야만 하는 경우가 있다.

예컨대 민법상 만 19세에 달하지 못한 미성년자, 성년 후견 개시나 한정 후견 개시 선고를 받은 자, 부재자 등은 그 법정 대리인, 후견인, 재산 관리인 등이 소송 행위를 대신해야 한다. 이들을 '실체법상의 법정 대리인'이라고 하는데, 이것을 요구하는 이유는 스스로 소송을 수행할 능력이 없는 자의 소송상의 권익을 보호하기 위함이다.

미성년자와 같이 소송 무능력자에게 법정 대리인이나 후견인이 없거나 그들이 대리권을 행사할 수 없을 경우에는 법원이 그를 대리할 특별 대리인을 선임하게 된다.

### 결론

미성년자는 민법상 행위 무능력자인 동시에 민사소송법상 소송 무능력자이므로, 미성년자의 소송은 그 법정 대리인인 부모가 제기하여야 한다(물론 미셩년자의 법정 대리인이 제기한 소송도 그 법정 대리인이 변호사에게 그 소송의 수행을 위임하는 것은 별도의 문제이다).

## 10. 잘나가는 벤처 사장의 망신

D 소프트벤처의 김중배 사장이 출근하자마자 법대 출신의 사원을 긴급 수배하였다. 30분 후 S대 법대 출신 한소송 씨가 사장실로 호출되었다.

"응, 다른 게 아니고, 이 소송 건 좀 처리해주게. 창피한 일이라 변호사에게도 못 맡기겠고…."

한 달 전 김 사장이 강남 룸사롱에서 취중에 한 말 때문이었다. 얼큰하게 술이 오르자 기분이 좋아진 김 사장은 "오늘 기분 좋다. 너희들에게 100만 원씩 팁을 주겠다"고 큰소리를 쳤다는 것이다. 그런데, 며칠 전 그 자리에 있었던 열 명의 아가씨들이 1,000만 원을 내놓으라고 소송을 건 것이었다.

자, 이런 경우 피고 김중배 씨의 회사 사원인 한소송 씨가 피고 대신 소송을 할 수 있을까?

① 가능하다. 재판장의 허가를 받으면 된다.

② 불가능하다. 재판에는 본인이나 본인이 선임한 변호사가 나가야 한다.

③ 불가능하다. 다만 피고의 부모, 형제 등 친족은 대신 소송하는 것이 가능하다.

소송은 당사자 본인이 수행하거나 대리인을 통해 할 수 있는데, 이때 소송 물가액이 5,000만 원 이상인 경우에는 반드시 변호사를 통해야 한다('변호사 대리의 원칙').

그러나 이 원칙에 대해서는 몇 가지 예외가 인정되고 있다.

첫째, 다른 법률에 의하여 소송 대리를 할 수 있는 자로 인정되는 경우이다. 상법상의 지배인(농협의 전무, 상무), 선장, 선박 관리인, 법무부 장관으로부터 지정받은 국가 소송의 수행자가 그 예이다.

둘째, 미성년자의 법정 대리인인 친권자(부나 모)의 경우이다.

셋째, 소송 물가액이 5,000만 원 이하인 민사 사건에서 소송 당사자의 배우자 또는 4촌 이내의 친족(형제자매), 타인에게 고용되어 고용 관계에 있는 자로서 담당 사무에 관하여 능력이 인정되는 자이다.

이들은 변호사가 아니지만, 소송 물가액이 5,000만 원 이하인 사건에서는 법원의 허가를 얻어 소송 대리를 할 수 있다. 이들은 소 제기 후에 서면에 의해 허가 신청하여야 하며, 허가받은 사건이 청구의 확장으로 소송 물가액이 5,000만 원이 넘는 사건이 된 경우에는 허가가 취소된다.

이렇게 변호사가 아닌 사람에게 법률이 특별히 소송 대리를 허용하고 있는 것은 그렇게 하더라도 변호사 대리의 원칙이 무력화되는 것은 아니라고 보기 때문이다.

**결론**

타인에게 고용되어 피용관계에 있는 자는 소송 물가액이 5,000만 원 이하의 사건인 경우, 법원의 허가를 얻어 소송을 대리할 수 있다.

## 11. 변호사만 변호할 수 있나요

전직 대통령에 대한 내란죄 사건이 대법원에서 유죄로 확정되었다.

5공 치하에서 반독재 투쟁을 하다가 집회와 시위에 관한 법률 위반죄로 처벌을 받은 바 있는 김민주 씨는 "내란으로 정권을 잡은 뒤 애국지사를 탄압한 것은 불법 행위이므로 원고에게 1억 원을 배상하라"는 소송을 냈다.

재판장은 원고에게 "소송을 유지하려면 법률을 잘 아는 사람에게 맡기는 게 어떻겠습니까?"라고 여러 번 권유하였다.

다음 재판 날, 원고는 법과 대학을 졸업한 친구를 대동하고 나와서 소송 대리인으로 허가해줄 것을 요청하였다.

이럴 경우 재판장은 소송 대리인으로 허가해줄까?

① 법과 대학 졸업자이므로 허가해야 한다.

② 이런 사건의 소송 대리인은 변호사여야만 한다고 설명하고 불허해야 한다.

③ 대동한 법과 대학 졸업자라는 사람의 실력을 테스트해보고 결정한다.

소송은 본인이 직접 할 수도 있고, 대리인을 시켜서 할 수도 있다. 우리나라의 민사소송법은 외국과 같이 소송은 반드시 변호사에게 위임하여 소송 행위를 대리하게 하는 '변호사강제주의'를 채택하지 않고 있다.

그러나 소송을 직접 본인이 하지 않고 대리인을 시켜서 하려면 그 대리인은 반드시 변호사여야 한다. 이를 '변호사 대리의 원칙'이라고 한다. 물론 법률에서는 변호사가 아닌 자에게 소송을 대리할 수 있는 몇몇 경우를 정해놓고 있기는 하다.

예를 들면 미성년자가 자기의 이름으로 소송을 제기하거나 소송에 응소하려면 반드시 그 법정 대리인인 부(父)나 모(母)의 이름으로 하여야 하고, 소송 행위도 그 부와 모가 한다.

변호사는 타인의 소송 행위를 대리하는 직업인으로, 그가 어떤 사람의 소송 대리를 위임받아서 소송을 하는 경우에는 자신을 누구누구의 '소송 대리인'이라고 표시하게 된다.

### 결론

현재 민사 사건에서 소송 물가액이 5,000만 원 이상의 사건을 본인이 직접 소송 수행을 하지 않고 타인에게 대리하게 한다면, 그 타인은 반드시 변호사여야 한다. 따라서 원고의 친구는 법률을 잘 안다고 해도 원고의 소송 대리인이 될 수 없다. 즉 법원이 소송 대리인으로 허가할 수 없다.

## 12. 조상 자랑이 불러온 화

예로부터 양반 고을로 유명한 안동. 권 영감과 김 영감은 21세기인 지금도 만나기만 하면 자기 가문 자랑에 열을 올린다. 어느 날 권 영감이 "우리 10대조로 말할 것 같으면 개국 공신에 영의정을 역임하셨지"라고 말문을 열자, 김 영감이 대뜸 "양반 좋아하네. 지난번에는 9대조가 영의정이라면서? 쳇, 무슨 놈의 영의정? 능참봉 주제에, 흥!" 하고 비아냥거렸다.

결국 둘은 나이 80세에 채신머리 없이 주먹다짐을 하게 되었다. 권 영감은 김 영감을 상대로 "조상의 명예를 훼손하였으니, 위자료로 5,000만 원을 내라"는 소송을 냈다. 재판 날, 원고와 피고는 법정에서도 자기 조상 자랑, 상대방 조상 흠집 내기로 설전을 벌였다.

재판할 생각은 않고 법정에 와서까지 싸움만 하는 원고와 피고에 진절머리가 난 재판장은 "원고와 피고는 다음 재판 날까지 변호사를 선임하시오"라고 명령하였다. 두 사람은 다음 재판 날까지 변호사를 선임하라는 재판장의 명령을 따라야 할까?

① 그렇다. 민사소송은 전문가인 변호사만이 수행할 수 있다.

② 아니다. 본인도 소송할 수 있다. 따르지 않아도 된다.

③ 소송을 낸 원고만 변호사에게 소송을 위임하면 된다.

④ 재판장이 변호사 선임을 명한 경우에는 반드시 그렇게 해야 한다.

변호사는 사법 시험에 합격하여 사법연수원을 수료하거나 3년 과정의 법학 전문 대학원을 수료하고 변호사 시험에 합격한 자로서 '당사자, 그 밖의 관계인이나 국가·지방자치단체와 그 밖의 공공 기관의 위촉 등에 의하여 소송에 관한 행위 및 행정 처분의 청구에 관한 대리 행위와 일반 법률 사무를 하는 것을 직무로 하는 자'를 말한다(변호사법 제3조 참조).

또 "모든 국민은 (형사 사건으로) 체포 또는 구속을 당한 때에는 즉시 변호인의 조력을 받을 권리를 가진다"고 헌법 제12조 제4항이 선언하고 있으므로, 변호사는 형사 사건의 피의자나 피고인을 위하여 변호하는 것을 직무로 하는 자이다.

민사소송의 당사자 본인은 소송을 자신이 직접 제기하거나, 응소하여 소송을 수행할 수도 있고 이를 타인에게 '대리'하게 할 수도 있는데, 이때 소송을 대리할 수 있는 사람은 반드시 변호사여야 한다. 이를 '변호사 대리의 원칙'이라고 한다.

국가에 따라서는 아예 소송을 본인이 할 수 없게 하고, 오직 변호사에게 위임케 하는 국가도 있는데 이를 '변호사강제주의'라고 한다. 우리나라는 변호사강제주의를 채택하고 있지는 않으나, 변호사 대리의 원칙은 채택하고 있다.

본인소송주의와 변호사 대리의 원칙은 각각 장점과 단점을 갖고 있어서 어느 제도가 우월하다고 딱 잘라서 말할 수는 없다.

### 결론

우리나라 민사소송법이 변호사강제주의를 채택하고 있지 않은 이상 재판관은 당사자에게 변호사를 위임할 것을 한두 번 완곡하게 '권유' 정도는 할 수 있으나, '강제' 할 수는 없다. 권유를 받은 당사자가 반드시 변호사에게 소송을 위임하여야 하는 것은 아니다. 그러나 당사자가 변론 능력이 없어 변호사 선임 명령을 받은 경우에는 반드시 이에 따라야 한다.

## 13. 정력에 좋다면 그저

집에서 살림만 하던 한국의 전업주부들이 마침내 총궐기하였다.

해외여행이 자유화되자 남자들이 해외로 나가서는 코브라 뱀탕, 곰 발바닥 요리를 먹는 이른바 몸보신 관광에 열중하게 되고, 이것이 국제적인 망신거리로 되어버리니, 뜻있는 주부들이 궐기할 만도 하다.

이심전심으로 맹렬 주부 100여 명이 모여서 '한국인 자존심 지키기 시민 연대'를 결성한 뒤 , 몸보신 관광단을 모집하는 비아그 여행사에 몰려가 날마다 데모를 했다.

"국가 망신 자초하는 비아그 여행사는 폐업하라."

맹렬 주부들의 극성으로 몸보신 관광객이 급감하자 여행사 사장은 화가 났다. 그래서 이 '시민 연대'를 상대로 손해 배상을 청구하려고 한다. 이처럼 사단 법인으로 등록된 단체도 아니고 임시로 결성되어 활동하는 단체인 '시민 연대'를 상대로 소송을 제기할 수 있는가?

① 있다. 해산되기까지는.

② 없다. 해산할 것이 뻔하므로.

③ 있다. 대표자가 있고, 규약이 있으며, 나름대로 활동을 하는 단체이므로.

당사자가 적법, 유효하게 소송을 하려면 네 가지 능력이 필요하다. 당사자 능력, 당사자 적격, 소송 능력, 변론 능력이 그것이다. '당사자 능력'이란 소송의 주체(원고나 피고)가 될 수 있는 일반적인 능력을 말한다.

민사소송법은 당사자 능력에 관해서 민법 및 그 밖의 법률에 따른다고 하고 있으므로, 민법상 권리 능력이 있는 자연인, 법인은 당사자 능력이 있다고 본다. 자연인 즉 사람은 살아 있는 동안에는 누구나 소송의 당사자가 될 능력이 있다. 태아는 원칙적으로 권리 능력이 없으나 불법 행위로 인한 손해 배상, 상속, 유증의 경우에는 이미 출생한 것으로 간주되므로, 그가 살아서 출생하는 것을 조건으로 하여 당사자 능력이 있다고 본다.

법인은 내국 법인, 외국 법인, 영리 법인, 비영리 법인, 사단 법인, 재단 법인이든 모두 권리 능력자이므로 소송상 당사자 능력이 있다. 문제는 사실상의 단체로서 사회적 활동을 하고 있는 단체가 법인으로 등록되어 있지 않은 경우인 소위 '비법인 사단'인 경우이다.

이러한 단체도 정관이나 규칙이 있고, 대표자가 있으며, 실제로 사회적 활동을 하고 있다면(예를 들어 학회, 동창회, 노동조합, 동민회, 교회, 사찰, 문중, 종중 등) 이러한 단체는 등록된 사단 법인이 아닌 비법인 사단으로서 당사자 능력이 있다고 본다. 소송의 당사자에게 당사자 능력이 있는지 여부는 소송 요건에 해당하므로 그 존부는 법원의 직권 조사 사항이며, 당사자 능력이 없다고 판단되면 그 소송은 부적합하다고 하여 각하된다.

### 결론

'한국인 자존심 지키기 시민 연대'라는 단체도 정관이나 규약이 있고 그것에 의하여 단체의 대표자가 선출되어 있고 사회적 실체로서 활동한다면, 비법인 사단으로서 소송을 할 수 있는 당사자 능력이 있다.

## 14. 명당이라더니 소송만 당하고

옛적부터 우리나라에는 조상님 묘를 명당에 모시면 후손들이 복을 받는다는 풍수 사상이 있었것다.

전라도 고부 땅에 조명당이라는 군수가 부임하였는데 어느 날 관내 순찰을 나갔다가 천하의 명당 자리를 보고 욕심이 동한지라, 그 땅을 임자한테 강제로 빼앗아 자기 조상들의 묘를 그곳으로 옮겼다.

땅 임자는 군수의 권세 때문에 어쩌지 못한 채 한을 품고 있던 중, 조명당이 사망하게 되자 비로소 "땅을 강제로 빼앗겼으니 내놓으라"는 소송을 제기하였다.

물론 피고는 사망한 '조명당'. 그런데 판사는 조명당의 사망 여부를 알 도리가 없다. 사망한 사람을 상대로 한 소송도 허용되는가?

① 허용되지 않는다.

② 상속인이 있으면 가능하다.

③ 사건의 성질상 억울한 경우라면 예외적으로 허용된다.

소송은 살아 있는 사람끼리의 대립과 분쟁이므로, 이미 죽은 사람을 상대로 하는 소송은 허용되지 않는다. 그런데 원고가 소송을 제기하기 전에 이미 사망한 것을 모르고 한 소송, 또는 소송을 제기한 후 상대방이 사망하게 된 경우는 현실에서 얼마든지 있을 수 있다. 민사소송법은 이러한 경우에 대비하여 다음과 같이 처리하도록 하고 있다.

1. 원고가 피고가 사망한 것을 모르고 소송을 제기한 경우: 사망자를 상대로 한 소송이므로 이런 경우에 소송은 부적법하다고 하여 각하한다. 그러나 원고가 그 사망 사실을 몰랐던 경우에는 그 사망자에게 상속인이 있으면 그 상속인을 상대로 소송을 진행하도록 하게 한다(소송 수계).

2. 소송 제기 후에 피고가 그 사건의 변론 종결 전에 사망한 경우: 소송 중에 사망하면 소송 절차는 일단 중단되지만 그 사망자에게 상속인이 있는 경우에는 원고로 하여금 그 상속인을 상대로 소송 수계 절차를 밟도록 한다.

3. 변론 종결 후에 사망한 경우: 변론이 종결한 뒤에 당사자(원고, 피고 포함)가 사망한 경우에 그 사망자 명의로 된 판결이라고 하더라도 판결이 무효로 되는 것은 아니며, 판결의 효력은 당사자에게 상속인이 있는 경우에 그 상속인에게 미친다.

4. 판결 확정 후 당사자가 사망한 경우: 판결이 쌍방이 더 이상 다툴 수 없는 상대가 된 경우('판결의 확정'이라고 한다), 당사자 중 한쪽이 사망한 경우에는 이는 소송 절차나 판결의 효력에 아무런 영향이 없으며, 집행의 단계에서 문제가 될 뿐이다.

### 결론

이 사례에서 원고는 피고가 사망한 것을 '알고도' 사망한 자를 상대로 소송을 제기하였으므로, 이 소송은 부적법 각하된다.

## 15. 내 뜻이 아니라 아들의 뜻이라오

며칠 동안 먹을 것이 없어 굶은 배고파 씨가 형님 댁으로 먹을 것을 얻으러 갔다가, 오히려 형수한테 문전 박대를 당하고 떠밀려 나오다 넘어져 전치 4주의 상해를 입었다.

이를 알게 된 배고파 씨의 큰아들이 아버지의 만류에도 불구하고 아버지 몰래 법원에 큰어머니를 상대로 치료비 및 위자료 도합 500만 원을 지급하라는 소송을 제기하였다. 물론 원고의 명의는 아버지의 이름 배고파로 하였다.

소장을 받아본 형수는 창피하다며 재판에 나가지 않았고, 원고 측은 배고파 씨의 아들이 대신 나가서 재판을 하였다.

자, 이처럼 남의 명의로 소송을 내고 마치 자기가 당사자처럼 재판장에 나가서 행세하는 소송은 과연 유효한가?

① 무효. 장남은 소송 당사자가 아니다.

② 유효. 피고가 알고도 이의를 제기하지 않는 한 괜찮다.

③ 유효. 소송에서 원고가 이길 수 있을 경우에만 유효하다.

④ 유효. 피해자의 가족인 경우에는 예외적으로 유효하다.

소송은 소장에 당사자로 표시된 자가 실제로 소송을 수행하여야만 한다. 소송 사건에 있어서 누가 소송 당사자인가를 판별하는 문제를 '당사자의 확정'이라고 하는데, 무엇을 기준으로 하는가에 대해서는 소장의 당사자란을 기준으로 하여 원고 또는 피고로 '표시된 자'를 당사자로 보아야 한다는 것이 통설의 입장이다.

그런데 타인 명의를 도용하거나 차명하여 소송이 제기되거나 수행되는 경우에는 어떻게 될까? 가령 A가 갑(甲)의 명의로 소송을 제기하고 법정에는 갑인 것처럼 출석하여 소송을 하는 경우도 적지 않다. 통설인 표시설에 의하면 원고로 표시된 갑이 원고라고 보아야 하는데, 실제 소송 수행은 갑이 아닌 A가 하고 있으니 문제이다.

소송 실무에서는 위와 같은 '성명 도용 소송'을 방지하기 위해서 당사자 표시란에 전화번호, 팩스 번호, 이메일(e-mail), 주소 등 연락처를 적게 하고, 법정에서는 출석한 당사자의 주민등록증을 조사, 확인하기도 한다.

성명의 모용 또는 도용은 원고뿐만 아니라 피고의 성명을 모용 또는 도용하는 경우가 있다. 이처럼 타인의 이름을 도용하여 소송을 제기하거나(원고의 성명 도용), 피고의 이름을 도용하여 제기하는 경우(피고의 성명 도용)에 그 소송의 운명은 어떻게 될까?

성명이 도용된 소송은 이렇게 처리된다. 원고의 성명이 도용된 경우에는 그 도용된 자가 소송을 추인하지 않는 한 그 소송은 각하되고, 소송 비용은 도용한 자의 부담으로 한다.

### 결론

이 사례는 원고 명의가 도용된 소송이다. 법원은 원래 당사자가 될 배고파가 이를 추인하지 않는 한 이 소를 각하하여야 한다.

## 16. 진짜 이름이 뭐예요?

인기 가수 송대판 씨는 평소 잘 알고 지내던 연예인 탁지나 씨에게 돈 1,000만 원을 빌려준 일이 있다.

한 달만 쓰고 갚아준다더니 돈을 빌려간 뒤 6개월이 되도록 감감무소식이다. 뿐만 아니라 탁 씨는 다른 연예인들에게도 상당한 돈을 빌린 뒤 역시 갚지 않고 있는 모양이다.

송 씨는 할 수 없이 소송을 제기하였다. 아, 그런데 소송이 진행된 뒤에 알고 보니 피고 '탁지나'는 예명이고, 본명은 '도지나'라는 것이 아닌가? 소장에는 피고의 이름이 탁지나로 되어 있다.

소장에 피고의 이름을 잘못 기재한 소송의 운명은?

① 피고가 이의를 제기하지 않는 한 그대로 심리, 판결할 수 있다.

② 피고의 표시를 정정하여 재판할 수 있다.

③ 소송을 일단 취하하고, 소장에 본명을 적어 다시 제기하여야 한다.

소송이 제기되면 법원은 먼저 원고가 누구이고 피고가 누구인가를 명확히 하여야 한다. 그래야 소장의 부본을 송달하거나 변론 기일에 출석하라는 소환장을 보낼 수 있는 등 소송 절차에 관여할 자를 정할 수 있다. 게다가 당사자가 소송 도중 사망한 경우에 이를 수계할 자를 정하는 등 당사자의 확정은 대단히 중요한 작업이다. 누구를 소송의 당사자로 볼 것인가에 대해서는 대체로 소장의 당사자 표시를 표준으로 하되, 그 밖의 일체 사정을 참작하여 정하라는 소위 '수정된 표시설'이 다수설이고 판례의 입장이다. 이렇게 당사자가 먼저 확정되어야 소송이 그 이후의 절차나 단계로 진입하게 된다.

그런데 고의가 아닌 착오는 인간의 세계에서 얼마든지 있을 수 있다. 원고가 피고의 이름의 표시를 잘못 기재하거나, 소위 예명을 본명으로 알고 예명으로 피고를 표시한 경우에는 어떻게 될까?

가령 예명을 피고라고 표시한 경우에 그 예명의 주인공은 당사자 본인이 아니라는 이유로 소장 부본의 송달을 거부할 수도 있다. 이런 경우에는 당사자의 동일성을 해치지 않는 범위 내에서 바로잡는 '당사자 표시의 정정'은 얼마든지 가능하다. 가령 피고를 임꺽정이라고 표시하였는데 실제로는 임거정인 경우에 원고는 '임거정'이라고 피고의 표시를 정정하면 된다.

동일성의 범위를 넘어 당사자 표시 정정이 전혀 다른, 새로운 사람을 소송에 끌어드리는 결과가 된다면 이는 정정이 아니어서 허용되지 않는다. 단순한 표시상의 오기나 착오를 바로잡는 것이어야 한다.

**결론**

원고가 피고의 이름을 예명이 진짜인 줄 알고 예명으로 표시하여 소송을 제기하였으나, 실은 그에게 본명이 있었다면 원고는 그 본명으로 당사자 표시 정정을 하여 소송을 진행해나갈 수 있다.

## 17. 피자냐 빈대떡이냐, 이것이 문제로다

세계화 시대가 되자 별별 것이 다 수입되어 들어오는데, '정통 이태리 피자'를 표방한 피자 산업도 국내 시장에 진출하였다.

피자가 별 건가? 이태리 빈대떡이지. 이탈리아에 본사를 둔 '피자헉'이 대리점을 모집하자 빈대떡 장사를 하던 나빈대 씨도 피자점으로 업종을 변경하였다.

대리점 계약서에는 '월 순익 1,000만 원을 보장함'이라고 명시되어 있었다. 그러나 외채가 누적되고 경제 위기가 닥치자 국민들이 애국심을 발휘하여 갑자기 빈대떡만을 고집하여 나빈대 씨는 1년 만에 낭패를 보게 되었다.

그는 '피자헉'을 상대로 "월 순익 1,000만 원은커녕 100만 원도 안 되니 대리점 보증금과 손해금을 내놓으라"는 내용의 소송을 제기하였다.그런데 문제는 '피자헉'이 이탈리아에 회사가 있으며, 국내에는 지점만 있다는 사실이다. 나빈대 씨는 소송을 어디에서 해야 하는가?

① 피고의 본점 소재지인 이탈리아의 법원

② 피고의 지점 소재지인 서울지방법원

③ 네덜란드 헤이그에 있는 국제 사법 재판소

④ 유엔 본부가 있는 미국 뉴욕 지방 법원

소송 당사자의 한쪽이 외국인, 외국 기업이라든가 외국에 주소를 둘 경우 어느 나라 법원이 사건을 재판하여야 하는가가 문제가 된다. 이는 국제적 재판의 관할권과 관련되어 있기 때문이다. 이 문제는 학설의 해석에 맡겨져 있는데 외국인이나 외국 기업을 상대로 하는 소송에서는 그 외국인이 우리나라 법원의 민사 재판권에 복종할 의무가 있는지부터 살펴야 한다.

우선 그 외국인이 외교관과 그 가족이거나 국제기구와 그 구성원인 때에는 우리나라 법원의 재판권이 면제되어 있다. 또 외국인을 상대로 소송을 하는 경우라도 우리나라 법원이 외국에 소장 등의 소송 서류를 송달하거나 외국에서 증거, 조사 등을 시행할 수 있어야 하는데, 이를 위해서는 그 외국과 소위 사법 공조 협정이 체결되어 있어야 한다.

끝으로 우리나라 법원이 승소 판결을 하더라도 그 판결을 외국에서 집행할 수 있는지가 문제가 된다.

그런데 외국 기업이라도 국내에 주 사무소나 영업소가 있다면 우리나라 법원이 재판 관할권을 갖는다고 보는 데 학설상 이견이 없다. 또 외국 기업이 국내에 주 사무소가 없더라도 지점이나 영업소를 두고 있는 경우에 그 업무가 우리나라와 관련된 업무라면 우리나라 법원의 재판권이 인정되므로 소송의 제기 자체는 가능하다.

### 결론

원고가 승소하더라도 그 판결을 어떻게 집행할 것이냐는 다음 문제이고, 그 외국 기업이 국내에 지점을 두고 있는 경우 국내에서 소송의 제기는 가능하다.

## 18. 성미가 급하다 보니

나돈만 영감은 구두쇠 대회가 있다면, 1등을 하고도 남을 위인이다. 그의 수입원은 강남의 빌딩에서 나오는 임대료였는데, 빌딩의 사무실이나 점포를 세줄 때면 어찌나 까다롭게 구는지 사람들이 애를 먹곤 하였다.

이 빌딩의 한 층 전부를 미국 애플사의 아이폰에 버금간다는 걸럭시를 생산하고 있는 '아플' 주식회사가 보증금 1억 원, 월세 500만 원에 기한 2년 조건으로 빌렸다.

그런데 불경기가 닥치자 나돈만 영감은 임차인이 기한이 끝나도 순순히 나갈 것 같지 않은 예감이 들어 소송을 냈다. 기한은 아직 6개월이나 남았다. 나돈만 영감이 낸 소장에는 "6개월 후에 명도하라"고 되어 있다.

나돈만 영감의 이런 식의 소송도 허용되는가?

① 안 된다. 아직 빌린 사람이 합법적으로 사용할 기한이 6개월이나 남아 있기 때문이다.

② 된다. 6개월 뒤에 명도하지 않을 것이 예상되므로 미리 소송을 낼 수 있다.

③ 된다. 소송은 기한이 끝나는 6개월이 경과한 뒤에도 종결되지 않는다는 조건하에.

소송을 제기하려면 상대방의 채무가 '이행기'에 도래하였어야 한다. 예를 들면 누구에게 돈을 빌려주었는데 소송으로 이를 청구하려면 그 돈을 갚기로 한 때(이행기)가 지났어야 한다는 뜻이다.

그러나 이 원칙을 고집한다면 즉 이행 시기에 상대방의 재력 악화, 재산의 빼돌림 등으로 원고는 소송에서 승소하더라도 강제 집행이 곤란해질 수가 있다. 그리고 이행하기 전에라도 채무자가 이행을 거부하겠다는 의사를 표시하는 경우에는 굳이 채권자로 하여금 소송의 제기를 이행기 때까지 기다리게 할 필요가 없게 된다.

민사소송법은 타인에게 어떤 특정한 의무의 이행을 구하는 일반적인 '이행의 소' 중에서 미리 청구할 필요가 있는 경우에는 이행 시기가 도래하기 전이라도 이행의 소를 제기할 수 있게 허용하고 있다. 이러한 유형의 소송을 '장래 이행의 소'라고 하며, 실무상으로도 그 예가 결코 적지 않다.

장래 이행의 소에서는 원고가 '미리 청구할 필요'가 있는 정당한 사유를 주장하고 입증하여야 한다. 장래 이행의 소의 형식으로 소송을 제기하였는데 재판 도중에 이행 시기가 경과하였다면 이 소송은 당연히 통상의 현재 이행의 소가 된다.

**결론**

이행기, 즉 임대차 기한 만료 후에 임차인이 임차 목적물을 임의로 반환하지 않을 것이 분명하다면, 임대인은 그 기한 만료 전이라도 장래 이행의 소의 형태로 임차 목적물의 반환(실무에서는 부동산의 반환을 '명도(明渡)'라고 한다)을 청구할 수 있다.

## 19. 내 동전을 내놓으란 말이다

고지식 씨는 이름 그대로 융통성이 없기로 유명한 사람이다.

그가 어느 날 급한 일로 공중전화기에 100원을 넣고 전화 통화를 하였는데, 공중전화기는 남은 돈 30원을 토해내지 않는 게 아닌가. 대한민국 국민 누구도 분통만 터뜨리고 문제를 제기하지 않았던 이 문제를 고지식 씨는 자기가 앞장서서 해결하기로 굳게 결심하였다.

그래서 서울지방법원에 주식회사케이티를 상대로 "피고가 설치한 공중전화기가 통화하고 남은 돈('낙전')을 이용자에게 반환하지 않는 것은 원고를 우롱한 처사임을 확인하라"라는 소송을 냈다. 이 소식을 들은 시민들이 고지식 씨의 의거(?)에 박수를 치고 성원을 보냈음은 물론이다.

아, 그런데 재판장은 원고 고지식 씨에게 "소송의 내용을 바꾸던지 아니면 취하하라"고 종용하는 것이 아닌가?

왜 그럴까?

① 원고의 소송이 말이 안 되기 때문이다.

② 권리관계가 아닌 사실 관계의 확인을 구하는 소송이기 때문이다.

③ 수많은 시민들이 똑같은 소송을 내면 법원의 업무가 마비될 것을 우려하였기 때문이다.

④ 증거를 댈 수 없는 소송이기 때문이다.

확인의 소란 가령 "○○ 자동차가 원고의 소유임을 확인한다"라는 판결을 구하는 형식의 소송이다. 이때 청구 취지에 확인을 구하는 권리관계의 대상과 내용을 명확히 하여야 한다.

확인의 소는 현재의 권리관계나 법률관계에 관하여 법원의 판결에 의해 이를 공적으로 확인받고자 하는 소송으로서 실무에서도 적지 않게 이용되는 소송의 형태인데, 이 소송은 이행의 소보다는 까다롭다.

이 소송은 그 대상이 현재 권리관계의 존부, 법률상의 지위 등에 관한 것이어야 하고, 이것과 상관이 없는 것이거나 과거의 사실 관계의 확인을 구하는 것은 허용되지 않는다.

이 관문을 넘더라도 법원의 확인 판결에 의하여 원고가 처한 권리나 법률관계의 불안이나 위험이 제거될 수 있어야 하는 이른바 '확인의 이익'이 있어야 한다.

확인의 대상이 아닌 것을 구하거나 확인의 이익이 없다고 판단되는 확인의 소는 기각되는 것이 보통이다.

### 결론

이 사례에서 원고는 반환되지 않은 낙전의 반환을 구하는 이행의 소를 제기했어야 한다. 낙전이 반환되지 않은 것이 원고를 우롱한 처사임을 확인하라는 형식의 확인의 소를 제기한 것은 확인의 소의 대상이 될 수 없다(그래서 재판장은 원고에게 이행의 소로 바꾸라는 종용을 하게 된 것이다).

## 20. 내 돈은 어디로 갔나

"자네 나한테 빌려간 돈은 언제 갚을 건가?"

"무슨 소리? 며칠 전에 갚았는데 뭘 또 갚아?"

"그건 지난달에 빌려간 돈이고, 이번 달에는 안 갚았잖아!"

"한꺼번에 갚았잖아!"

같은 직장에 다니는 이건망과 김신용의 언쟁이다.

이로 인해 두 사람의 우정은 무너지고 원수가 되었다.

채무자 김신용은 억울하다. 분명히 갚았는데 친구 사이라 영수증을 받아두지 않은 것이 이처럼 억울한 사태를 가져 오다니…. 잘 생각해보니 빌린 돈 100만 원을 갚을 때 10만 원은 수표로 준 것 같다.

이처럼 채무자는 빚을 갚았는데 채권자가 이를 부인할 경우에, 채무자가 취할 수 있는 법률적인 조치는 무엇인가?

① 갚았다는 증거를 찾는다.

② 채권자를 상대로 채무가 없다는 확인을 구하는 소송을 낸다.

③ 채권자를 상대로 빚을 갚았다는 사실을 확인해달라는 소송을 낸다.

④ 수사 기관에 억울하니 수사해달라고 탄원한다.

소송은 결국 분쟁 당사자간에 채무나 의무가 있는지, 있다면 어느 범위까지인지를 법원의 판결로 가려달라는 것이다.

권리자는 의무가 있다고 판단되면 그 의무자를 상대로 채무의 이행을 구하는 소송('이행의 소')을 제기할 수 있고, 반대로 채무가 없다고 주장하는 자는 그 채무가 있음을 주장하는 자를 상대로 채무가 없음을 판결로 확인해달라는 소송을 제기할 수 있다('확인의 소').

논리적으로는 존재의 확인 또는 부존재의 확인을 구할 수 있는 대상은 사실상 무제한이라고 할 수 있지만, 민사소송법은 확인의 소에 대하여는 확인의 판결로 정당화될 수 있는 이익('확인의 이익')이 있는 경우에만 이를 허용하고 있다.

즉 확인의 소는 그 대상이 당사자의 현재 권리나 법률관계에 대하여 판결로 이를 확인해줌으로써 이를 구하는 당사자에게 권리나 법률상의 지위에 현존하는 법률적 불안이나 위험을 제거할 수가 있고, 이를 제거함에는 확인의 판결을 받는 것이 가장 유효, 적절한 수단에 해당할 때 허용되는 소송이다.

예를 들어 근로자가 회사에서 부당하게 해고되었을 경우에 그 근로자가 현존하는 권리나 지위의 불안 상태를 해소하는 수단은 바로 해고 무효 확인의 소라고 할 수 있다.

확인의 소는 이행의 소 다음으로 많은 소송 형태이다.

### 결론

채무자가 채무를 다 갚았는데 채권자가 이를 부인하거나 이행을 독촉할 때, 채권자를 상대로 채무 부존재 확인 소송을 제기하여 승소하게 되면 그 불안한 지위를 벗어날 수 있다.

## 21. 이름 끝 자는 같아도 생각은 달라요

용인시 수지면에 땅을 사두면 수지맞는다는 소문이 돌자 동준, 용준, 재준, 민준 4인이 똑같이 1,000만 원씩 투자해서 땅 1,000평을 사두었다. 등기는 물론 공평하게 4분지 1씩 공유 지분 등기를 하였다.

일이 잘되려고 하는지 얼마 안 되어 사두었던 땅 근처에 서울에 있는 한국대학교가 분교를 짓게 되자, 이 땅에서는 무슨 장사를 해도 잘될 수 있는 형편이 되었다.

동준은 용준, 재준, 민준에게 땅을 250평씩 분할하자고 제안하였다. 동준은 분할한 땅에 원룸을 지어 대학생을 상대로 하숙을 하고 싶었다. 그런데 용준은 동의하였으나, 재준과 민준은 땅값이 더 오르면 그때 팔자고 하면서 반대하는 것이 아닌가? 그 바람에 동의하였던 용준도 반대로 돌아섰다.

동준이 땅을 분할하는 소송을 제기하려면 누가 원고가 되고, 누구를 피고로 하여야 하는가?

① 분할에 동의하지 않는 재준과 민준을 피고로 하면 된다.

② 분할에 찬성하는 동준과 용준이 원고가 되고, 반대하는 재준과 민준을 피고로 하면 된다.

③ 분할에 반대하는 용준, 재준, 민준 모두가 피고이다.

원고나 피고가 다수인 경우를 보통 '공동 소송'이라고 한다.

공동 소송은 원고가 다수이거나 피고가 다수일 경우이다. 가령 동일한 교통사고가 발생하여 피해자가 다수 발생한 경우에 피해자들이 공동으로 소송을 제기하면 원고가 다수인 공동 소송이 되고, 가해자들이 복수인 경우에 피해자가 이들 전부를 상대로 하면 피고가 다수인 공동 소송이 된다. 이런 경우를 '통상의 공동 소송'이라고 한다.

그러나 경우에 따라 공동 소송이 법으로 강제되는 형태가 있다. 공동소송이 강제되는 이유는 공동 당사자들에게 판결을 구구하게 할 수 없는 경우, 즉 합일 확정을 해야 할 필요가 있을 때이다. 이를 '필수적 공동 소송'이라고 한다.

예를 들어 한 토지에 대해 수인의 공유자가 있는 경우에 그 토지의 분할이나 방법에 관하여 공유자 간에 합의가 되지 않는 경우, 분할을 원하는 사람은 그 분할에 반대하거나 이견이 있는 공유자 전원을 상대로 소를 제기하여야 한다. 또 A라는 토지 소유자와 B, C, D라는 이웃의 토지 공유자 간에 토지의 경계에 관하여 다툼이 있는 경우에 A는 이웃 토지 공유자 전원을 상대하여 경계 확인의 소를 제기하여야만 한다.

필수적 공동 소송에 대한 판결은 당사자별로 구구하게 되는 것이 허용되지 않는다. 모가 되던지 도가 되던지 판결은 공동 소송인들에게 합일적, 즉 단일하여야 한다.

### 결론

토지의 공유자 간에 토지를 분할하려는 공유물 분할 소송은 그 분할에 찬성하는 자 전부가 원고가 되고, 반대하는 자 전부를 피고로 하여야 필수적 공동 소송이다.

## 22. 정의감 빼면 시체인 탓에

파발마택시주식회사가 400미터당 100원씩 올라가는 택시 미터기를 350미터마다 요금이 기록되도록 조작하여 2년 동안 막대한 부당 이득을 취한 사실이 보도되자 시민들은 분노하였다. 모두들 욕만 하고 나서지 않고 있을 때 정의감 빼면 시체인 최용감 씨가 나섰다. 그는 자비를 들여 신문에 "악덕 택시 회사를 응징하고자 손해 배상을 청구하려고 하오니 파발마택시를 이용한 소비자는 소송에 참가해달라"라고 광고하였다.

순식간에 5만여 명이 참가하였다. 최용감 씨는 이에 고무되어 스스로 이 5만 명의 대표자라고 자칭하고 파발마택시주식회사를 상대로 자기 이름으로 1인당 10,000원씩 도합 5억 원(50,000명×10,000원)의 손해 배상을 청구하였다. 법원은 이 소송을 접수한 뒤 보기 좋게 소장을 각하하였다. 이유가 뭘까?

① 원고 최용감 씨가 너무 건방지다고 판단하였기 때문이다.

② 피해자 5만 명이 원고가 되지 않고, 최용감 씨 혼자 원고가 되었기 때문이다.

③ 우리나라에서는 위와 같은 소송 제도가 현재 법률상 인정되지 않고 있기 때문이다.

④ 소송이 너무 황당무계하기 때문이다.

우리나라 민사소송법은 당사자가 다수인 공동 소송 제도를 허용하고 있지만, 기본적으로는 개별적으로 권리를 주장하거나 소송을 제기하는 것을 기조로 하고 있다고 해도 과언이 아니다.

그러나 오늘날과 같이 대량 생산, 대량 소비의 경제 상황하에서는 생산, 공급자인 대형 기업들에 의하여 불특정 다수인이 입는 피해가 종종 발생하게 된다. 이때의 불특정 다수인이 입은 피해는 금전적으로는 소액인 경우가 보통이다. 이러한 소액 다수의 피해자에 대하여 권리 구제 수단으로서 개별적인 민사소송은 사실상 무력해 보인다.

어떤 피해자가 개별적으로 소를 제기한다고 하더라도 소송에 드는 노력, 시간, 비용은 물론이고 소송하기 위한 입증도 사실상 불가능한 경우가 되고 만다. 환경 소송, 공해 소송, 소비자 소송, 투자자 소송, 담배 소송 등이 바로 현대 사회가 결과하고 있는 전형적인 소액 다수의 피해라고 할 수 있다.

이러한 현대 사회형 소송에 있어서 소액 다수의 피해를 간편하고 일괄적으로 구제하는 소송이 '집단 소송'이다. 미국이나 유럽 국가에서는 이러한 집단 소송이 제도로서 허용되고 있지만, 우리나라에서는 2004년에 제정된 증권관련 집단소송법에서 증권의 거래 과정에서 발생하는 집단적인 피해를 구제하기 위한 증권 관련 집단 소송만 허용되고 있을 뿐, 그 밖의 소액 다수 피해에 대한 집단 소송 제도는 도입되고 있지 않다.

### 결론

이 사례도 집단 소송 제도가 도입되어 있다면 전형적인 집단 소송 사건이라고 할 수 있다. 집단 소송이 허용되고 있지 않으므로 피해자들이 개별적 또는 공동으로 소송에 나서는 수밖에 없다. 이 소송처럼 피해자들이 모두 원고가 되지 않고 당사자가 된 최용감 씨가 피해자들을 혼자 대표하여 제기한 이 소송은 최용감 씨 이외의 사람들의 청구는 부적법하다고 각하할 수밖에 없다.

## 23. 피고 선수 교체합니다

인천에 사는 서인천 씨는 직장이 서울인지라 매일 경인고속도로를 이용하여 자가용으로 출퇴근을 하고 있다.

경인고속도로를 관리하는 한국도로공사는 국토교통부 장관의 승인을 얻어 어느 날 갑자기 통행료를 900원에서 1,000원으로 인상하였다. 시민들의 빗발치는 항의에 부딪쳐 통행료는 한 달 만에 종전의 900원으로 환원되었다고 가정하자.

서인천 씨는 화가 나서 국토교통부 장관을 상대로 한 달간 더 물었던 통행료 5,000원(25일×1일 왕복 200원)을 배상하라는 소송을 제기하였다. 피고가 된 국토교통부 장관은 '통행료는 국토교통부 장관이 아닌, 한국도로공사가 받는 것임. 따라서 원고는 피고를 잘못 지정하였음'이라는 짤막한 답변서를 법원에 냈다. 답변 내용은 사실이었다.

원고인 서인천 씨처럼 피고를 잘못 지정하였을 경우에는 어떻게 해야 하는가?

① 피고를 한국도로공사로 바꾸면 된다.

② 일단 소를 취하하고, 한국도로공사를 상대로 새로 소송을 한다.

③ 한국도로공사를 피고로 추가하면 된다.

④ 공익을 위한 소송이므로 그대로 밀고 나간다.

소송에서 피고가 되는 자는 원고가 그 소장에서 피고로 지정한 자이다. 그러나 소장에서 피고로 지정하였는데(피고로 표시하였는데), 이 피고의 지정이 오류인 경우에는 어떻게 될까?

우선 이름을 틀리게 표시한 경우라면 소 제기 이후 피고의 표시를 정정할 수 있다. 가령 피고를 '홍길동'이라고 표시하였는데 그 주소지에 사는 사람의 이름이 '홍길통'이라고 한다면, 이 오류는 당사자의 동일성을 해치는 것이 아닌 한 바로잡을 수 있다.

그러나 가령 의무 이행자가 A인 줄 알고 A를 피고로 표시하여 소송을 제기하였는데, 어느 정도 소송을 진행한 결과 의무 이행자가 B라면 그 소송은 어떻게 될까?

민사소송법은 이럴 때 피고를 바꿀 수 있도록 허용하고 있다. 즉 원고가 피고를 잘못 지정한 것이 분명한 경우에는 1심의 변론이 종결되기 전까지는 법원의 허가를 얻어 진정한 피고를 상대로 피고를 경정(更正)하면 된다. 또 소송 절차가 어느 정도 진행되어 피고가 변론을 한 경우, 종전 피고의 동의를 얻어야 한다.

피고의 경정은 서면으로 하며 법원이 이를 허가하면, 이 허가 결정과 소장의 부본은 새로운 피고에게 송달하도록 되어 있다. 원고의 피고 경정 신청에 대하여 법원이 이를 허가하면 종전의 피고에 대한 소송은 취하된다.

### 결론

이 사례처럼 피고가 잘못 지정된 경우, 원고는 피고 경정 신청을 하여 소송을 진행하면 된다.

## 24. 원고가 너무 많다

우정아파트 101동에 사는 주부들 열 명이 해외여행 계를 조직하였다. 계주는 반장인 나몰라 여사이고, 매달 10만 원씩 계금을 불입하고 매달 번호를 추첨하여 100만 원을 타면 50만 원은 여행비로 계주에게 적립하는 방식이었다.

다섯 달째까지 그런대로 잘 나갔는데 계주인 나몰라 여사가 딴 맘을 먹고 야반도주를 해버렸다. 계원들이 총동원되어 간신히 찾아내니 대답은 "법대로 해"였다. 그래서 소송을 해서라도 찾자고 의견이 일치되었는데, 아홉 명의 피해자가 모두 원고가 되어 법정에 나가야 한다니, 이처럼 난처한 일이 또 있을까?

이런 경우에 민사소송법이 마련한 대책이 있을 법도 하다. 그 대책이란 무엇인가?

① 한 사람의 변호사에게 사건을 맡긴다.

② 모두 원고가 되기로 하되, 그중 1인이 대표로 소송을 수행한다.

③ 원고 아홉 명이 교대로 법정에 출석한다.

당사자가 많다고 해도 소송의 제기는 얼마든지 가능하다. 문제는 당사자가 다수인 공동 소송, 가령 원고가 다수인 경우 이 다수의 원고들이 대리인(변호사)에게 소송을 위임하지 않은 경우, 그리고 피고가 다수인 경우에도 거의 사정은 마찬가지로 대리인에게 소송을 위임하지 않는 경우에 그 많은 당사자들이 법원에 모두 출석하여야 하고, 변론·입증해야 하는 번거로운 점이 있다.

소송에서 변호사에게 소송을 위임할 것을 강제하지 않고 있는 우리나라에서 법률에 문외한인 다수의 당사자들이 법정에 나가 변론을 하고 입증 활동을 하는 것은 당사자들에게 번거롭기 짝이 없는 노릇이지만, 재판을 하는 법관들에게도 사정은 마찬가지이다. 이처럼 공동의 이해관계에 있는 다수의 사람이 공동 소송인이 된 경우에는 대표로 소송을 수행할 당사자를 선정하면 된다. 이 사람이 '선정 당사자'이다. 이 제도는 피고 측도 이용할 수 있다. 선정 당사자는 다수의 공동 소송인이 소 제기 시부터 선정할 수 있고 소송 제기 후에도 선정할 수 있다. 선정 당사자는 소송을 제기하거나 제기당한 공동의 이해관계가 있는 사람으로 선정하여야 하며, 이러한 요건에 해당되지 않는 아무 관계없는 제3자를 선정할 수는 없다.

선정 당사자를 선정하면 (선정자) 선정서를 작성, 제출하는 것이 보통이다. 선정 당사자를 선정한 사건은 선정 당사자를 상대로 판결하게 되나, 그 판결은 선정자를 선정한 당사자들 전원에 대해서도 그 효력이 미친다.

### 결론

이 사례에서는 원고가 되고자 하는 아홉 명의 피해 계원들이 그중 선정 당사자를 선정해서 소송을 제기하면 된다(선정 당사자를 선정하여 선정서를 제출하더라도 나머지 선정자들도 소장에는 여전히 원고로 남게 된다).

## 25. 남자가 울거나 하품하거나

드라마 시청률을 좌지우지한다는 30, 40대 주부들. 이 주부들이 커피숍에 앉아 수다를 떨고 있다. 당연히 주제는 요즘 보는 드라마다.

"요즘 TV 드라마는 너무나 볼 것이 없어."

"맞아. 방송국마다 드라마 천지인데도 왜 볼 게 없는지 모르겠어?"

"그건 그렇고, 요즘 송승현은 왜 안 나오는 거야?"

여론을 파악한 ABS 방송국에서 인기 탤런트 송승현에게 출연료 5억 원을 주고 전격 기용하여 〈남자가 울 때〉라는 드라마를 방영하자, 타 방송국의 드라마들의 시청률이 보나 마나 떨어졌다. 드라마 왕국을 자랑하고 있던 XBS 방송국에서는 잽싸게 송승현과 출연료 12억 원에 계약하고 〈남자가 하품할 때〉라는 드라마를 방송하기로 하였다.

ABS 방송사에서 탤런트 송승현의 XBS 방송드라마 출연을 저지하는 가장 적절한 소송의 내용은?

① 출연료 5억 원 반환 청구 소송

② XBS 방송국 출연 금지 청구 소송

③ 원고가 입은 광고 방송 격감으로 인한 손해 배상 청구 소송

④ 인간으로서 최소한의 신의도 없는 송승현의 연예계 추방을 구하는 소송

해답 ②

**부작위 청구**

원고가 소장에서 피고에게 특정한 금전, 물건 등의 지급, 인도를 구하는 것을 '청구'라고 한다. 이 청구는 피고에게 적극적인 행위를 할 것을 구하는 경우가 보통이지만 특정한 행위를 하지 말 것을 구하는 소극적인 청구도 가능하다. 그래서 소(訴)는 일종의 청구라고 보아도 좋다.

이행의 소에는 실체법상의 청구권이 그 바탕이 되어 있어야 한다. 청구권이 없으면 소송은 성립하지 않는다. 상대방에게 금전의 지급, 물건의 인도, 등기의 이전·말소, 건물의 철거, 특정 공간에서의 퇴거 등을 구하는 소송은 상대방에게 적극적인 이행을 구하는 것이나 어느 경우든 원고에게 그것을 구할 청구권이 있음이 전제되어야 한다.

소극적인 청구의 경우도 마찬가지이다. 소음을 내지 말아달라, 시위를 하지 말아달라, 원고의 공사를 방해하지 말아 달라, 특정한 장소·공간에 출입을 하지 말아달라는 등의 청구는 상대방에게 일정한 행위를 하지 말 것, 즉 부작위(不作爲)를 청구하는 것이다.

**결론**

이 사례에서 원고인 ABS 방송사는 사실 ①, ②, ③ 어느 청구도 가능하다. 그러나 가장 다급한 것은 출연 계약에 의하여 출연 의무가 있는 탤런트가 다른 방송사에 출연하는 것을 법률적으로 저지하여야 하므로, 해답은 그 출연의 금지를 구하는 소송이 가장 적절하다.

## 26. 일단 청구부터 하고 보자

"재수 없는 포수는 곰을 잡아도 쓸개가 없다"라더니 회사원 어굴한의 경우가 꼭 그랬다. 퇴근 후 동료들과 술 한잔을 걸친 뒤 귀가하던 중 집 앞 횡단보도를 건너다가 승용차에 치여 '요추 골절상'을 입고 지금도 투병 중이다. 그런데 가해자는 사고 즉시 어둠 속으로 사라져 버려 배상받을 길이 막막한 상황이다.

다행히 경찰이 사고 후 1년 만에 뺑소니범을 검거하였다. 어굴한은 손해 배상 청구 소송을 내려고 한다. 이 경우처럼 교통사고 피해자가 입은 손해는 치료비, 정신적 고통에 대한 위자료, 그리고 노동 능력 상실로 입은 수입 손해이다.

어굴한은 아직도 치료, 투병 중이므로 치료비와 노동 능력 상실로 인해 손해는 현재로서는 정확히 알 수 없다. 그래서 일단 위자료만 청구하려고 한다. 가능할까?

① 가능하다. 단 소장에서 일부 청구라는 점을 밝혀야 한다.

② 가능하다. 단 소송이 끝나기 전까지 나머지 손해도 청구해야 한다.

③ 불가능하다. 청구가 가능한 손해는 소송 제기 시 한꺼번에 청구해야 된다.

④ 재판장의 허가가 있으면 가능하다.

원고가 청구를 전부 할 수 있음에도 불구하고 그 분량을 제한하여 일부만 청구하는 경우를 '일부 청구 소송'이라고 한다. 예를 들면 1억 원을 빌려준 채권자가 1억 원 전부를 청구하지 아니하고 그중 5,000만 원을 청구하는 경우이다.

또 교통사고의 경우 피해자가 입은 손해는 그로 인해 적극적으로 지출한 적극적 손해, 치료 기간 동안 벌지 못하게 된 수입 또는 사고가 없었다면 정년까지 얻을 수 있었던 소극적 손해, 그리고 정신적 고통에 대한 정신적 손해(위자료)가 발생하지만, 피해자가 그중 어느 하나의 손해만 청구하는 경우도 일부 청구에 해당한다.

일부 청구가 허용될 수 있는가에 대해서는 추설상 논란이 있으나 원고가 일부 청구를 하면서 일부 청구임을 '명시'하는 경우에는 허용된다고 보는 것이 통설이다.

일부 청구는 그를 통해 승소 판결을 받은 경우에 나머지 청구를 할 수 있다는 자신감을 주며(시험 소송의 경우), 또 인지액을 절약할 필요가 있을 때 시도된다. 다만, 소액사건심판법에서는 소가가 2,000만 원 이하인 금전상의 청구인 소액 사건에서는 판사 1인이 수행하는 단독 판사의 재판을 받기 위해, 일부러 일부 청구 즉 2,000만 원 이하의 청구를 하는 것이 금지되어 있다(이를 위반하면 소 각하 판결을 받게 된다).

**결론**

일부 청구는 가능하다. 다만, 그 청구가 일부 청구임을 소장에서 명시해야 한다.

## 27. 내 고양이 내놓으라고

고양이를 좋아하는 여자 친구가 있는 왕마마. 여자 친구가 해외 출장을 가면서 며칠간 고양이를 맡게 되었다. 꼭 산책을 시켜줘야 한다는 여자 친구의 말이 생각나 퇴근 후 함께 공원에 나갔는데, 그만 줄을 놓쳐 고양이를 잃어버리고 말았다.

이 고양이는 페르시아산으로 구하기도 힘들며, 아주 고가이다. 출장에서 돌아온 여자 친구는 고양이가 없어진 것을 알고, 펄쩍 화를 내며 왕마마를 상대로 소송을 냈다. 소송 내용은 "피고는, 원고의 고양이와 똑같은 페르시아산으로, 같은 상태의 고양이를 내놓으라. 만일 내놓지 못할 경우 구입가인 1,000만 원을 지급하라"라는 것이었다.

원고의 청구가 이유가 있다고 인정될 경우, 과연 법원은 어떻게 판결해야 하는가?

① 피고에게 고양이 한 마리의 인도를 명한다.

② 똑같은 상태의 고양이는 이 세상에 있을 수 없으므로 금전 청구만 받아들인다.

③ 두 개의 청구가 서로 모순되므로 전부 패소 판결을 내린다.

④ 먼저 고양이 한 마리를 인도하라는 판결과 이를 이행하지 못하는 경우에는 그 고양이 값에 해당하는 금전을 지급하라는 판결을 함께 한다.

원고가 피고를 상대로 하여 제기하는 소송의 목적은 법원으로부터 승소 판결을 얻어 피고의 재산에 대해 강제 집행을 하려는 것이다. 이행을 구하는 소송의 목적은 대부분이 그렇다.

그런데 승소하더라도 경우에 따라서는 강제 집행을 할 수 없는 경우가 있다. 이행을 구하는 목적물이 소멸한 경우가 그렇다. 이럴 때는 소송 제기 시에 어떻게 하면 좋을까?

우선은 목적물의 인도를 구하는 청구를 하고, 그 목적물이 현실적으로 이행될 수 없을 때에 대비하여 그 목적물 값어치에 대한 청구를 함께 하면 된다.

이러한 경우를 '대상 청구(代償請求)'라고 한다. 대상 청구의 주된 청구는 목적물의 인도이지만, 장래에 그 목적물에 대한 인도 집행이 불가능해지는 경우에 대비하는 청구이므로 목적물의 인도라는 현재 이행의 소와 목적물 인도 불능 시에 금전의 지급을 구하는 장래 이행의 소를 병합하여 청구하는 셈이 된다.

이 병합된 소송 형태는 목적물 인도 청구가 받아들여지지 않으면 대상 청구도 함께 기각된다는 특성이 있다.

### 결론

고양이의 주인으로부터 그 고양이를 인도하라는 청구와 인도하지 못할 경우에 그 고양이 값을 금전으로 물어내라는 청구가 이유가 있을 때에는, 두 경우의 판결을 동시에 하게 된다. 따라서 판결의 주문은 두 개가 된다.

## 28. 법대로 하면 손해 볼 일 없다

대기업 오너인 김재벌이 중소기업을 경영하는 친구 최중소의 회사가 어렵다는 소식에, 1억 원을 선뜻 빌려주었다. 1년 후 갚기로 하고, 이자에 관한 약정은 없었다.

그런데 1년이 지나고 회사도 위기를 잘 넘겼는데 도무지 갚을 생각을 하지 않고 있다. 화가 난 김재벌은 소송을 제기하였는데 소장의 청구 취지는 다음과 같았다. "피고는 원고에게 돈 1억 원 및 이에 대한 2013년 1월 1일부터(빌려준 시기) 소장 송달일까지는 연 5푼, 소장 송달 다음 날부터 다 갚을 때까지는 연 2할의 비율로 돈을 지급하라."

소장을 받은 최중소는 "아니, 이자를 주기로 한 적이 없는데 무슨 이자 청구?" 하면서 의아해하고 동시에 분노를 느꼈다.

그렇다면 김재벌의 청구(특히 이자의 청구)는 정당한가?

① 당사자 간에 이자를 주기로 한 약정이 없었으므로 부당하다.

② 이자율이 너무 높으므로 부당하다.

③ 금전 채무에 대해서는 위와 같은 이자 청구는 허용되므로 정당하다.

④ 이자 청구의 정당 여부는 법관의 판단 사항이므로 판단을 보류한다.

채무의 종류 중에 금전으로 이행하기로 한 채무를 '금전 채무(채권자 입장에서는 금전 채권)'라고 한다. 금전 채무를 채무자가 이행하지 않으면 채권자는 이행의 소를 제기하게 되는데, 그때 이자의 청구는 어떻게 될까?

돈을 빌려주고 빌릴 때 이자를 주기로 하고 이자율을 약정하였을 때에는 그 이자율이 이자제한법이 정한 상한선(이자제한법상 최고 이자율은 연 25퍼센트임)을 초과하지 않으면 그 약정 이자를, 상한선을 초과할 때에는 연 25퍼센트(연 2할 5푼)을 함께 청구할 수 있다.

그렇다면 이자의 약정이 없을 때에는 어떻게 하는가?

금전 채무를 이행하지 않으면 그 성질상 당연히 법정 이율로 정해진 손해가 발생한 것으로 보므로(민법 제397조), 채권자는 금전 채무의 발생시기부터 소 제기 시까지의 기간 동안은 법정 이율로 정한 이자('법정 이자')를 청구할 수 있고, 또 소 제기 시부터 다 갚는 날까지는 소송촉진 등에 관한 특례법이 허용하는 연 2할의 비율에 의한 이자를 함께 청구할 수 있다.

**결론**

김재벌의 청구 중 이자 청구는 현행 법령이 허용하는 바이므로 정당하다.

# 29. 방송국을 상대로 이길 수 있다고요?

"소송을 하면 충분히 이길 수 있습니다."

상담을 마친 최승소 변호사가 자신 있게 대답하였다.

"그런데, 피고가 판결에 불복하고 정정 보도를 해주지 않는다면 어떻게 하지요?"

의뢰인이 걱정스런 표정으로 물었다.

"아, 그것도 다 방법이 있습니다."

내용인즉, 한국의 발명왕이라는 장특허가 자동차의 유해 배기 가스를 완전히 제거하는 '안나와'라는 첨가제를 발명하고 특허를 내자, XBS TV의 〈폭로 69분〉이라는 프로그램에서 이 발명을 사기라고 매도하는 방송을 했다. 그래서 장특허가 XBS를 상대로 반론 보도 소송을 하려고 한다.

이 소송에서 원고가 승소할 경우에 피고로 하여금 원고의 반론 보도문의 내용을 도저히 방송하지 않을 수 없게 하는 방법이 있을까?

① 있다. 다만 정정 보도를 할 때까지 매일 일정한 금액을 지급하라는 판결에 의해서 간접으로 강제할 수도 있다.

② 있다. 피고가 불응할 경우에 공영 방송으로 하여금 대신 반론 보도를 명하게 한다.

③ 물론이다. 피고가 불응할 경우에 방송사가 명예 훼손의 형사 책임을 져야 한다.

판결의 내용 중에는 의무자(피고)에게 일정한 행위(作爲)를 할 것을 명하는 경우도 있고, 일정한 행위를 하지 말 것(不作爲)을 명하는 경우도 있다. 가령 "피고는 원고에게 금 1,000만 원을 지급하라"는 판결은 전자의 예이고, "피고는 ○○ 건물에 출입을 금한다"라든가, "피고는 원고의 ○○ 공사를 방해해서는 안 된다"라는 경우가 후자의 예이다.

그런데 채무의 성질상 직접적인 강제 집행을 할 수 없는 경우도 적지 않으므로, 채무자에게 일정한 작위나 부작위 의무를 명하되 이를 이행하지 않을 경우에 대비하여 일정한 손해의 배상이나 징벌적인 금전의 지급을 함께 명하면 그 작위나 부작위 의무를 간접으로 강제할 수 있는데, 이를 '간접 강제'라고 한다.

이 제도는 여러 분야에서 이용할 수 있는데, 언론의 보도로 피해를 입은 피해자가 정정 보도를 청구하는 소송에서 이용하면 효과적이다.

가령 원고가 정정 보도 청구 소송에서 이기면 판결은 "채무자(피고)는 ○○일 이내에 정정 보도문을 게재하라. 만일 채무자가 이 의무를 이행하지 아니할 때에는 채권자에게 1일 금 ○○○원의 비율에 의한 돈을 지급하라"라는 형식이 되는데, 이 돈의 지급이 채무자로 하여금 판결이 명하고 있는 정정 보도 의무를 간접으로 이행하게 하는 수단이 된다.

요즘은 간접 강제를 실효성 있게 하기 위하여 불이행 시 지급하게 하는 금전이 고액화되는 경향이 있다.

**결론**

이 사례는 간접 강제의 판결과 그 집행 신청의 방법으로 원고가 구제받을 수 있다.

## 30. 가훈이 발목을 잡네

"송사 3년에 집안 기둥뿌리 빠진다."

황토원 노인이 입만 열면 강조하는 말이다. 그래서 황씨 가문의 가훈은 "남과 소송을 하지 않는다"였다.

장남인 황토방은, 황토(黃土)가 건강 촉진 건축 자재로 각광받게 되자 조상 대대로 내려오는 선산의 질 좋은 황토 흙을 건축 회사에 파는 일에 나섰다. 토담주택주식회사가 이 흙을 사다가 전원 주택을 지어 분양하였는데 때마침 불어 닥친 주택 불경기로 분양 실적이 저조하여 도산 지경에 이르렀다.

황토방은 황토 대금을 약속 어음으로 받아두었는데 토담주택주식회사가 도산할지도 모른다는 소식을 듣고 고민에 빠졌다. 돈을 받자니 소송을 해야 하고, 소송을 하자니 가훈을 어기게 되니, 이를 어쩌면 좋은가?

소송이 아닌 방법으로 돈을 신속하게 받아 내려면 어떻게 해야 할까?

① 법원에 제소 전 화해를 신청한다.

② 법원에 지급 명령 신청을 한다.

③ 검찰에 사기죄로 형사 고소한다.

판결은 분쟁 중에 있는 당사자(특히 권리를 갖고 있는 당사자)에게는 가장 강력한 권리 구제의 실현 수단임에 틀림없다. 그러나 이 판결을 받기 위해 소송을 제기해야 하는데, 소송은 시간, 비용, 노력이 만만치 않다는 점에서 비효율적이기도 하다. 그래서 이를 다소라도 완화하면서 효력은 판결과 같은 강력한 제도를 강구할 필요가 있는데, 이것이 '지급 명령' 제도이다.

지급 명령은 그 대상이 금전의 지급을 청구하는 사건이어야 하며 액수의 과다는 묻지 않으며, 지급 명령 신청서라는 서면으로 해야 한다. 지급 명령 신청에 소요되는 인지액은 소송 제기에 비하여 10분의 1로 감액되어 있다.

지급 명령 신청을 받은 법원은 관할 위반이 있거나, 신청 요건에 흠이 있거나, 신청 취지에 의하여 신청이 이유 없음이 명백하지 않으면, 지급 명령 신청의 상대방에게 신청인이 신청 취지에 기재한 금액을 지급하라는 명령을 발하게 되며, 상대방이 이에 대해 2주 이내에 이의 신청을 하지 않으면 지급 명령은 확정되고, 확정된 지급 명령은 강제 집행할 수 있는 근거가 된다.

지급 명령을 신청한 자를 '채권자', 상대방을 '채무자'라고 부르는데, 채무자가 이의 신청을 하면 채권자가 제기한 지급 명령 신청은 신청 시에 소가 제기된 것으로 보게 되므로, 그다음부터는 소송 사건으로 전환되어 재판 절차로 진행된다.

**결론**

"송사 3년에 집안 기둥뿌리 빠진다"라는 옛 경구는 소송이 시간과 비용이 많이 드는 것을 경계한 말이다. 그러나 이러한 소송에 의하지 않고 신속하게(다만 상대방이 이의를 제기하지 않는다면) 판결과 동일한 효력을 갖는 권한을 갖게 되는 제도가 있으니 이것이 바로 지급 명령 제도이다(실은 지급 명령 신청도 본질은 소송이다).

# 31. 아직도 지역감정이 문제라니

"우리나라 사람들은 반성하고 정신 차려야 해!"

"뭘 말이야?"

"아, 평소에는 인물 보고 뽑아야 한다고 하다가 선거 때만 되면 지역감정에 따라 고향 사람이나 찍어주고, 이건 수치야, 수치!"

"기왕이면 고향 사람 찍어주는 게 뭐 그리 나쁜가? 외국에도 지역감정이 있다던데…."

노지역과 한감정이 논쟁을 하다가 급기야 육박전으로, 또 소송으로 비화하였다. 노지역의 박치기에 한감정의 앞니 석 대가 뽑히자 한감정이 노지역을 형사 고소하였다. 물론 노지역은 상해죄로 기소되었다.

그런데 치료비가 300만 원이나 들었는데, 노지역은 오히려 "너처럼 몰지각한 놈은 맞아도 싸!" 하면서 물어줄 생각조차 않는다.

한감정이 치료비를 받아 낼 수 있는 가장 효율적인 법적 방법은?

① 소액사건심판법에 따라 소액 심판 청구를 한다.

② 어떻게 해서든지 노지역이 구속되게 한다.

③ 노지역이 받고 있는 형사 재판 절차에서 배상 명령을 신청한다.

④ 지역감정 추방 운동 본부에 호소한다.

사람의 어떤 행위가 형사 처벌의 대상이 되는 범죄 행위가 되는 동시에 손해 배상 책임을 지게 되는 불법 행위가 되는 경우도 적지 않다. 이럴 때 그 피해자는 형사 고소도 할 수 있고, 민사소송을 제기할 수도 있는데, 두 개를 병행할 수도 있다. 그러나 민사소송은 시간, 비용, 노력이 많이 든다.

그래서 '소송촉진 등에 관한 특례법'에서는 피해자가 가해자의 형사 재판 절차에서 간단하게 손해를 회복할 수 있도록 '배상 명령 제도'를 마련해놓았다. 이 절차는 가해자가 형사 사건으로 기소된 경우에 그 형사 사건의 제1심 또는 제2심의 공판 절차가 종결되기까지 피해자가 그 형사 법원에 배상 명령 신청을 함으로써 이루어진다. 이 배상 신청은 민사소송에 있어서 소송의 제기와 같은 효력이 있다. 이 신청을 할 수 있는 사람은 피해자나 그 피해자의 상속인이다. 배상 명령을 구할 수 있는 손해는 그 범죄 행위로 인하여 발생한 물적 피해나 치료비 손해여야 하고, 정신적 손해는 포함되지 않는다.

이미 손해 배상 청구 소송을 제기한 경우에는 배상 명령 신청은 할 수 없다. 배상 명령 신청은 서면에 의함이 원칙이나 피해자가 법정에 증인으로 출석한 경우에는 법정에서 구술로도 할 수 있다. 또 배상 명령은 그 신청 전에 가해자가 피해자에게 배상을 하겠다는 합의를 하고도 이를 이행하지 않는 경우에도 할 수 있다. 이 배상 명령 신청에는 따로 비용이 들지 않는다. 형사 법원이 가해자에게 유죄를 선고하는 때에는 가해자로 하여금 피해자에게 합의한 배상액을 물어주도록 판결하거나, 또는 법원이 조사하여 인정하거나 상당하다고 하는 금액을 물어주도록 판결하게 된다.

### 결론

다른 사람의 범죄 행위로 인하여 물적 손해나 치료비 손해가 난 경우, 비용이 따로 들지 않는 피해 구제의 방법은 형사 재판 절차에서 배상 명령 신청을 하는 것이다.

## 32. 잃어버린 내 수표를 돌려다오

"요즘 같은 불황 때에는 직원들 월급 주기도 벅차."

중소기업을 경영하는 최소형 사장의 푸념이다.

그런데 설상가상이라고 월급날, 관리부 직원이 거래 은행에서 직원들 월급 줄 5,000만 원을 10만 원권 자기앞 수표 500장으로 찾아서 나오다가 미리 대기 중이던 오토바이 날치기에게 몽땅 털리고 말았다.

월급은 급히 사채를 얻어 해결했지만, 잃어버린 수표는 어떻게 해야 할까? 이런 경우를 대비하여 민사소송법이 마련한 대책은 무엇인가?

① 신문에 분실 광고를 내고, 절도범의 자수를 촉구한다.

② 경찰에 범죄 신고를 하고 경찰력에 기대한다.

③ 은행에 즉시 분실한 수표의 지급 정지 의뢰를 한다.

④ 법원에 도난으로 분실한 수표의 효력 상실 신청을 한다.

어음, 수표, 기명 주권, 화물 상환증, 사채권 등을 '유가 증권'이라고 하는데, 권리를 행사하려면 반드시 권리자가 이를 소지해야 한다. 수표는 전형적인 유가 증권이고, 소지인이라면 누구나 은행에 제시하거나 타인에게 교부하여 결제하는 수단으로 사용되며, 현금과 같은 유통 기능을 담당한다.

그런데 이 유가 증권을 분실한 진정한 권리자가 그 권리를 회복하려면 어떻게 하면 될까? 민사소송법은 진정한 권리자를 보호·구제하고, 적법하지 못한 수단으로 이를 취득·소지하고 있는 자의 그 유가 증권에 대한 권리를 상실케 하는 수단과 절차를 마련하고 있다. 그 절차를 보면 다음과 같다.

유가 증권을 분실하거나 도난당한 자는 법원에 '공시 최고'라는 신청과 제권 판결을 구하는 신청을 문서로 한다. 공시 최고(公示催告)는 분실·도난된 유가 증권을 제출할 것을 널리 일반에게 요구하는 것이며, 방법은 법원이 그 공시 최고의 취지를 신문에 2회 이상 공고하는 것으로 한다.

공시 최고 기간은 공고가 끝난 날로부터 3개월이며, 이 기간 내에 그 유가 증권을 소지하게 된 자가 권리 신고를 하지 않으면 법원은 재판을 열어 해당 유가 증권의 무효를 선고한다. 이를 '제권(除權) 판결'이라고 한다. 제권 판결이 선고되었으나 1개월 이내에 이해관계가 있는 자가 제권 판결에 대해 불복하는 소송을 제기하지 않으면 제권 판결은 확정되고, 분실·도난당한 자는 이 제권 판결을 근거로 유가 증권을 소지하고 있지 않더라도 유가 증권상의 권리를 행사할 수 있다.

### 결론

분실하거나 도난당한 수표에 대하여 진정한 권리자는 민사소송법 제475~497조에 따르는 공시 최고의 신청과 제권 판결의 즉시 은행에 지급 정지 의뢰를 신청하는 것을 통하여 그 수표의 무효를 구하는 절차로 구제받을 수 있다.

## 33. 어느 해고자의 억울함을 풀어주오

우주자동차주식회사가 야심적으로 개발하여 내놓은 중형 자동차 '신나라'가 공전의 히트를 기록하였다.

이 바람에 칠성자동차주식회사의 '죠오타' 승용차는 하루아침에 찬밥 신세로 전락하였다. 칠성자동차에게 비상이 걸렸는데 전략 회의에서 "상대방 차의 약점을 소비자에게 홍보"하라는 비밀 전략이 채택되자, 김비상 홍보 과장은 "신나라 자동차는 제동 기능의 치명적인 결함으로 대대적인 리콜이 실시될 예정이다"라는 루머를 인터넷을 통해 퍼뜨렸다.

우주자동차가 격분하여 "공개 사과하지 않으면 사법적 대응도 불사하겠다"고 나오자, 당황한 칠성 측에서는 김 과장을 해고하는 선에서 사태를 수습하였다.

김 과장은 회사를 상대로 해고 무효 확인 소송을 냈다. 이 소송이 장기화되는 바람에 김 과장은 생계가 막막해지는데 김 과장이 현재 진행 중인 위의 해고 무효 확인 소송에서 임금도 청구할 수 있을까?

① 가능하다. 지금이라도 임금 청구를 하면 된다.

② 불가능하다. 처음부터 했어야 한다.

③ 가능하다. 단 피고의 동의를 얻어야 한다.

하나의 소송에서 여러 개의 청구를 하는 것을 '청구의 병합'이라고 한다. 처음부터(소 제기 시부터) 할 수도 있고(원시적 병합), 소 제기 이후 앞의 청구 외에 새로운 청구(또는 청구들)를 병합할 수도 있다(후발적 병합).

이를 인정하는 이유는 소송 경제를 도모하고, 서로 관련 있는 사건끼리 판결이 모순되게 이루어지는 것을 피하기 위해서이다.

다만 청구의 병합에는 요구되는 조건이 있다. 즉 여러 개의 청구가 같은 종류의 소송 절차에 의하여 심판될 수 있어야 한다. 민사 사건에 행정 사건이나 가사 소송 사건 등을 병합하는 것은 허용되지 않는다. 또 여러 개의 청구에 대하여 그 소를 받는 법원에 공통의 관할권이 있어야 한다.

청구 병합에는 여러 개의 청구에 대하여 차례로 심판을 구하는 '단순 병합(예를 들어 매매 대금과 대여금을 같이 청구하는 것)', 복수의 청구 가운데 어느 하나가 받아들여지면 다른 청구에 대해서는 심판을 바라지 않는 '선택적 병합', 복수의 청구를 하면서 1차적 청구(주위적 청구)가 기각되거나 각하될 경우에 대비하여 2차적 청구(예비적 청구)를 하는 '예비적 병합'이 있다.

단순 병합은 병합된 청구의 가액을 합산하여 소가를 산정하고 그에 대한 인지액을 납부하여야 하나, 선택적, 예비적 병합의 경우는 합산하지 않는다.

### 결론

해고 무효 확인 청구 소송을 제기하면서 해고 이후 받지 못하게 된 임금은 얼마든지 병합 청구할 수 있다. 시기는 소 제기 당시에 함께 해도 되고, 소 제기 이후에 해도 된다.

## 34. 우리는 아무것도 몰라요

한우애 여사 일가족이 라떼백화점에서 사온 한우 쇠고기를 사다 먹고 식중독에 걸렸다. 퇴원한 한 여사가 백화점으로 달려가 항의하였다.

"아니, 대형 백화점에서 한우 쇠고기라고 속이고, 그것도 상한 것을 판다는 게 말이나 됩니까?"

백화점 측에서는 쇠고기를 판 한우 코너 주인에게 따지라면서 책임을 미루었다. 한우 코너 주인은 "우리야 뭐 압니까? 백화점에서 검사해서 공급한 쇠고기를 판 것뿐입니다"라며 백화점 측에 책임을 전가했다.

어느 쪽이 책임을 져야 하는지 알 수가 없다. 한 여사는 발뺌만 하는 백화점이 기가 막혀 손해 배상 청구 소송을 하려고 한다. 그러나 만일 패소할 경우를 대비해서 한우 코너 주인에게도 배상을 받고 싶다.

이처럼 책임을 추궁하여야 할 당사자가 가령 A와 B, 둘 이상인데 누구에게 책임이 있는지 알 수 없을 때 소송을 어떻게 해야 하는가?

① A를 피고로 하여 제소한 뒤, 패소하면 다시 B를 피고로 하여 제소하면 된다.

② A·B 모두 피고로 하여 제소하면서, A에게 책임이 없으면 B에게 책임이 있다는 판결을 해달라고 청구한다.

③ 미리 법원에 누구를 피고로 삼을 것인지를 판정해달라고 신청한 뒤, 그 판정에 따라 소송을 낸다.

소송은 권리자가 의무자를 상대로 하는 것이 원칙이다. 그러나 권리자 입장에서 의무자가 갑인지 을인지 정확하게 누구인지 모를 경우에는 어떻게 하면 될까? 이럴 때 원고는 갑과 을, 모두 상대하는 소송을 제기할 수 있다.

가령 제조물의 흠을 이유로 하는 소송에서 그 제품의 결함이 제조사에게 있는 것인지 판매자에게 있는 것인지 정확히 판별할 수 없을 때에는 제조자와 판매자 모두를 상대하면 된다. 원고로서는 제조자이든 판매자이든 어느 한쪽으로부터 손해를 배상받으면 만족할 수 있기 때문이다.

과거에는 이처럼 책임을 누가 질 것인지 책임 소재가 불분명한 다수의 피고를 상대로 하는 소송의 허용 여부를 둘러싸고 논란이 있었으나, 개정 민사소송법은 이를 입법으로 해결하였다.

이런 형태의 소송은 원고가 1차적 피고로 지정한 자에 대한 청구를 받아들여줄 것을 먼저 구하고, 그에게 책임이 없으면 예비적으로 2차적으로 지명한 피고에 대한 청구를 받아들여줄 것을 구하는 선택적 청구가 가장 흔한 경우라고 할 수 있다.

결론

이 사례에서 원고는 백화점 경영자를 1차적 피고로 하고, 예비적으로 판매업자를 피고로 하는 소송을 하면 된다.

## 35. 달면 삼키고 쓰면 뱉는 세상

사법 시험에 올해로 열 번째 낙방한 나고시. 사법 시험은 자신과 인연이 없다며, 세계 여행이나 떠나기로 했다. 여행 자금을 마련하기 위해 부모님께서 마련해주신 1억 원 상당의 집을 팔기로 했다. 이웃에 사는 오집사에게 급매로 싼값에 팔았다. 매매 대금은 무려 시가의 절반인 5,000만 원. 계약금으로 1,000만 원을 받고 등기를 넘겨주었다. 그런데 오집사가 잔금 4,000만 원을 주지 않는 것이 아닌가.

할 수 없이 잔금 청구 소송을 냈다. 피고는 다음과 같이 답했다.

"원고에게 산 집은 너무 낡아서 5,000만 원의 가치가 없으니 원고가 2,000만 원만 깎아주면 즉시 잔금을 지급할 용의가 있다."

나고시는 아무리 달면 삼키고 쓰면 뱉는 세상이라지만, 일단 계약서에 도장을 찍고도 딴소리를 하는 피고에게 환멸을 느꼈다. 그래서 계약금 1,000만 원을 돌려줄 터이니 등기를 도로 반환해달라는 소송으로 바꾸고 싶다. 이게 가능할까?

① 물론이다. 청구를 잔금 청구에서 이전 등기 말소 청구로 바꾸면 된다.

② 물론이다. 단 재판장의 허가를 받아야 한다.

③ 불가능하다. 잔금 청구 소송을 취하하고, 이전 등기 청구 소송을 새로 내야 한다.

소송은 사실 심리를 해야 하는 제1심(지방 법원), 제2심(항소 법원 또는 고등 법원)까지 이르는 기간 동안 변화할 수 있다. 소송 절차 자체가 그러한 변화를 허용하고 있기 때문이다.

가령 부동산 매매로 인하여 분쟁이 생긴 경우에 판 사람이 산 사람을 상대로 하여 매매 대금을 지급해달라는 소송을 제기하였다가 사정에 따라서는 매매 계약 자체를 해제하겠다는 청구를 할 수도 있다. 이것을 '소의 변경', 또는 '청구의 변경'이라고 한다.

소의 변경은 소장의 청구 취지를 변경하는 것(금전 청구에서 청구 금액을 확장하거나 축소하는 것, 부동산의 매매 대금 청구에서 매매 계약을 해제하고 점유가 상대방에게 넘어간 경우 부동산의 인도를 청구하는 것으로 바꾸는 것)과 청구 원인을 변경하는 경우(이혼 청구 소송에서 이혼 사유로 배우자의 부정 행위를 주장하였다가 배우자로부터의 학대를 주장하는 것) 모두 가능하다.

그런데 소를 변경하기 위해서는 종전의 청구와 바꾸는 신청구가 동일(청구 기초의 동일성)해야 한다. 소의 변경은 종전의 청구를 바꾸지 않고 주 청구로 유지하고, 새로운 청구를 예비적 청구로 바꾸는 것도 가능하다. 소의 변경은 당연히 원고가 서면으로 하게 되어 있다.

이런 경우에 법원은 주 청구나 예비적 청구 모두 다 판단하여야 한다. 소의 변경이 예비적 청구를 추가하는 것이 아닌 경우에 법원은 구청구에 대해 판단할 필요는 없고 신청구에 대하여 판단하게 된다.

**결론**

매매 대금의 지급을 청구하는 소송에서, 원고는 매매 대금의 지급 청구 대신 매매 계약의 해제를 전제로 상대방에게 넘어간 등기의 이전을 청구하는 청구로 변경을 할 수 있다.

## 36. 소송은 어디에서 하는가?

신림동 고시촌에서 공부만 하던 노양진이 책을 다 치우고 돈벌이에 나섰다. 예로부터 상업적 성공의 비결은 매점매석이지 않은가? 라면의 매점매석을 통해 떼돈을 번 노양진은 다시 공부하는 고시생들의 필수품인 종이의 원자재인 펄프를 매점매석하였다.

노양진은 펄프업자로부터 외상으로 사들인 다음, 남은 돈은 전부 부동산에 투자하였다. 그런데 부동산 경기가 침체하고 사업이 잘 안 되자 외상 대금을 지불할 수 없게 되었다. 대금을 어느 곳에서 주기로 한 약정은 없었다.

펄프업자가 대금 지불 청구 소송을 한다면, 소장은 어느 곳에 접수시켜야 하는가?

① 노양진의 주소지인 서울의 법원

② 피고가 살고 있는 주소지의 법원

③ 펄프를 인도해준 항구가 있는 도시의 법원

소송은 재판권이 있는 법원에 제기하는 것이 원칙이다. 그러나 소송에 지식과 경험이 없는 대부분의 사람이 전국에 산재한 법원 중 어디에 재판권이 있는지를 알기란 어렵다. 전국에 산재한 법원 중 어느 법원이 재판권을 행사할 것인가의 분담 관계를 정해놓은 것이 바로 관할(管轄)이다. 관할의 종류는 다양하다.

우선 토지를 기준으로 정해놓은 관할을 보자. 토지 관할은 다른 말로 하면 사람마다 모두 호적이 있듯이 토지를 기준으로 하여 재산권을 행사하는 법원을 정한 것인데, 이 관할을 정하는 표지를 '재판적'이라고 한다. 따라서 소송은 재판적이 있는 곳에 제기하여야 한다.

재판적이 되는 기준은 피고가 자연인인 때에는 1차적으로 피고의 주소지가 된다. 주소가 없으면 거소, 거소를 알 수 없는 때에는 마지막 주소가 재판적이 된다. 이상을 '보통 재판적'이라고 한다.

다음으로 피고의 주소지가 아닌 곳의 법원에도 소송을 제기할 수 있는데, 이를 '특별 재판적'이라고 한다. 피고의 사무소나 영업소의 소재지, 재산권에 관한 소송이라면 그 의무 이행지, 어음·수표 소송은 그 지급지, 불법 행위에 관한 소송은 불법 행위지, 부동산에 관한 소송은 부동산 소재지가 특별 재판적이 된다.

따라서 원고는 특별한 약정이 없었으면 보통 재판적이나 특별 재판적이 있는 곳의 법원에 소송을 제기해야 한다.

**결론**

이 사례에서 피고의 보통 재판적이 있는 법원은 피고의 주소지의 법원이지만, 만약 피고가 대금을 원고의 주소지에서 지급하기로 약정하였다면, 원고의 주소지가 특별 재판적이 된다.

## 37. 벚꽃 구경인지, 사람 구경인지

서울에 사는 서 영감이 동네 사람들과 함께 진해 벚꽃 놀이를 갔다. 진해 벚꽃을 못 보고 죽는다면 천추의 한이 된다나?

진해에 도착하니 벚꽃 구경인지 사람 구경인지 알 수가 없을 정도로 사람과 차의 홍수였다. 걷기도 힘들어 차도와 인도 사이의 연도석에 앉아 쉬다가 잠시 조는 틈에 후진하던 관광버스에 치였다.

다행히 중상은 아니어서 진해의 병원에서 응급 치료를 받은 후 서울의 병원으로 후송되어 3개월 요양 끝에 퇴원하였다.

아, 그런데 사람이 다쳤으면 좀 어떠시냐고 문병이라도 와야지, 가해자인 운전기사는 물론이고, 관광버스 회사도 코빼기조차 보이질 않으니, 서 영감은 화가 났다. 종합 보험에 가입하면 다인가?

소송을 하려고 한다. 어디에다 해야 가장 편할까?(참고로 사고지는 진해, 서 영감의 주소는 서울, 가해자 주소는 부산이다.)

① 부산

② 서울

③ 진해

④ 위 세 군데 중 서 영감이 소송하기에 가장 편한 곳을 임의로 선택.

해답 ④ **재판적(불법 행위지)**

민사소송법은 다양한 방법으로 관할을 정하는 기준을 세워놓고 있는데 토지를 기준으로 한 경우가 토지 관할이다. 토지를 기준으로 한 토지 관할에서 그 표지가 되는 것을 '재판적'이라고 한다.

재판적에는 보통 재판적과 특별 재판적의 두 가지 종류가 있다. 사람의 주소나 거소, 법인이나 단체의 주된 사무소, 국가를 상대로 하는 소송의 경우 법무부 소재지 등이 보통 재판적이다.

특별 재판적은 사무소·영업소 등에 계속적으로 근무하는 자를 상대로 할 경우에 그 근무지, 재산권상의 소송에서 피고의 주소지와 거소지와 다른 경우에 거소지(주소를 떠난 대학생이 서울에서 유학하는 경우 하숙집), 불법 행위를 이유로 하는 소송에서 불법 행위지, 부동산을 소송 대상으로 하는 소송에서 그 부동산의 소재지, 어음이나 수표금 청구 소송에서 지급지로 기재된 곳 등이 여기에 속한다.

따라서 원고는 위와 같은 보통 재판적이나 특별 재판적을 갖고 있는 관할 법원에 소를 제기하여야 한다. 재판적이 여럿 있을 경우, 원고는 자기가 소송 수행을 하기 좋은 곳의 법원을 선택할 수 있다.

**결론**

이 사례에서 피고의 주된 사무소가 있는 부산지방법원, 사고가 발생한 불법 행위지인 진해(요즘은 통합되어 창원), 그리고 원고의 주소지인 서울지방법원 모두 관할권이 있다(불법 행위를 이유로 하는 손해 배상 소송 경우 피고의 의무 이행지는 원고의 주소지가 된다). 따라서 원고가 관할 법원을 자유롭게 선택할 수 있다.

# 38. 맹물로 가는 자동차를 발명하였더니

발명왕 에디슨은 생전에 1,300여 가지의 발명을 하였다고 한다. 그러나 우리나라에도 발명왕이 있었다. 세종 시대의 동래의 관노 출신 장영실, 이분이 아닌가?

현대로 환생한 발명왕 장영실이 세계 최초로 맹물로 가는 자동차, 좀 더 정확하게는 맹물만 넣어도 자동차를 움직이게 하는 엔진을 발명하였다. 정말 이런 자동차가 있다면 비싼 기름 값도 안 들고 참 좋으련만.

아, 그런데 이 소식이 보도되자 광주에 사는 김무등과 부산에 사는 박해운이 공모 작당하여, 장영실의 연구실에 몰래 들어가 엔진 설계도를 훔친 뒤 대전에 모여서 시제품을 만든 것이 아닌가!

장영실은 이들을 상대로 특허권 침해 소송을 제기하려고 한다. 그런데 박해운은 부산에 살고, 김무등은 광주에 살고 있는데, 소송은 어디에서 해야 할까?

① 부산, 광주에 각각 내는 수밖에 없다.

② 부산이든 광주이든 한 군데에만 내면 된다.

③ 동시에 한 개의 소장을 내려면 불법 행위지인 대전이나 원고가 사는 서울에 내는 수밖에 없다.

소송은 관할권이 있는 법원에 제기하여야 한다. 그런데 원고가 하나의 소로써 여러 개의 청구를 하는 경우('청구의 병합')나 피고가 다수인 경우에 각 청구마다, 피고마다 소송을 접수받는 법원에 모두 관할권이 있어야 하는 것일까?

민사소송법은 그중 하나의 청구에 관하여 그 법원에게 토지 관할권이 있으면 본래 그 법원에 관할권이 없는 나머지 청구에 대해서도 관할권이 생긴다고 보고 있다. 관련 청구 때문에 생기는 재판적이므로 이를 '관련 재판적'이라고도 한다.

이를 허용하는 이유는 하나의 법원에서 여러 개의 청구를 심판할 수 있도록 함으로써 원고의 편의가 도모되고, 또 피고로서도 어차피 응소할 바에야 한 법원에서 재판을 받는 것이 이로우며, 법원으로서도 한 곳에서 통일적으로 분쟁을 해결할 수 있는 편리함(즉 소송 경제)이 있어 허용된다.

이 관련 재판적은 피고가 당사자가 복수인 공동 소송의 경우에도 적용된다. 즉 소송의 목적이 되는 권리나 의무가 여러 사람에게 공통되거나 사실상 또는 법률상의 같은 원인으로 말미암아 여러 사람이 공동 소송인이 되는 경우에는, 어느 한 피고에 대하여 소가 제기된 법원이 관할권이 있으면, 나머지 피고들에 대해서도 그 법원이 관할권을 갖는다.

**결론**

피고가 다수인 공동 소송에서 법원이 어느 한 피고에 대해서 관할권이 있으면 나머지 피고들에 대해서도 관할권을 가지므로, 원고는 공동 피고인 김무등이나 박해운이 사는 곳의 법원을 선택하여 소송을 제기할 수 있다.

## 39. 죽고 못 산다더니 이제 와서 딴소리

멀리 우주에 살고 있는 백송이와 스타 중의 스타라는 배우 두민준이 마침내 부부가 되었다. 둘은 백송이가 살고 있는 별이 너무 멀어 지구까지 오는 데 반년, 돌아가는 데 반년이 걸려, 1년에 하루 한 번밖에 못 만나는 사이였다. 다행히 두 사람이 어느 별에 살 것인지를 두고 옥신각신하다가 결국 두민준의 직업을 인정해 지구에서 살기로 합의를 보았다.

그런데 연애 시절, 그러니까 1년에 한 번씩 만날 때는 죽고 못 살겠더니 부부가 되어 날마다 얼굴을 맞대고 살게 되자 두민준은 슬슬 아내에게 정이 떨어지기 시작하였다.

하여 백송이가 1년 만에 소박을 맞고 친정 별로 쫓겨 가자 친정 식구들이 들고 있어났다. 두민준이 혼인을 부당하게 파기하고 배우자를 학대하였으니 손해를 배상하라는 소송을 지구별 지방 법원에 냈다.

원고는 물론 백송이고, 청구 금액은 10억 원이다. 그렇다면 청구 금액이 10억 원이나 되는 소송은 법원에 접수되면 누가 재판하는가?

① 지구별 지방 법원 단독 판사(1인)

② 지구별 지방 법원 합의부 판사(3인)

③ 지구별 지방 법원 특별부 판사(5인)

우리나라의 재판 제도는 3심제로 되어 있다.

대체로 지방 법원(지원 포함)이 제1심, 고등 법원이 제2심, 대법원이 제3심이 된다. 이처럼 3심 제도에 따라 지방 법원, 고등 법원, 대법원이 재판권을 나눈 것을 '심급 관할(審級管轄)'이라고 한다.

그런데 제1심은 다시 소가에 따라 1억 원을 초과하는 사건은 판사 3인으로 구성된 '합의부'가 맡고, 1억 원을 초과하지 않는 사건은 판사 1인의 '단독 판사'가 맡는다(다만 어음금, 수표금 청구 사건은 소가에 관계없이 단독 판사 소관이다). 이처럼 제1심인 지방 법원의 내부에서 소가를 기준으로 하여 정해 놓은 관할을 '직분(職分) 관할'이라고 한다.

3심 제도하에서 재판은 세 번까지 할 수 있는데, 제1심 판결에 대해서 승복할 수 없으면 지방 법원 합의부 재판에 대해서는 고등 법원에, 단독 판사의 재판에 대해서는 지방 법원 합의부에 '항소'할 수 있고, 지방 법원 합의부의 항소 사건 재판과 고등 법원의 재판에 대해서는 대법원에 '상고'할 수 있다(대법원은 최고 법원이라는 뜻에서 '최고심', 마지막으로 재판한다는 뜻에서 '최종심', 상고 사건을 다룬다는 뜻에서 '상고심', 주로 법률 문제를 다룬다는 뜻에서 '법률심'이라고 부르며, 제1심과 제2심은 사실 문제를 다룬다는 뜻에서 '사실심'이라고 부른다).

**결론**

이 사례에서는 청구 금액(소가)이 1억 원을 초과하므로, 제1심은 지방 법원이며, 그 중에서도 판사 3인으로 구성된 '합의부'가 관장한다.

## 40. 우리 서울에서 만나요

유방과 최항우는 원래 동지(同志)였다고 한다. 두 사람은 의기투합하여 벤처 회사를 설립하였는데 이름하여 진시황헬스주식회사, 생산 품목은 불로장생을 보장한다는 설악산의 깨끗한 오색 산소였다. 동업을 시작하면서 계약서를 작성했는데, "만일 분쟁이 생기면 회사의 소재지 법원인 춘천지방법원을 관할법원으로 한다"라는 조항이 있었다.

사업은 선진국으로부터 수요가 폭발하여 설립 1년째부터 흑자를 내기 시작하였다. 사업이 잘 되자 최항우는 경비가 많이 든다는 핑계로 유방에게 이익을 배분하지 않았다. 서울에 사는 유방은 이익금 배분 청구 소송을 춘천지방법원에 냈는데, 원고(유방)나 피고(최항우)모두 재판 날마다 춘천을 왔다 갔다 하자니 죽을 맛이다. 이에 최항우가 제안을 하였다. "우리 이러지 말고 서울의 법원에서 재판을 하면 어떨까?" 이게 가능한가?

① 불가능하다. 처음에 관할 법원을 춘천지방법원으로 합의하였기 때문이다.

② 가능하다. 원·피고가 춘천지방법원에 소송을 서울지방법원으로 이송해달라고 신청하면 된다.

③ 가능하다. 소송 제기 후에도 원피고는 관할을 합의할 수 있다.

④ 가능하다. 원고가 소를 취하하고 서울에 소송을 내고, 피고가 이곳에 응소하면 된다.

소송에 관한 절차법인 민사소송법이 추구하는 이념은 적정, 공평, 신속, 경제이다. 여기에 하나 더 보탠다면 소송 당사자의 의사나 합의를 가급적 존중한다는 것이다.

민사소송법은 소송은 반드시 관할권이 있는 법원에 제기하도록 하는 것을 원칙으로 하고, 관할에 위반된 소송은 심판을 거절하고 있지만, 경우에 따라서는 이 관할 문제도 당사자 간에 합의가 있으면 이를 존중해준다. 가령 매매계약의 당사자가 장차 분쟁이 생기면 어느 법원에서 재판하기로 미리 합의하고, 이 합의된 법원에 소송을 제기하는 것을 인정한다.

이와 같이 당사자의 합의에 의하여 생기는 관할을 '합의 관할'이라고 한다. 다만 이 합의는 그 대상이 전속 관할이 아닌 경우이어야 하며, 그 합의 대상인 소송도 특정되어야 하고, 합의는 서면의 방식으로 하여야 한다. 또 합의하는 관할 법원도 어느 정도 특정되어 있어야 한다. 반드시 한 개의 법원일 필요는 없으나 그렇다고 하더라도 전국의 모든 법원을 관할 법원으로 한다는 식의 합의는 허용되지 않는다.

관할의 합의는 소송 제기 전에 하는 것이 보통이고, 소가 제기된 이후 관할 법원을 정하는 합의도 가능하지만, 이것은 그 합의된 법원으로 소송을 이송해달라는 취지가 있을 뿐이고 법원이 그 신청대로 해주어야 하는 것은 아니다.

**결론**

당사자 간에 합의로 관할을 정할 수 있으나 소가 제기된 이후의 합의는 일단 발생한 관할을 변경할 수 없다. 다만 합의를 이유로 합의한 법원으로 소송의 이송을 신청할 수 있을 뿐이다.

## 41. 하도 깨알 같은 글씨라 미처 못 보았소

강원도 평창에 사는 농부 이어진 씨가 부산에 본사를 둔 천하태평보험회사와 냉해, 태풍 등 자연재해 시에 피해를 입는 경우 농작물의 피해를 보상하는 보험 계약을 맺었다. 그해 여름, 장마가 길더니 태풍까지 덮쳐 이어진 씨의 고랭지 채소 재배를 완전히 망쳐버렸다.

보상을 요구하였으나 보상액에 관하여 합의가 되지 않자 이어진 씨는 원주지원에 보험금 1억 원을 지급하라는 소송을 냈다.

피고는 답변하기를 "계약 시에 소송 관할은 피고 본사 소재지 법원으로 한다"는 합의가 있었는데, 원고의 소송은 관할 위반이라고 주장하였다. 그제야 계약서를 보니 계약서 제13조에 그야말로 깨알 같은 글씨로 피고 주장과 같은 조항이 기재되어 있었다.

이러한 계약서를 보통 '약관에 의한 계약'이라고 하는데, 이러한 관할 합의도 유효하다고 보아야 할까?

① 물론이다. 원고는 부산지방법원에 다시 소송을 내야 한다.

② 아니다. 원고에게 지나치게 불리하므로, 원주지원에서 소송을 계속할 수 있다.

③ 아니다. 원주지원이 소송을 부산지방법원으로 이송하면 된다.

④ 공정거래위원회에 약관이 무효라는 신청을 해야 한다.

법원이 소송에 관하여 재판권을 갖는지 여부를 관할권이라고 하는데, 토지 관할의 경우에는 당사자가 소 제기 전에 어느 법원에 제소할 것이지 합의할 수 있다('합의 관할').

소송이 제기된 뒤에서는 서로 소송 수행의 편의를 위하여 다른 법원으로 관할을 합의할 수 있으나, 이 경우에는 그 합의된 법원으로 소송을 이송해줄 것을 신청할 수 있는 사유가 될 뿐이다.

그런데 우리 사회에서는 가령 은행의 거래 약정서, 종합 병원의 입원 서약서, 아파트 분양 계약서, 할부 매매 계약서, 물품 운송 계약서, 보험 계약서 등과 같이 대기업이 '갑'이 되고 계약자가 '을'이 되는 계약서 등에는 반드시라고 해도 좋을 만큼 관할 합의라는 조항이 들어 있고, 이 관할 합의 조항에는 보통 갑의 본점 소재지 법원을 관할 법원으로 한다는 내용이 들어가 있다. 이와 같은 계약을 '약관'이라고 하는데 이와 같은 약관상의 관할 합의 조항도 유효한 것일까?

이 관할 합의 조항은 갑에게는 유리할지언정 먼 거리 지방에 거주하는 을이라는 고객에게는 소 제기나 응소에 큰 불편과 불이익을 줄 수 있다. 더 큰 문제는 고객이 대부분 계약 당시에는 이 관할 합의 조항을 찬찬히 읽어본 일이 없다는 점에도 있다.

'약관의 규제에 관한 법률' 제12조에는 약관상의 관할 합의 조항이 고객에게 부당하게 불리한 경우에는 무효라고 하고 있다.

**결론**

약관에 의한 계약에서 정해진 관할 합의 조항이 고객에게 지나치게 불리한 경우에는 그 조항은 무효이다(이 사례에서 원고는 피고에 대하여 오히려 약관에 쓰여 있는 관할 합의 조항이 무효라고 주장하여 피고의 관할 위반의 항변을 물리쳐볼 수 있을 것이다).

## 42. 일단 재판에 나갔다가

지방 근무를 명받고 전라북도 남원지사로 내려온 나몰라그룹의 후계자인 나 실장. 남원 최고의 미인이라는 우러러를 만나 혼인을 굳게 약속한다. 그 후 본사 명을 받고 서울로 올라간다.

우러러는 나 실장에게 전화도 해보고 서울로 찾아가도 봤지만, 나 실장은 나 몰라다. 화가 난 우러러는 '약혼 불이행을 이유로 한 위자료' 일금 1억 원의 청구 소송을 전라북도 남원지원에 냈다.

소장을 송달받은 나 실장은 지은 죄가 있어, 일단 남원지원에 출두하여 답변을 하는데 "약혼한 일이 없다"며 부인했다.

아, 그런데 재판은 3주마다 열리는데 서울에서 남원까지 다니자니 죽을 맛이다. 이 재판을 서울로 옮기는 방법은 없을까?

① 없다. 일단 남원지원에 응소한 이상 옮길 수 없다.

② 있다. 재판장에게 소송 이송 신청을 하면 된다.

③ 있다. 피고가 사는 곳이 아닌 곳에 낸 소송이라고 주장해본다.

④ 원고인 우러러의 동의를 얻으면 가능하다.

원고가 소송을 관할권이 없는 법원에 제기하였으나, 피고가 이의 없이 그 소송에 응소한 경우에는 그 관할권이 없는 법원에도 관할권이 생긴다. 이와 같이 피고의 응소에 의하여 생기는 관할을 '응소(應訴) 관할', 또는 피고가 일단 변론하였으면 그 변론에 의하여 생기는 관할을 '변론(辯論) 관할'이라고 한다.

관할권이 없는 법원에 제기한 소송이라고 하더라도 피고가 관할의 위반을 다투지 않고 응소하였다면 이는 당사자 간에 관할의 합의가 있었던 것과 마찬가지로 취급하는 것이 당사자들을 공평하게 취급하는 것이 되고, 또 관할 위반이 되어버린 소송을 취하하고 다시 관할 법원에 소를 제기하게 하는 것은 비용의 절감이라는 소송 경제의 측면에 반하기 때문에 인정된다.

다만 반드시 관할이 있는 법원에 소송을 제기하도록 법률로 정한 전속 관할(피고의 주소지의 법원에 제기하여야 하는 가사 소송 사건, 대법원에만 제기하여야 하는 선거 무효 등 소송, 그리고 당해 심급에만 제기하여야 하는 제2심, 제3심의 심급 관할이 전속 관할의 예이다)을 위반한 경우에는 응소 관할이 생기지 않는다.

여기서 피고의 '응소'라 함은 피고가 관할 위반이라는 이의를 제기하지 않고 소송의 대상인 권리나 법률관계 등(이를 '본안'이라고 한다)에 대하여 주장, 진술하는 것을 말한다.

피고의 응소에 의하여 그 법원에 응소 관할이 생긴 뒤에 피고는 관할 위반이라는 주장은 할 수 없다.

**결론**

피고가 관할 위반의 주장을 하지 않고 응소한 이상 남원지원은 관할권이 있다.

## 43. 땅 판 것도 억울한데, 돈도 못 받고

쌀 시장이 개방되어 쌀 수입이 시작되자 농민들이 영농 의욕을 잃고 너도나도 농토를 싸게 팔고 도시로 떠났다.

김철수도 서울에 사는 투기꾼 강도준에게 논 열 마지기를 3,000만 원에 팔고, 계약금 1,000만 원을 받아 친척이 사는 부산으로 이사하였다. 중도금, 잔금은 부산에서 받기로 합의가 되었다.

몇 달이 지나도 감감무소식이자 김철수는 지금 살고 있는 부산의 지방법원에 매매 대금 청구 소송을 제기했다. 서울에 사는 강도준은 소장을 받아 보고는 "원고가 부산에 제기한 소송은 관할 위반입니다"라는 짤막한 답변서와 함께 자기 주민등록등본을 동봉하여 우송했다. 원래 소송은 피고의 주소지 법원에서 하는 것이 원칙이다.

그렇다면, 부산지방법원은 이 소송을 서울지방법원으로 보내야 하는가? (원고는 소장에 땅 대금은 부산에서 받기로 합의되었다고 주장한 바 있다.)

① 원고의 소송을 그대로 심리, 판결해도 된다.

② 피고의 주소지인 서울지방법원으로 이송해야 한다.

③ 대법원에 관할 법원이 어디인지를 정해줄 것을 신청해야 한다.

당사자가 관할 법원을 모르고 제기한 소송에 대하여 법원은 어떤 조치를 취해야 하는가? 당연히 재판권이 있는 법원에 사건을 이송해야 한다. 이를 '소송의 이송(移送)'이라고 한다. 소송의 이송이 이루어지는 경우는 대개 다음과 같다.

1. 관할 위반을 이유로 하는 이송: 이것은 관할권이 없는 법원에서 받은 소송을 관할권이 있는 법원으로 이송하는 경우이다. 관할 위반은 토지 관할이든, 사물 관할이든, 심급 관할이든 묻지 않는다. 또 행정 소송 사건이나 가사 소송 사건을 일반 민사 사건으로 잘못 알고 소를 제기한 경우나, 그 반대의 경우에도, 관할권이 있는 법원으로 이송한다.

2. 심판의 편의를 위한 이송: 소의 제기가 관할 위반은 아니나 당사자가 입게 될 현저한 손해를 피하기 위하여 이송하는 경우이다. 가령 한 개의 소송에 대하여 A, B 법원 모두 관할권이 있는데 원고가 A 법원을 택하여 소를 제기한 경우에 A 법원이 B 법원에서 재판하는 것이 당사자를 위해서 더 타당하다고 하여 B 법원으로 이송하는 경우도 있다.

3. 반소의 제기에 의한 이송: 원고가 제기한 본소에 대하여 피고가 반소를 제기함으로써 사물 관할이 달라지는 경우이다. 가령 원고가 3,000만 원의 본소를 제기하였는데, 피고가 그 기회에 1억 5,000만 원의 반소를 제기하였다면 본소를 받아 재판하는 지방 법원의 단독 판사는 본소, 반소 사건 전부를 지방 법원 합의부로 이송하여야 한다.

**결론**

법원은 당사자의 신청을 받거나 또는 직권으로 소송을 관할이 있는 법원으로 이송할 수 있다(이 사례에서 김철수가 제기한 소송은 의무 이행지가 부산으로 되어 있으므로 관할 위반이 아니다).

## 44. 보신탕? 맛만 좋더라

우리 음식 중에 외국인들을 경악시키는 것이 있으니 바로 보신탕이다. 이에 뜻있는 시민들이 '건전 식생활 국민 운동 본부'를 결성하고 외국인들에게 혐오감을 주는 '보신탕'을 먹지 말자는 캠페인을 전개하였다.

이 시민 연대의 집요하고도 조직적인 캠페인으로 보신탕 가게들이 하나둘 문을 닫게 되었다. 보신탕 애호가인 사철탕은 직접 나서서 '보신탕을 사랑하는 시민의 모임'을 결성하고, "보신탕은 민족의 전통 음식, 신토불이가 최고다"라는 구호 아래 국민 운동 본부에 대항하였다.

이 두 단체가 날마다 신문지상을 통하여 성명전을 전개하다 보니 감정이 악화되어 원색적인 비난전을 벌였고, 급기야 서로 명예 훼손이라고 주장하면서 배상을 요구하는 소송을 냈다.

이 소송을 맡은 이보신 판사는 그만 법정에서 실언(?)을 하고 말았다. "보신탕이 어때서요? 맛만 좋던데…." 보신탕을 반대하는 건전 식생활 국민 운동 본부 측은 이보신 판사에게 어떤 대응을 할 수 있을까?

① 재판장이 불공정한 재판을 할 우려가 있으므로 기피 신청을 한다.

② 편견에 가득 찬 발언이므로 공개 사과를 신청한다.

③ 이미 소송은 진 거나 다름없으므로 소를 취하한다.

④ 편파적인 법관을 교체해달라고 대법원장에게 진정을 한다.

소송을 받아 재판을 하는 법관의 제일 큰 덕목이자 생명은 예나 지금이나 '공평'이다. 법관이 공정이라는 잣대를 잃고 편파적이면, 법관이 하는 재판과 그 결론에 해당하는 판결이 당사자를 승복시킬 수도 없고 사회적으로도 신뢰를 받을 수 없다. 재판의 공정, 공평은 재판 제도가 생긴 이래 지금까지 동서고금의 인류 역사를 보더라도 영원한 과제인 것이다.

우리 민사소송법은 공정을 그 이념의 하나로 삼고 소송법 전반에 걸쳐 이 공정을 유지하기 위한 갖가지 제도적 장치를 두고 있다.

우선 법관이 사건의 당사자이거나, 당사자와 이해관계가 있거나, 사건의 심리에 이미 관여하였던 적이 있으면 강제로 그 재판 업무에서 물러나게 하고 있다. 이를 법관의 '제척(除斥)'이라고 한다. 한편 법관에게 공정한 재판을 기대하기 어려운 사정이 있는 경우에는 당사자가 그 법관을 재판 업무에서 물러나게 할 것을 신청할 수 있다. 이를 법관의 '기피(忌避)'라고 한다. 공정을 기대하기 어려운 사정은 객관적이어야 하며, 불공정한 재판을 할지도 모른다는 막연한 의심, 의혹은 기피 사유가 되지 못한다.

법관에 대한 기피는 당사자가 그 법관을 상대로 문서로 하여야 하며, 기피 신청에 대해서 다른 법관이 재판을 하게 되는 데 이유가 있다고 인정되면 그 법관은 재판 업무에서 배제된다. 또 법관은 스스로 제척이나 기피 사유가 있을 때에는 감독권 있는 법원의 허가를 얻어 그 재판에 대한 직무 집행을 피할 수 있다. 이를 법관의 자발적 '회피(回避)'라고 한다.

### 결론

재판장이 소송으로 다투고 있는 대상에 대하여 편견을 드러낸 경우에 당사자는 공정한 재판을 기대하기 어려운 사정이 있다고 보아 기피 신청을 할 수 있다(그런데 실무에서는 이 기피 신청이 받아들여지는 경우가 거의 없다).

# 45. 소송도 소송 나름

"아, 이놈아! 너도 가정을 가졌으니 독립해야 할 것 아녀?"

"아이고 형님, 식구도 많고 집도 없는 놈이 어디로 나간단 말입니까?"

"그래, 그럼 전세 보증금은 내가 만들어주마. 그 대신 상속에 대해서는 일체 권리를 포기하는 거다."

이렇게 해서 남주나가 형의 말을 믿고 상속 포기 각서를 쓴 뒤 동네 밖에 5,000만 원짜리 전셋집을 계약한 뒤 분가를 하였다. 그런데 화장실 갈 때와 나올 때가 다르다더니 형 남모든이 모르쇠다.

동생 남주나가 너무도 화가 나서 "상속 재산 중 반인 10억 원을 내놓으라"는 내용의 소송을 냈다. 동생의 소송에 형은 판사 앞에서 펄펄 뛰며, "전세 보증금 명목으로 5,000만 원을 받기로 하고 상속을 포기한 뒤, 상속 재산의 반을 내놓으라는 소송을 제기한 것은 신의 성실의 원칙에 위반되므로 남주나의 소송은 각하되어야 합니다"라고 주장했다.

과연 상속을 포기한 뒤에 자기 몫의 상속 재산을 분배해줄 것을 청구하는 원고의 소송은 정당한가?

① 그렇다. 정당하다.

② 아니다. 부당하다.

③ 재판장이 어떤 생각을 하느냐에 달려 있다.

우리나라 민법은 제2조 제1항에서 "권리의 행사와 의무의 이행은 신의에 좇아 성실히 하여야 한다"라고 선언하고 있다. 이를 '신의 성실의 원칙'이라고 하는데, 모든 사람이 사회생활 특히 법률상의 계약 관계나 거래 관계에서 지켜야 할 대원칙이며, 법률의 해석 분야에 있어서도 적용되는 보편적인 원칙이라고 할 수 있다. 또 제2조 제2항은 "권리는 남용하지 못한다"라고 선언하고 있는데, 이를 '권리 남용 금지의 원칙'이라고 한다.

이 두 개의 원칙은 도덕적인 요청이기도 하지만 법률의 요청이므로, 이 원칙에 반한다고 판단되는 행위나 권리의 행사는 효력이 부정되므로 누구나 지켜야 할 원칙이다.

그런데 이 두 개의 원칙은 소송 분야에서도 적용된다. 민사소송법은 제1조 제2항에서 "당사자와 소송 관계인은 신의에 따라 성실하게 소송을 수행하여야 한다"라고 규정하여 이를 명확히 하고 있다(민법의 권리 남용 금지의 원칙은 민사소송법이 명문으로 규정하고 있지는 않지만 학자들과 판례는 이 원칙도 소송에 적용된다는 데 의견이 일치하고 있다).

어떤 행위 등이 신의 성실의 원칙이나 권리 남용 금지의 원칙에 위반되는지 여부는 그 상대방이 소송 과정에서 주장하지 않더라도 법원이 직권으로 조사·판단하며, 신의 성실의 원칙에 위반되는 소의 제기는 법원이 부적법하다 하여 각하할 수 있고, 그 밖의 소송 행위도 무효로 판단하여 행위자에게 불이익을 줄 수 있다. 대단히 중요한 원칙이다.

**결론**

다른 상속인에게 10억 원의 상속재산을 주어야 할 책임이 있는 자(사례에서 형)가 불과 5,000만 원을 주기로 하고 그 상속권을 포기시키는 것은 신의 성실의 원칙이나 권리 남용에 해당된다. 따라서 소송에서 이를 주장하더라도 법원은 이를 인정해서는 안 된다.

## 46. 칼자루를 잡았으니

토지를 사고팔 때 측량을 하지 않았던 시대가 있었다.

동지나 씨가 땅 100평을 사서 10억 원을 들여 근사한 단독 주택을 지었다. 그 후 옆집의 무조건 씨로부터 경고장이 날아왔다.

"당신네 집이 점령하고 있는 토지 두 평은 내 땅이니 철거하고 인도해 주시오"라는 내용이다. 동지나 씨가 깜짝 놀라 측량을 해보니 사실 그대로였다.

무조건 씨를 찾아가 "이제 와서 집을 헐 수가 없으니 두 평의 땅은 제게 파십시오. 값은 시세보다 세 배를 쳐 드리겠습니다"며 사정했다. 그러나 무조건은 "시세의 30배라면 모를까?" 하고 고개를 젓는 것이 아닌가?

동지나 씨가 너무 억울하여 생각해보겠다고 말하고 돌아간 뒤, 무조건은 즉시 법원에 소송을 냈다.

"원고(무조건)의 땅 두 평에 세워진 집을 헐고, 그 땅 두 평을 원고에게 인도하라"는 소송이다. 무조건의 소송은 정당한가?

① 정당하다. 정당한 권리의 행사에 속한다.

② 부당하다. 권리 행사를 빙자한 권리 남용 소송에 불과하다.

③ 끝까지 재판해보아야 알 수 있다.

표면적으로는 권리의 행사처럼 보이나 실제로는 권리의 남용에 해당되면 법원은 그 사람의 권리의 행사를 거부할 수 있다. 이처럼 권리를 남용해서는 안 된다는 이른바 '권리 남용 금지의 원칙'은 사회생활(계약 관계나 거래 관계)에서도 지켜야 할 원칙이지만, 소송에서도 적용된다.

소를 제기할 수 있는 권리를 소권(訴權)이라고 부르는데, 소의 제기가 소권의 행사처럼 보여도 그 실제 목적이나 배경이 사실은 권리의 행사를 빙자한 권리의 남용에 해당한 때에는 '소권의 남용'이라 하여 보호할 가치가 없는 것으로 평가된다.

대법원이 권리의 남용에 해당하는 소송이라고 판단한 경우를 보면, 학교법인의 이사장직에서 물러날 뜻을 분명히 한 자가 금전상의 욕구를 충족시킬 목적으로 이사회 결의 부존재 확인 소송을 제기한 경우, 1인 회사의 대표이사가 타인에게 주식을 양도한 뒤에 8, 9년이 지난 뒤에 주권이 발행되지 않았음을 이유로 그 주식 양도의 효력을 부인하는 소송을 제기한 경우, 제1심에서 전부 승소한 자가 판결서의 '이유'가 불만이 있어 항소를 제기하는 경우, 같은 법원에서 특정한 법관에 대해 계속 되풀이하여 기피 신청을 하는 경우 등을 들 수 있다.

이처럼 권리 남용에 해당하는 소송인 경우에는 부적법하다 하여 각하하게 된다.

### 결론

다른 사람이 자신의 땅 일부를 침범하여 건축을 하는 것을 알고도 상당 기간 이의를 제기하지 않고 있다가 뒤늦게 이를 알게 된 건축자가 토지 소유자에게 집을 헐리지 않으려고 침범한 땅을 시세보다 세 배나 쳐 사겠다고 제안하였음에도 이를 거절하고 굳이 건물 철거와 침범한 토지의 인도를 구하는 소송을 내는 것은, 부당하게 재산상의 이득을 얻으려고 소권을 남용한 것으로 볼 수 있다.

# 47. 뭐! 몸으로 때우면 될 것 아냐

튼튼한 몸 빼고는 내세울 것이 없다는 이한몸이 일곱 번 만에 운전면허를 땄다. 그러고는 멋진 신차를 한 대 뽑았다.

그런데 핸들을 잡고 보니 보행자가 왜 그리 많은지, 겁도 없이 횡단보도를 밥 먹듯이 그냥 통과하다가 드디어 일을 냈다. 횡단보도를 건너던 보행자를 치고는 당황해 달아났던 것이다. 보행자를 다치게 한 주범이 이한몸인 것을 아는 동네 사람들이 그를 혼내주어야 한다고 강력히 권고하는 바람에 다친 보행자도 경찰서에 형사 고소를 하였다.

그런데 이 싸가지 없는 놈이 불쌍한 피해자와 합의를 하기는커녕, 물어줄 돈이 없으니 "몸으로 때우겠다"고 버티는 것이 아닌가? 징역을 살게 되면 배상 의무가 없다고 믿고 있기 때문이다. 물론 보험에는 들지 않았다.

자, '몸으로 때우면' 손해 배상 책임은 소멸되는가?

① 아니다. 형사 책임과 민사 책임은 별개이고, 형사 책임을 진다고 해서 민사 책임이 면제되는 것은 아니다.

② 그렇다. 형사 책임이 우선이므로 형사 책임을 지게 되면 민사 책임은 면제된다.

③ 종합 보험에 든 경우에는 형사 책임만 지게 되어 있고 민사 책임은 없다.

민사상의 분쟁이 있다고 해서, 즉 상대방의 채무 불이행이 있다고 해서, 그것이 곧 범죄가 되는 것은 아니다. 그러나 가령 교통 법규를 준수하지 않아 보행자를 다치게 한 교통사고는 범죄 행위인 동시에 가해자는 그 피해자에게 손해 배상의 의무를 지게 되는 경우가 있다.

이럴 때 손해 배상 의무라는 민사상의 책임과 교통 법규를 준수하지 않은 것에 대한 형사 처벌이 함께 발생하지만, 행위자가 형사 처벌을 받는다고 하여 민사상의 책임이 면제되는 것은 아니다. 그러므로 교통사고의 피해자는 가해자가 비록 형사 처벌을 받게 되거나 받았다고 하더라도 그에 대하여 민사상의 손해 배상 책임을 묻는 것, 즉 소송의 제기가 얼마든지 가능하다.

그런데 이러한 법률 지식이 부족한 사람들은 가해자가 형사 처벌을 받게 되면(징역형을 선고받아 복역), 민사 책임은 면제되는 것으로 아는 경우가 많다. 또 가해자는 가해자대로 이런 잘못된 지식을 바탕으로 하여 형사 책임을 지게 되면(소위 '몸으로 때우면') 민사 책임은 없는 것으로 알고 이를 이용(?)하려는 경향이 있다.

그러나 민사 책임과 형사 책임은 별개이다. 둘 중 하나의 책임을 졌다고 해서 다른 책임이 면제되는 것은 아니다(다만 이 사례에서처럼 가해자가 민사 책임 즉 손해 배상 책임을 이행하였다면, 이 사실은 형사 사건에서 아주 유리한 정상 참작 사유가 된다).

### 결론

이 사례에서 교통사고 가해자인 이한몸은 피해자에게 손해 배상 책임이 있으며, 동시에 형벌 법규(요즘은 '교통사고처리특례법')에 의하여 형사 책임도 지게 되어 있다. 소위 '몸으로 때운다'고 해서 즉 형사 책임을 지게 되었다고 해서 민사상 책임이 면제된다는 법은 없다.

## 48. 구속만 되면 돈은 나오게 되어 있다

수돗물이 시민들로부터 불신을 받게 되어 생수 사업이 유망한 사업으로 각광을 받게 되자, 너도나도 생수 사업에 뛰어들었다.

아라수도 한강물을 원수로 하는 생수 사업에 뛰어들었는데, 후발 주자인지라 곧 자금난에 빠지고 말았다. 월급날 직원들 월급도 줄 형편이 안 되자, 친구인 어수동에게 어음을 끊어주고 돈 3,000만 원을 빌렸다. 그런데 그 후 아라수는 어음을 부도내고 도산하고 말았다.

어수동은 대뜸 법원에 아라수를 사기죄로 고소하였다. 왜냐하면 아라수가 구속만 되면 돈은 나온다고 믿었기 때문이다. 어수동의 이러한 행위를 법적으로 어떻게 평가하여야 하는가?

① 법을 잘 모르는 세상 사람들이 다 그렇게 하고 있으므로 법적으로 정당하다.

② 채무자가 구속된다고 해서 저절로 피해 배상이 이루어지는 것은 아니다.

③ 반드시 형사 고소와 민사소송을 병행하여야 한다.

우리나라 사람들은 금전적인 손해를 입게 되면 이 민사 분쟁을 분쟁해결 수단인 소송이나 화해, 중재, 조정의 방법으로 해결하기보다는 상대방을 대개 사기죄로 형사 고소부터 하는 경향이 있다. 이로 인해 경찰, 검찰의 수사기관은 대부분 민사 분쟁에 속하는 이 사기 고소 사건을 수사하기 위해 인력과 정력을 다 소비하고 있다. 왜 그런 것일까?

행여 상대방이 사기죄로 입건되어 구속이라도 되면 돈을 물어주거나 물어주기로 하는 소위 '합의'를 하기 때문에 이를 기대하고 그렇게 하는 것이다. 또 장차 민사소송에서 유리한 증거 자료를 확보하기 위해 그렇게 하기도 한다.

물론 개중에는 사기죄가 되는 경우도 있겠지만, 본디 민사 사건과 형사 사건은 서로 그 제도의 취지, 특성이 서로 다르다. 형사 사건은 국가가 법률로 범죄가 되는 행위라고 규정된 행위를 저지른 것으로서, 그에 대해서는 국가가 수사, 재판(형사 재판)을 통해서 그 행위자(범죄자)에게 국가의 형벌권을 부과하는 경우를 의미한다. 이에 비하여 민사 사건은 사람의 사회생활 중 계약 관계나 거래 관계로 발생한 권리와 의무, 그리고 그 불이행에 관한 당사자 간의 분쟁의 형태를 말하므로, 민사 분쟁, 특히 분쟁 당사자 일방의 채무 불이행이 모든 경우에 범죄가 되는 것은 아니다.

그러므로 원칙적으로 말한다면 민사 분쟁은 그 분쟁 해결 수단인 소송·화해·중재·조정의 제도를 이용하여 해결해야 하는 것이 바람직하고, 범죄 사건은 국가의 수사권, 재판권의 발동에 의하여 다스려져야 한다.

**결론**

채무자가 도산하여 채무를 갚지 못하게 된 것이 범죄가 되는 것은 아니다. 그것은 민사 채무의 불이행(이행 불능)에 해당될 뿐이다. 따라서 채권자가 채무자를 사기죄라는 형사 사건으로 고소부터 하는 것은 정당한 권리 구제 실현의 방법이 아니다.

## 49. 사랑하는 여인도 뺏기고 몸도 다치고

절친한 친구인 김 군과 이 군은 서로 오로라를 사랑하였다.

한 여인을 두고 연적인 된 두 사람은 "사나이답게 결투를 하여 패자가 오로라를 양보하되, 결투와 관련하여 부상을 입더라도 일체의 민·형사 소송을 하지 않기로 한다"라는 합의서를 쓰고(물론 도장도 찍고), 결투를 벌였다.

김 군이 이겼다. 그런데 이 군은 결투에 져서 사랑하는 여인을 잃게 된 것은 그렇다고 치더라도, 전치 10주의 부상을 입게 되자 치료비 생각이 간절하였다. 그래서 "원고는, 피고로부터 폭행을 당하였으니 치료비 500만 원을 배상하라"는 소송을 냈다.

자, 소송을 하지 않는다는 합의에 위반하여 제기된 소송을 법원은 어떻게 받아들여야 할까?

① 제소하지 않기로 한 합의가 인정되면 법원은 그 소송을 각하하여야 한다.

② 피해자에게 너무나 가혹한 합의라면 재판을 해볼 수 있다.

③ 반드시 원·피고의 화해를 붙여야 한다.

사회생활을 들여다보면 장차 소송을 제기하지 않는다는 내용의 합의나 특약은 다방면에서 이루어지곤 한다. 소송은 국가가 인정한 권리 구제 수단인데, 이를 포기하거나 제소하지 않는다는 당사자 간의 합의를 어떻게 보아야 하는가? 학설과 판례는 다음과 같은 조건을 충족하면 유효하다고 본다.

첫째, 이 합의 자체가 하나의 계약인 이상, 불공정한 방법으로 이루어진 것이 아님을 요구한다. 그러므로 합의 당사자가 기망을 당했거나, 강박에 의한 것이거나, 착오로 합의했거나, 그 내용이 현저하게 공정을 잃었거나 하는 등의 사유로 무효가 되거나 취소할 수 있는 합의가 아니어야 한다.

둘째, 합의 당시에 예상할 수 있는 상황에 관한 것이어야 한다. 가령 교통사고 합의와 같은 경우 합의 당시에는 예상할 수 없는 후유증이 후에 발생하였다면, 이 후유증으로 인한 손해에 대해서는 부제소 합의가 있었어도 소송을 제기할 수 있다.

셋째, 합의는 당사자가 자유로이 처분할 수 있는 권리관계에 한한다. 당사자 간에 "앞으로 민사상의 일체의 소송을 제기하지 않는다" 식의 포괄적 합의 조항은 헌법상 보장된 재판을 받을 권리를 미리 일률적으로 박탈하는 것이 되어 무효이다.

그렇다면 당사자 일방이 이 합의에 위반하여 제소를 한 경우에 그 소송의 운명은 어떻게 될까? 이럴 때 타방의 당사자는 소송을 제기한 당사자와 부제소 합의가 있었음을 주장('부제소 합의 항변')하여 그 소송을 물리칠 수 있다.

### 결론

적법하고 정당한 부제소 합의는 유효하다. 그러나 결투에 앞서서 소송을 제기하지 않기로 하는 부제소 합의가 있었지만, 이 합의는 너무나 불공정하여 무효로 볼 여지가 있다. 그런 의미에서 정답은 ②이다.

## 50. 경기 불황이 유죄

중소기업을 경영하고 있는 이차돈 사장은 월급날이면 어디론가 도망치고 싶었다. 종업원의 월급을 어떻게 해결해야 할지 막막했다. 할 수 없이 사채업자인 복화술에게 돈 5,000만원을 빌리고 1억 원짜리(기한은 3개월 뒤) 약속 어음을 담보로 발행해주었다.

복화술은 이차돈 사장의 사업이 탐이 나서 1억 원짜리 어음을 한 달 만에 친구인 지세광에게 슬쩍 빼서 양도하고, 지세광 명의로 어음금 1억 지급 청구 소송을 냈다. 소송 비용(인지액)도 물론 복화술이 부담하였다. 지세광도 이 어음이 담보 어음인 것을 물론 알았다.

이차돈 사장으로서는 참으로 억울하다. 돈을 갚을 기한은 아직 6개월이나 남았는데, 소송은 채권자 복화술과 지세광이 짜고 한 짓이 분명하다. 이러한 소송도 유효한가?

① 물론이다. 어음을 소지한 사람의 합법적인 소송이다.

② 소송만을 목적으로 한 권리 양도이므로 무효이다.

③ 돈을 갚을 기한이 6개월이나 남았으므로 걱정할 게 없다.

소송은 권리관계의 주체인 사람이 자신의 이름으로 제기하여야 하고 이 소송의 수행을 변호사에게 위임하지 않은 이상 소송의 수행도 자신이 하여야 한다. 그러나 소송은 현실적으로는 전문적인 지식이 있어야 하며, 시간이 오래 걸리는 것이 보통이며, 비용도 많이 든다. 또 소송을 제기한다는 것은 상식과 경우에 비추어 양보하거나 화해를 할 수 있는 상태가 지나서 거의 인간관계가 악화된 상태에서 제기하게 된다. 게다가 소송을 제기하게 되면 이미 인간적으로 원수가 된 피고와 법정에서 자주 만나야 한다.

이 같은 이유로 소송을 자신이 제기하거나 수행하는 것을 피하고 자신이 잘 아는 사람에게 부탁하여 소송을 제기하는 경우를 '소송 신탁'이라고 한다. 이때 자신의 권리를 그 제3자에게 양도하는 가장 양도의 형식을 취한다.

민사소송법은 당사자 본인이 아니면서도 소송 수행권을 갖는 사람으로 위임을 받은 변호사, 파산 재판에 관한 소송을 하는 파산 관재인, 정리 회사의 재산에 관한 소송을 하는 관리인, 유언에 관한 소송에서 유언 집행자 등 법률이 정해놓은 일정한 사람 이외에는 오직 소송을 제기·수행할 목적으로 임의적으로 제3자에게 소송을 담당케 하는 것을 금지하고 있다('임의적 소송 담당의 금지'). 이를 허용하게 되면 변호사 대리의 원칙이 무너지게 된다.

또 신탁법 제6조는 수탁자로 하여금 소송 행위를 하게 하는 것을 주된 목적으로 하는 신탁('소송 신탁')은 무효로 한다고 규정하고 있다. 따라서 현행 법률상 소송 신탁은 금지되어 있다.

**결론**

약속 어음의 소지인인 권리자가 제3자에게 소송을 신탁할 목적으로 약속 어음을 허위로 양도하고, 이를 양도받은 자가 소송을 제기하는 것은 전형적인 소송 신탁으로서 금지되어 있다.

## 51. 원체 주문이 밀려드는 탓에

일본의 후쿠시마 원전이 사태로 사람들이 바닷고기를 기피하기 시작했다. 해물탕집을 운영하던 오문오 씨는 오염되지 않은 무공해 민물고기 매운탕으로 메뉴를 바꾸게 되었다. 원자재는 춘천에 사는 최청정 씨가 소양강에서 잡은 민물고기를 매일 50킬로그램씩 공급, 수송해주기로 계약이 되었다. 그런데 최청정 씨에게 주문이 폭주하는 바람에 최 씨는 오문오에게 약정한 대로 민물고기를 공급하지 못하게 되었다.

당연히 오문오의 매운탕 집은 망하게 되었고, 오문오는 화가 나서 최 씨를 상대로 서울지방법원에 1억 원의 손해 배상 청구 소송을 제기하였다. 최청정 씨가 고의로 소장과 변론 기일 소환장을 받지 않는 바람에 소송이 지연되자, 오문오는 마음이 급해져서 이번에는 피고가 살고 있는 지역인 춘천지방법원에 똑같은 소송을 냈다.

똑같은 소송이 제기된 것을 알게 된 춘천지방법원은 이 소송을 어떻게 처리해야 할까?

① 피고에게 어느 소송에 응소할 것인가를 확인해야 한다.

② 이중 소송이므로 무조건 각하한다.

③ 원고에게 하나의 소송만 유지할 것을 권고해야 한다.

④ 서울의 소송이 아직 끝나지 않았으므로 계속 심리해야 한다.

같은 소송을 두 개 이상 중복하여 제기하지는 못한다. 이를 '중복 제소금지의 원칙' 또는 '이중 소송 금지의 원칙'이라고 한다. 다시 말하면, 이미 소송을 제기한 뒤에 다시 당사자가 같고 청구 내용이 같으면 이는 중복 소송이 되어, 후에 제기한 소송은 부적법한 것으로 판단되어 각하된다.

동일 당사자에 대한 동일한 내용의 중복 소송의 제기를 허용하게 되면 이는 소송 제도의 남용에 해당되고, 법원이나 당사자에게 시간, 비용, 노력을 이중으로 낭비시키는 것이어서 소송 경제상 좋지 않을 뿐만 아니라, 이중 소송을 받은 법원 간에 판결이 서로 다르게 될 경우에 판결의 효력에도 좋지 않은 영향을 미치게 되기 때문이다.

중복 제소 금지는 대체로 A라는 소송을 제기하고(전소) 그 뒤에 다시 A와 같은 B라는 소송을 제기하는 경우(후소)를 의미하지만, 전소·후소의 시간적 차이 없이 동시에 같은 소송을 제기하는 것도 포함된다(같은 소송을 같은 법원에 동시에 제기하는 것은 상상하기 어렵지만, 이 사례에서처럼 다른 법원에 시간 차를 두고 동일한 소송을 제기할 수도 있기 때문이다).

이중 소송을 금지하는 것은 동일 당사자에 대한 동일한 청구를 금지할 뿐이므로, 당사자가 다르고 청구 내용도 다른 경우에는 가능하다. 가령 공동의 가해자들이 있는 경우 피해자인 원고가 가해자 A를 상대로 소송을 제기하고, 가해자 B를 상대로 소송을 제기하는 것은 이중 소송이 아니다.

이중 소송이 제기된 경우에 법원은 당사자로부터 이중 소송이라는 항변을 받은 경우 또는 직권으로 이를 조사하여 이중 소송에 해당한다고 판단하는 경우에 나중의 소에 대해서는 부적법하다고 하여 각하한다.

**결론**

동일한 당사자에 대하여 동일한 청구(소송)를 거듭하면 중복 제소(이중 소송)에 해당하므로 후소(後訴)를 받은 법원은 이를 각하한다.

## 52. 정력의 비결

나정렬은 김비아의 그 놀라운 정력이 늘 부러웠다.

"친구 좋다는 게 뭔가? 자네는 뭘 먹어서 그렇게 힘이 좋은가?"

"응, 별 건 아니고…."

이렇게 해서 김비아가 밝힌 비밀은 바퀴벌레를 갈아 만든 약이었다나? 나정렬은 사업성이 있다고 판단하고 이 약의 제조비법을 10억 원에 사들이기로 했다. 정력에 좋다면 무조건 달려드는 한국의 남자들이 전부 고객이 될 것이 아닌가?

대신 비법을 제3자에게 절대 공개하거나 팔지 않기로 하고, 만일 위반 시에는 보건복지부 장관에게 분쟁 해결을 위임하기로 계약서까지 썼다.

그렇다면 장차 분쟁이 발생할 때를 대비해 분쟁 해결을 '법원이 아닌 제3자'에게 맡기기로 하는 계약도 유효한가?

① 유효하다.

② 무효하다.

③ 그 제3자가 중재인 자격이 있고 동의를 얻으면 유효이다.

소송은 가장 강력한 분쟁의 해결 수단이다. 채무자나 의무자가 그 채무나 의무를 이행하지 않으면 권리자는 소송을 제기하여 승소 판결을 받아내어 채무자의 재산에 대해 강제 집행을 신청하게 되고, 국가는 적법한 강제 집행의 신청이 있으면 국가의 강제력으로 이를 실현한다.

그런데 소송은 이처럼 강력한 수단이기는 하여도 이를 이용하려면 장기간의 시간이 소요되고, 적지 않은 소송 비용이 들며, 또 전문적인 지식과 기술이 있어야만 제대로 수행할 수 있다.

그런데도 법원에 소송 사건이 폭주하고 있어서 법원이 소송 사건의 심리와 판결에 쩔쩔매고 있는 형편이다. 이러한 실정이 앞서 제시한 단점들을 갖고 있는 소송 제도가 아닌 다른 분쟁 해결의 수단(제도)을 요청하게 된다. 즉 소송이 아니면서 소송에 갈음하는 분쟁 해결 수단으로서 국가가 마련한 제도가 화해, 조정 그리고 중재이다. 우선 중재 제도부터 알아보자.

'중재(仲裁)'란 분쟁이 예상되어 미리, 또는 분쟁 중이라고 하더라도 당사자 간의 합의에 의하여 선정된 중재인의 중재 판정에 따라 그 분쟁을 해결하는 절차를 말한다. 이 중재 제도를 이용하기 위해서는 당사자 간의 중재의 계약 또는 합의가 선행되어야 한다.

현재 중재 제도는 1966년에 제정된 '중재법'에 의하여 상거래로 '인하여 발생하는 법률관계'에 한하여 산업통상자원부 장관이 지정하는 상사 중재를 행하는 사단 법인 대한상사중재원이 맡아서 하고 있다.

**결론**

중재법에 의해 상사 중재는 사단 법인 대한상사중재원만이 할 수 있고, 그 밖의 자를 중재인으로 하는 계약은 무효이다(이 사례에서도 계약 전 중재원의 중재에 따른다는 중재 계약 또는 중재 조항이 있다면 대한상사중재원에 중재를 신청할 수 있다).

## 53. 팬은 왕이다

대형 강속구 투수인 류선진 선수가 대학 졸업반이 되자 프로야구 구단들은 저마다 류 선수를 잡으려고 혈안이 되었다. 연고권은 화성라이온스가 갖고 있었는데, 토성타이거스가 잽싸게 계약금 10억 원을 주고 입단 가계약을 맺어두었다. 화성은 연고권 침해를 주장하면서 법원에 류 선수의 토성타이거스 선수 등록 및 활동 금지 가처분 소송을 냈다.

이 소송이 1년이 넘도록 결말이 나지 않자 팬들이 들고 일어났다.

"우리는 류선진의 야구를 보고 싶다."

팬들의 압력에 못 이겨 두 구단은 협상하지 않을 수 없었다. 합의된 협상 내용은 "류 선수는 1년간은 연고 구단인 화성라이언스에서 뛰고, 그 이후 계약은 자유이다. 그 대신 화성라이온스 구단은 토성타이거스 구단에게 20억을 배상한다"라는 것이었다.

이 합의를 어느 구단이라도 지키지 않을 경우에 대비하여 1년 후 별도의 소송 없이도 합의 이행을 확보하는 법적 방법은 무엇인가?

① 판결

② 조정

③ 화해

④ 공증

소송은 반드시 판사의 판결에 의해서만 끝나는 것은 아니다. 소송의 당사자들이 합의에 의해서도 끝낼 수 있다. 소송 중에 화해를 하거나, 소송을 제기한 당사자가 소를 취하하거나, 소송을 당한 당사자가 소송 외에서 청구한 내용을 이행하거나, 법정에 나가서 원고의 청구를 전부 인정하는 것에 의해서도 소송은 판결의 방법에 의하지 않고 종결된다.

분쟁의 당사자들끼리는 그 분쟁으로 인하여 갈등하고 고뇌하게 되며 소송으로 비화하여 법정에서 공방전을 벌이다 보면 감정은 극도로 악화되고, 인간관계나 거래 관계는 파탄되기 십상이다. 그래서 법조계에서 "화해는 명판결보다 낫다"라는 말이 회자되는 것이다.

화해는 소제기 전부터 할 수 있고('제소 전 화해'), 소 제기 이후에도 할 수 있다. 이를 '소송상 화해' 또는 '재판상 화해'라고 한다. 이것은 소송이 법원에 제기된 이후에 양쪽 당사자가 조금씩 양보하여, 소송을 종료시키는 일종의 합의에 속한다. 화해는 양보를 전제로 하고, 소송상 화해가 이루어지면 법원은 화해 조서를 작성하는데, 이 화해조서는 판결과 동일한 효력이 있어 이것으로 강제 집행을 할 수 있다.

### 결론

소송상 화해가 성립되면 그 화해 조서는 확정된 판결과 같은 효력이 주어지므로, 화해 당사자는 화해 조서상의 내용을 이행, 준수해야 한다. 그러므로 소송 중 당사자가 조금씩 양보하여 합의를 하고 그 이행을 확보하는 가장 좋은 수단은 화해이다.

## 54. 마음은 늘 변하는 법이지

"영감님, 기한이 끝나면 그 이튿날 점포를 깨끗이 비워드리겠으니, 이 젊은 놈 하나 살리는 셈 치시고 점포를 제게 빌려주세요."

"아, 그걸 내가 어떻게 믿어? 사람의 마음은 화장실 갈 때 다르고 올 때 다른 법이여!"

점포 주인인 최 노인과 점포를 빌려 아이스크림 영업을 하려는 신세대 청년 이정재의 대화이다.

자, 최 노인도 점포를 그냥 놀릴 수는 없어서 빌려주고는 싶다. 그러나 기한이 끝나더라도 빌린 사람이 "장사가 되네, 안 되네" 하면서 깨끗이 비워주지 않을까 걱정이고 그 때문에 골치가 아프다.

이런 염려를 사전에 제거하는 가장 확실한 법률적 방법은?

① 임대차 계약서를 공증한다.

② 보증금을 포기한다는 각서를 받아둔다.

③ 미리 법원에 가서 화해를 한다.

④ 보증인을 세운다.

판결은 당사자 중 어느 한 사람에게는 승소의 판결을 내리는 것이어서 패소 당사자에게는 패소라는 불명예와 불이익이라는 후유증을 남기게 된다. 이에 비하여 화해는 당사자 쌍방이 조금씩 양보하는 결단을 통해 분쟁을 종식시키기로 하는 합의이므로 소송의 완승, 완패보다는 후유증이 적다.

민사소송법은 소송보다는 화해를 더 바람직한 분쟁 해결 방식으로 간주하고 갖가지 화해를 위한 장치들을 마련하고 있다. 소송을 진행하는 재판장은 언제라도 화해 권고의 결정을 당사자에게 발할 수 있으며, 사안이 판결보다 화해가 바람직하다고 판단되는 경우에 당사자에게 조정을 권고하고, 조정에 불응하는 경우에는 강제 조정 결정을 내리기도 한다.

소송에서 쌍방 당사자가 서로 주장을 양보하여 소송을 종료시키기로 하는 합의를 '소송상 화해'라고 한다. 소송상 화해는 일단 소를 제기한 이후, 판결의 확정 전까지 할 수 있으므로, 이론상으로는 대법원에 계류 중인 경우에도 가능하다. 화해는 양보만으로 끝나는 것이 아니고, 화해가 이루어지면 그 화해는 '화해 조서'라는 법원의 공문서로 기록되고, 이 화해 조서에 기재된 내용을 이행하지 않으면 이 화해 조서는 강제 집행을 할 수 있는 근거가 된다.

그런데 화해는 반드시 소제기 이후에만 가능한 것이 아니고 소제기 전에도 가능한데, 대체로 당사자 간에 권리관계에 대한 합의가 성립되고, 이 합의를 바탕으로 지방 법원의 단독 판사에게 화해 신청을 하고, 법관의 면전에서 미리 합의된 내용대로 화해하고자 한다고 진술을 하면, 화해가 이루어진 것으로 보는 것이다. 이를 '제소 전 화해(提訴前和解)'라고 한다.

**결론**

**소송을 제기하지 않고도 임대차 기한 만료와 동시에 명도 권한을 확보하기 위해서는 제소 전 화해를 하면 된다. 이 화해는 소송의 제기가 아니고 '신청'에 의해 이루어진다.**

## 55. 정직의 대가가 고작 10만 원이라니

택시 기사 고정직 씨가 사과 상자를 든 점잖은 신사 한 분을 태웠는데, 목적지에서 그 신사가 사과 상자를 깜박하고 두고 내렸다. 열어보니 온통 5만 원권으로 1억 원이 들어 있는 게 아닌가?

고민하다가 주인을 찾아 돌려주었다. 피해자는 고맙다는 말과 함께 담뱃값이나 하라고 10만 원을 주었다.

고 씨는 자존심도 상하고 예상도 빗나가자 소송을 제기했다. "유실물법에 의해 보상금을 20퍼센트 내놓으라"는 것이 소장의 내용이다.

법정에서 피고는 "원고가 섭섭했던 모양인데 판사님이 적정한 선에서 조정해주십시오"라고 조정을 요구했다. 고 씨는 "법대로 해주십시오"라고 버티었다.

이럴 경우에 판사는 어떻게 해야 하는가?

① 유실물법대로 2,000만 원을 지급하라고 판결한다.

② 조정에 회부하여 적정선을 조정해보고, 듣지 않을 경우 법의 범위에서 적정선을 지급하라고 결정한다.

③ 원·피고의 화해가 이루어질 때까지 재판을 질질 끌어본다.

재판은 반드시 판결로만 종결되는 것이 아니다. 재판 도중에 당사자 간 화해가 성립된 경우(소송상 화해), 또 당사자들이 법원에 조정의 신청을 하여 조정이 성립된 경우에는 이 조정의 성립에 의해서도 소송은 종결될 수 있다.

소송 사건이 날로 증가하는 추세에서 재판에 의한 결론보다는 법원의 주도적인 조정에 의해 민사 분쟁을 종결하는 것이 더 바람직한 경우도 얼마든지 있다. 민사소송법에서는 소송상 화해 제도가 마련되어 있지만, 이 소송상 화해는 당사자들이 주도한다는 점에서 법원이 적극적으로 개입하기가 어렵다. 그러나 조정은 어느 정도 법원이 개입, 주도한다는 점에서 화해와는 다르다. 이를 위해서 별도로 '민사조정법'이 마련되어 있다.

조정은 소 제기 전에 당사자가 처음부터 조정의 신청을 할 수 있고, 소 제기 이후 이를 받은 법원은 '필요하다고 인정되면' 항소심의 판결 선고 전까지는 소송 사건을 조정에 회부할 수 있도록 하고 있다. 조정에 회부된 사건의 조정은 그 재판을 하고 있는 재판부의 재판장이 지명하는 법관(조정 담당 판사)이 할 수 있고, 큰 법원의 경우에는 미리 구성되어 있는 조정 위원회에서도 할 수 있다. 조정 담당 판사나 조정 위원회의 노력에 의하여 조정이 성립되면 '조정 조서'가 작성되며, 이는 판결과 동일한 효력이 있어 강제 집행의 근거가 된다. 현재 조정은 대단히 폭넓게 활용되고 있다.

### 결론

유실물법에 의하면, 잃어버린 물건을 주인에게 찾아주면 그 물건 가액의 5퍼센트에서 20퍼센트 이하의 보상금을 지급하도록 규정되어 있으나(유실물법 제4조), 이 보상금에 대해 분쟁이 있는 경우에 소가 제기되면 이 보상금의 범위야말로 가장 적절한 조정의 대상이라고 할 것이다. 조정이 이루어지지 않아 판결로 가더라도 유실물법에 의한 보상금은 '5~20퍼센트'라고 정해져 있으므로 원고의 희망대로 상한선 20퍼센트까지 판결되는 것은 아니다.

## 56. 내 간장을 돌려도!

원고와 피고를 어떻게 해서든지 화해를 시키려고 애쓰던 판사님이 화가 나셨다. 그래서 "이 사건을 조정에 회부합니다"라고 선언하였다.

내용인즉, 시골 출신 한고집 할머니가 정성스럽게 담근 간장독이 이웃집 신축 현장에서 떨어진 벽돌로 박살이 났다는 것이다. 이에 화가 난 할머니가 메주값, 소금값, 독값에 위자료까지 합쳐 300만 원을 청구한 것이다. 피고는 "아, 그까짓 손해야 20만 원이면 족하지 않느냐"면서 불응하고 있다. 원고도 "사과도 할 줄 모르는 인간 같지도 않는 피고에게 한 푼도 깎아줄 수 없다"며 고집을 부렸다.

판사님은 "피고는 원고에게 50만 원을 물어주라"는 내용의 조정 결정을 하였다. 한 할머니가 이 결정에 승복할 수 없다면?

① 강제로 조정 결정을 한 판사에 대해 기피 신청을 한다.

② 억울해서 승복할 수 없다고 이의 신청을 한다.

③ 2심 법원에 항소한다.

④ 피고를 재물 손괴죄로 형사 고소한다.

분쟁을 꼭 소송·판결로 해결하지 않고, 자주적으로 해결하는 것은 대단히 바람직한 일이다. 이를 위해 제정된 민사조정법은 '민사에 관한 분쟁을 간이한 절차에 따라 당사자 사이의 상호 양해를 통하여 조리(條理)를 바탕으로 실정에 맞게 해결'하는 것을 조정 제도의 목적과 취지라고 선언하고 있다.

분쟁을 겪는 당사자는 소송 제기 전에는 미리 조정의 신청을 통하여(조정 수수료도 소송 인지액보다 저렴한 5분의 1이다), 또는 소송을 제기한 후에도 재판부에 사건을 조정하여 줄 것을 신청할 수 있다. 그리고 법원도 재판 중인 사건에 대하여 판결보다는 조정하는 것이 더 타당하다고 판단되면 항소심 판결 선고 전까지는 언제라도 직권으로 조정에 회부할 수 있다.

조정이 신청된 사건이나 조정으로 회부된 사건에 관하여 조정 담당 판사는 쌍방 당사자가 양보를 하지 않아 조정이 성립되지 않으면 직권으로 당사자의 이익이나 그 밖의 모든 사정을 고려하여 조정 신청인의 신청 취지에 반하지 않는 한도 내에서 사건의 공평한 해결을 위해 조정에 갈음하는 결정을 할 수 있다. 이를 실무상 '강제 조정'이라고 한다.

물론 이 강제 조정 결정에 대하여 불만이 있는 당사자는 누구든지 이의 신청을 할 수도 있고, 또 그 후 이의 신청을 취하할 수도 있다. 당사자들의 양보로 조정이 성립되거나, 법원의 강제 조정 결정에 대하여 2주일 이내에 이의 신청이 없으면 성립된 조정 조서나 강제 조정 결정은 판결과 마찬가지로 강제 집행을 할 수 있는 근거가 된다.

### 결론

조정 과정에서 양보가 이루어지지 않아 법관이 강제 조정 결정을 한 경우에, 승복할 수 없는 당사자는 이의 신청을 할 수 있다. 적법한 이의 신청이 있으면 사건은 다시 판결 절차로 돌아간다.

## 57. 알아서 하세요

김 여사가 다른 동네로 이사를 간 박 여사를 상대로, 빌려간 돈 300만 원을 갚으라는 소송을 냈다. 변론 기일 소환장을 받고 재판 날 법정에 나가자 판사가 이렇게 말하였다.

"소장이 피고에게 송달되지 않고 있으니 피고의 새 주소를 일주일 내에 법원에 신고해주세요."

그 후 김 여사가 박 여사의 새 주소를 확인하려고 백방으로 노력한 결과, 박 여사가 낮에는 출타하였다가 밤에만 귀가하는 것을 알아냈다.

다음 재판 날 김 여사는 판사에게 말하였다.

"피고의 주소가 맞는데 피고가 낮에는 없고, 밤에만 들어온답니다."

판사가 이렇게 말하였다.

"알아서 하세요."

자, 원고는 이럴 때 어떻게 하는 것이 '알아서 하는 것'일까?

① 판사에게 야간 송달을 신청한다.

② 피고가 돈을 빌려 간 내용을 아는 증인을 신청한다.

③ 피고에게 소장 및 소환장이 송달되지 않으므로 소송을 취하한 뒤, 송달이 될 수 있는 주소를 알아내어 다시 소장을 낸다.

소송을 제기하면 이를 접수받은 법원은 반드시 그 소송에 피고로 지정된 사람에게 소송이 제기된 사실과 소장의 사본을 보내주게 되어 있다. 이를 '송달(送達)'이라고 한다. 피고가 소장을 송달받아야 소송 절차가 진행될 수 있다.

그런데 송달은 우편 송달이 원칙이고 이 우편 송달의 방법은 우편집배원이 송달받을 사람을 만나 소송 서류를 교부한다('교부 송달'). 우편집배원이 송달받을 자의 주소, 거소 등에 갔으나 송달받을 자를 만나지 못하거나, 그 수령을 거부하는 경우에 송달에 문제가 발생한다.

법에서는 이런 경우에 대비하여 다양한 송달 방법을 정해두고 있다. 첫째, '보충 송달'의 방법이다. 이 방법은 송달받을 자의 근무 장소에 있는 사무원이나 피용자 또는 동거인에게 받게 하는 것이다. 둘째, '유치 송달'의 방법이다. 송달받을 사람이 정당한 사유 없이 송달받기를 거부하는 경우에 그 송달할 장소에 놓아두는 것을 말한다. 셋째, 위와 같은 보충 송달이나 유치 송달의 방법으로도 송달할 수 없는 경우에는 그 송달 장소로 법원 사무관 등이 소송 서류를 등기 우편의 방법으로 발송하면 된다('발송 송달'). 이 방법에 의한 송달은 발송 시에 송달한 것으로 간주한다.

그렇다면 송달받을 자가 낮에는 송달받을 장소에 부재하여 송달이 되지 않는 경우 어떻게 하면 될까? 민사소송법은 이번 사례처럼 공휴일 또는 해뜨기 전이나 해 진 뒤에 송달할 필요가 있는 경우에는 집행관 또는 대법원 규칙이 정하는 사람에 의하여 송달하도록 하고 있는데, 이러한 공휴일 송달, 야간 송달과 같은 '특별 송달'은 당사자의 신청이 있어야 한다.

### 결론

원고 김 여사는 법원에 피고에게 공휴일 송달이나 야간 송달을 신청하여야 소장과 변론 기일 소환장을 송달받게 할 수 있다.

## 58. 피고가 행방불명이라서

영지버섯이 항암 효과가 있다('특히 알코올 중독으로 인한 간암에 그만')는 TV 보도가 나가자, 전국의 영지버섯이 날개 돋은 듯 팔려나갔다.

김무염은 기회가 왔다 싶어 신문에 '탁월한 항암제 설악산 영지버섯, 엑기스로 개발'이라는 광고를 내고 대리점을 모집하였다. 이때 순진하기 짝이 없는 정순진 씨가 얼른 달려가 1억 원을 주고 수도권 총판 대리점 계약을 맺었다.

그러나 제품이 공급되기로 한 한 달 후에 김무염은 줄행랑, 행방불명이 되었다. 소문을 들으니 김무염은 이와 같이 대리점을 모집하면서 챙긴 거액을 부동산에 투자해두었다는 것이다. 그래서 정순진 씨는 승소 판결만 얻으면 강제 집행을 할 자신이 섰다.

그러나 피고가 행방불명인데, 소송의 제기가 가능한가?

① 불가능. 소장과 소환장을 피고에게 보낼 방법이 없다.

② 가능. 형사 고소부터 해서 피고가 구속되면 된다.

③ 가능. 법원의 허가를 얻어 공시 송달을 하면 된다.

민사소송은 피고에게 그 소장 등의 소송 서류를 송달시킬 수 없다면 소송 절차는 한 걸음도 진전할 수가 없다. 민사소송법이 정한 송달의 방법은 우편 송달, 교부 송달, 보충 송달, 유치 송달, 공휴일·야간 송달 등으로 여러 가지이지만, 이러한 방법으로도 피고에게 송달할 수 없다면 어떻게 될까?

피고에게 송달이 되지 않는 경우는 현실에서 비일비재하다. 이때 법원은 일단 소송을 낸 원고에게 피고에게 송달받을 장소를 다시 신고하라고 보정명령을 발하지만, 피고가 행방을 감춘 경우에 수사 기관도 아닌 당사자(원고)가 그 행방을 수사할 방법도 없으니 난감해진다.

민사소송법은 이러한 경우에 대비하여 '공시 송달'이라는 최후의 송달 방법을 허용하고 있다. 공시 송달이란 당사자의 행방을 알기 어렵고 송달 장소가 불명이어서 통상의 송달 방법으로는 송달을 실시할 수 없는 경우, 보충적·최종적으로 인정되는 송달 방법이다.

공시 송달은 원고가 아무리 노력하여도 당사자의 주소, 거소, 근무 장소 등을 알 수 없다는 것을 법원에 납득시킨 경우('소명'이라고 한다)에 당사자의 신청이나 법원이 직권으로 명하게 된다. 공시 송달의 방법은 법원 게시판에 소장과 소환장을 게시, 관보나 공보, 신문에 게제, 전자 통신 매체를 이용한다. 이러한 수단에 의하여 게시, 게재되면 송달이 이루어진 것으로 간주하고 당사자나 법원은 그 후속 절차를 진행할 수 있게 된다.

**결론**

피고가 행방을 감추어 소장 등의 소송 서류를 송달할 수 없다면 원고는 소장에는 알고 있었던 최후의 주소, 거소를 기재하고 소장을 제출한 뒤 그 소장이 송달되지 않으면 법원에 공시 송달에 의한 송달을 하여줄 것을 신청하여 그 후속 재판 절차를 진행할 수 있다.

## 59. 그림의 기초도 안 된 자가

김홍도 씨와 신운복 씨는 한국화의 대가로, 서로 자기가 당대 최고 제일의 화가라고 주장하던 앙숙이었다.

신 화백이 화단 진출 반세기를 기념하는 특별전을 개최하자, 김 화백도 여기에 방문하여 쓱 둘러보고는 기자들에게 기껏 한다는 소리가 "아직 그림의 기초도 안 되었구먼"이었다. 신문에 이 코멘트가 대서특필되자 신 화백은 자신의 명예를 지키는 수단으로 김 화백을 상대로 "명예 훼손으로 인한 금 1억 원의 위자료를 지급하라"는 소송을 냈다.

두 사람의 제자들이 나서서 화해를 붙이자 일단 소를 취하하기로 합의하였다. 그런데 김 화백이 "미안하게 됐네"라고 사과하였으나, 신 화백은 김 화백이 앞으로도 계속 자신의 명예를 훼손하는 언행을 계속하리라고 판단하여 소를 취하하지 않고, 재판 기일에 법정에 나갔다.

이럴 때 피고 김 화백은 법률적으로 어떻게 대응하여야 하는가?

① 소 취하의 합의가 있었다는 사실을 판사에게 주장, 입증하여야 한다.

② 원고가 소를 취하하기로 합의한 사실이 있다는 사실을 확인해 확인 소송을 내야 한다.

③ "소를 취하하라"는 맞고소를 할 수 있다.

④ 신운복 씨의 약속 위반을 사기 행위라며 형사 고소할 수 있다.

사람의 사회생활은 어떤 의미에서는 끊임없는 합의(계약, 약정, 약속)의 연속이기도 하다.

민법은 계약 자유의 원칙이라고 하여 이 합의를 존중한다. 그러나 사람 간의 합의는 어느 일방의 불성실, 무능력, 변심, 욕심 등에 의하여 깨지는 경우가 적지 않으며, 이럴 때 합의 당사자 간에는 갈등과 대립이 생기고 이것은 분쟁으로 비화한다. 그래서 법원에 접수되는 소송은 해마다 증가 일로에 있다.

그런데 깨진 합의에 따른 책임을 묻는 소송이 제기되었으나 다행스럽게도 소송 당사자 간에는 법원의 판결을 받지 않고 소송을 끝내기로 하는 합의를 하는 경우도 적지 않다('소취하 합의').

즉 소송의 형태를 갖고 있는 분쟁은 반드시 법원의 판결로만 종결되는 것이 아니라 소송 당사자 간의 합의로도 종결될 수 있다. 이와 같은 합의에는 대체로 제기한 소를 취하한다는 합의가 핵심이 된다.

소취하 합의가 이루어지면 대개는 쌍방 당사자가 기일에 법원에 출석하여 원고는 구두로 소를 취하한다고 진술하고, 피고는 이에 동의한다고 진술하여 소송을 종료시키고, 또 기일과 관계없이 원고가 소 취하서라는 문서를 법원에 제출·접수하게 되면 소송은 종료하게 된다.

그런데 소취하 합의를 하였음에도 불구하고 원고가 소를 취하하지 않으면 피고는 어떻게 대응하여야 하는가?

소송 중에 소를 취하하기로 하는 합의가 있었다는 사실은 피고가 주장·입증하여야 하고, 이것이 받아들여지게 되면 원고의 청구는 기각하게 된다.

### 결론

**소취하 합의를 하고도 원고가 소를 취하하지 않으면, 피고는 이 사실을 주장·입증(대체적으로는 소 취하 합의서를 제출)하여 원고의 소(청구)를 물리칠 수 있다.**

# 60. 재판은 재판장님이 알아서 해주시오

'평등공화국'의 대통령 선거가 다가오자 사람들은 모이기만 해도 "누가 대통령이 될 것인가?"를 놓고 토론하느라고 날을 샜다.

같은 마을에 사는 절친한 친구인 이멍박 씨와 박건혜 씨도 예외는 아니었는데, 서로 흥분하다 보니 그만 주먹다짐으로 발전하였다. 다혈질인 박 씨가 이 씨의 안면을 박치기하는 바람에 이 씨의 이가 한 개 부러졌다.

이 씨는 화가 나서 진단서와 치료비 영수증(20만 원)을 붙여 손해 배상 청구 소송을 제기해놓았다. 이 사실을 알게 된 동네 사람들이 나서서 화해를 붙이는 바람에 소송은 없던 거로 하기로 일이 잘 되었다.

그러나 이 씨는 속으로는 치료비를 받고 싶었고, 그래서 화해는 했으나 소송은 취하하지 않았다. 그리고 재판장이 알아서 승소 판결을 해주겠거니 하고, 그 후 두 번이나 재판에 전혀 나가지 않았다.

이 씨가 낸 소송은 어떻게 될까?(물론 박 씨도 재판에 나가지 않았다.)

① 법원은 원고, 피고가 두 번 결석하면 소가 취하된 것으로 처리한다.

② 원고가 출석하거나 소를 취하할 때까지 재판 기일 소환장을 계속 보낸다.

③ 일단 제기된 소송이고 판결로 종결되지 않았으므로 법원의 영구 미제 사건으로 남게 된다.

소송을 제기하는 것, 또는 제기한 소송을 취하하는 것은 소송을 제기한 사람의 자유이지만, 일단 소송이 제기되면 법원은 그 소송의 진행, 심리, 판결을 하기 위해 노력한다. 따라서 소송은 당사자의 적극적인 행위가 있어야 제대로 진행될 수 있다.

제기된 소송에 대하여 변론을 하거나 증거 조사를 하기 위해 법관이 소송 당사자를 위해서 일정한 시간, 장소(대개는 법정)에 출석할 것을 요구하는 기일을 지정하고, 소환장을 보내거나 고지하였는데, 소송 당사자가 이 기일에 출석하지 않으면, 어떻게 될까?

피고가 소장 송달을 받고도 답변서를 제출하지 않거나 변론 기일에 출석하고서도 제대로 변론하지 않으면 이는 원고의 주장 사실을 자백한 것으로 간주되어, 원고 청구가 인용되는 원고 승소 판결, 즉 피고가 패소 판결을 받게 되는 불이익이 따른다.

반대로 원고가 적법한 기일 통지를 받고도 정단한 이유 없이(예컨대 부득이한 사정으로 변론 기일의 연기를 구하지 않는 것) 불출석하면, 한 번은 괜찮다고 할 수 있으나 두 번이나 출석하지 아니하고, 그 불출석한 변론 기일로부터 일 개월 내에 기일 지정 신청을 하지 않거나, 기일 지정 신청에 의하여 법원이 새로 정한 기일에 출석하지 않으면, 그 소는 취하한 것으로 간주되는 결정적인 불이익을 당하게 된다('소 취하 간주').

**결론**

이 사례처럼 원고가 원·피고가 변론 기일에 2회나 출석하지 않고, 그 후 원고가 기일 지정 신청도 하지 않았다면, 원고의 소는 취하된 것으로 간주된다.

## 61. 있는 것은 돈밖에 없다

금나라 군과 마동포 사장 간에 분쟁이 생겼다.

금 군은 자기 애인인 차지나 양이 마 사장에게 시집을 가기로 한 것은 마 사장이 온갖 보석으로 유혹을 한 것이고, 이는 자신과 차 양의 약혼을 깨트린 불법 행위라고 주장하면서, '약혼 파기로 인한 5,000만 원의 위자료 청구 소송'을 제기하였다.

마 사장은 "돈 있는 것이 왜 죄가 되느냐? 차지나에게는 배우자 선택의 자유도 없는가? 생전 파출소 한 번 안 가본 자신에게 원고의 소송은 자신의 명예를 훼손한 것이다"라고 주장하면서 명예 훼손이라는 이유로 역시 5,000만 원의 위자료를 지급하라는 맞고소를 제기하였다.

이때 원고의 소송은 '본소(本訴)'라고 하며, 소송을 당한 피고가 원고를 상대로 제기하는 맞소송을 '반소(反訴)'라고 한다.

그렇다면 마동포 피고의 반소는 어떻게 될까?

① 반소의 요건을 갖추지 못하였으므로 기각된다.

② 원고의 청구를 무력화시킬 의도가 분명하므로 기각된다.

③ 본소가 이유 없는 것을 조건으로 승소한다.

④ 본소가 이유 있어 받아들여지면, 반소는 지게 되어 있다.

원고가 제기한 소송에서 피고는 원고의 청구에 대하여 '방어' 하거나, 방어하지 않을 수 있다. 즉 방어와 불방어는 전적으로 피고의 자유이다.

그런데 소송을 당한 피고의 입장에서도 원고에 대해 권리나 법률적 이해관계가 있을 때에는 원고의 청구에 대해 방어하는 정도, 즉 원고의 청구를 기각시키려는 노력을 넘어 피고도 적극적으로 원고에 대해 청구를 할 수도 있다.

이처럼 원고가 제기한 소송('본소'라고 한다)의 절차에서, 피고가 원고에 대하여 제기하는 소송(청구)을 '반소(反訴)'라고 한다.

반소 제도를 허용하는 이유는 피고에게도 무기 평등의 원칙상 이러한 피고의 청구를 허용하는 것이 공평하고, 또 원·피고 간의 서로 관련된 분쟁을 같은 절차 안에서 심판, 해결하는 것이 소송 경제의 원칙에 맞기 때문이다.

반소도 소송의 제기에 속하므로 소장의 형식을 갖추어야 한다. 다만 반소는 원고가 제기한 소송을 현저히 지연시킬 의도가 없어야 하고, 본소가 사실심(제1심 및 제2심)의 변론 종결 전까지는 제기하여야 한다는 시기상의 제약이 있다.

또한 본소는 반소와 '서로 관련성'이 있어야 한다. 즉 본소와 반소가 그 대상과 발생 원인에서 공통성이 있어야 한다. 본소와 반소는 동일 절차에서 심리되고 판결되는데, 본소 청구가 인용되면 반소 청구는 기각되는 것이 보통이고 본소 청구가 기각되면 반소 청구가 인용되는 것이 보통이다(물론 반소 청구도 기각되는 경우도 많다).

### 결론

피고가 원고의 소송 제기 자체를 불법 행위라는 이유로 반소를 제기하는 것은 본소와의 관련성이 없어 반소 요건을 갖추지 못하였다고 판단된다. 또 소송의 제기 자체는 피고에 대한 명예 훼손이 된다고 할 수도 없다.

## 62. 먹는장사는 불황이 없다더니

명퇴(명예퇴직)한 왕봉이 장사를 해보려고 창업 스쿨에 등록을 하였다. 강사는 최대세였는데, "먹는장사는 불황이 없다"라고 역설하였다.

왕봉도 이에 공감하고 목 좋은 곳에 자리 잡은 피자집을 허세달로부터 인수하였다. 그 건물의 주인은 박살라였는데, 허세달이 박살라로부터 3년 기한으로 빌려 1년 동안 장사를 하다가 왕봉에게 권리금을 받고 넘긴 것이다. 물론 박살라의 동의도 구두로 얻었다.

그런데 왕봉의 장사가 잘 되자 박살라는 자기가 이 장사를 할 생각으로 왕봉을 상대로 점포 명도 소송을 제기하였다. 소장에서는 '허세달이 왕봉에게 점포를 넘길 때 주인인 자기 동의가 없었으니 무단 전대차'라고 둘러댔다. 이 소식을 들은 허세달이 생각해보니 큰일이 났다. 만일 왕봉이 패소하면 자기에게 손해 배상을 청구할 것이 아닌가?

자, 제3자인 허세달이 박살라와 왕봉의 소송에 개입할 수 있는가?

① 없다. 원고나 피고가 아니기 때문이다.

② 있다. 피고 왕봉을 돕겠다고 소송에 참가할 수 있다.

③ 1심 판결 결과를 보고 왕봉이 패소하면 2심부터 왕봉을 보조하는 참가를 할 수 있다.

④ 없다. 왕봉을 위해서 유리한 증언을 하면 된다.

원고나 피고가 소송 당사자로서 재판 중일 때 이해관계가 있는 제3자는 원고나 피고 어느 한쪽 당사자의 승소를 돕기 위해 그 소송에 참가할 수 있다. 이를 '보조 참가(補助參加)'라고 한다.

소송의 결과에 이해관계가 있는 제3자로서는 원고, 피고 어느 한쪽이 이겨야만 하는 이해관계가 있을 때 그 소송에 참가하도록 허용하여 어느 한쪽을 원조할 수 있게 하는 것은 민사소송법의 이념의 하나인 소송 경제의 요청에도 부합하고, 또 제3자의 소송 참가를 허용하더라도 그로 인해 그 소송 절차가 현저하게 지연되지 않는다면 당사자와 이해관계인의 분쟁을 일거에 해결할 수 있기 때문이다. 예를 들어 채권자가 보증인을 상대로 보증 채무의 이행을 구하는 소송을 하고 있는 경우에 주 채무자는 보증인이 패소하면 자기에게 구상 청구를 할 것이므로 보증인의 승소를 위하여 소송에 참가할 수 있다.

보조 참가는 서면으로 하여야 하며, 보조 참가의 허용 여부는 재판부의 허가가 있어야 한다. 참가가 허용되면 보조 참가인은 피참가인의 승소를 위하여 필요한 소송 행위(예컨대 사실의 주장 및 피참가인 상대방의 주장에 대한 다툼, 증거의 신청, 이의 신청 등)를 할 수 있다.

보조 참가가 있는 소송에서 판결의 효력은 당사자에게만 미치고, 보조 참가인에게는 미치지 않으나, 피참가인이 패소하고 난 뒤에 피참가인과 참가인 간에 소송이 될 때 참가인은 이전의 판결이 부당하다고 다툴 수 없다.

**결론**

**이 사례에서 점포의 임차권, 영업권을 왕봉에게 넘긴 허세달은 점포 주인인 박살라가 왕봉을 상대로 한 점포 명도 소송에서 패소하면 왕봉으로부터 손해 배상 청구를 당할 법률상의 위험이 있으므로, 둘의 소송에서 왕봉을 돕기 위해 제1심에서도 원고 쪽에 보조 참가를 할 수 있다.**

## 63. 소송 도중에 죽으면 어떡하냐고

"네 이놈, 이 많은 재물들은 네가  도둑질을 해 모은 것이 틀림없으렸다."

"아이고 형님, 무슨 말씀을 그리 섭섭하게 하십니까? 실은 제비 다리를 고쳐 주었더니…. 이 재산의 절반을 형님에게 드리겠습니다."

"그래, 그럼 당장 각서를 써라."

이렇게 해서 흥부는 형 놀부에게 전 재산의 반을 증여하겠다는 각서를 썼다. 그 후 흥부가 마누라의 반대로 딴 맘을 먹자, 놀부는 소송을 냈다.

그런데 재판 진행 도중 흥부가 스트레스로 사망을 하였다면, 놀부가 낸 소송의 운명은 어떻게 될까?

① 피고가 사망하였으므로 무효이다.

② 소를 일단 취하하고 상속인(피고의 처나 자녀)을 상대로 다시 소송을 낸다.

③ 피고의 처와 자식들, 즉 상속인들을 피고로 바꾸면 된다.

④ 당사자가 사망하였으므로 소송을 포기해야 한다.

소송이 진행되는 도중에 소송 당사자가 사망했다든가, 소송 당사자인 법인이 합병으로 소멸할 경우, 소송 절차는 중단될 수밖에 없다. 다만 이 같은 소송 절차의 중단 사유가 생겨도 그 당사자에게 소송 대리인이 있으면 소송 절차는 중단되지 않는다. 이렇게 중단한 소송 절차는 그 중단을 해소하지 않으면 안 된다.

당사자가 사망했는데 그 사망한 당사자에게 상속인이 있는 경우에는 그 상속인들이 소송을 이어 받게 된다. 실무에서는 이를 '소송 수계' 신청이라고 하는데, 법원은 상속인이 누구인지 알 수 없는 경우가 대부분이므로 당사자로 하여금 신청할 것을 요구한다.

이를 신청할 수 있는 사람은 그 사망한 당사자의 소송 대리인, 상속인(상속재산 관리인, 유언 집행자 포함)뿐만 아니라, 상대방 당사자도 할 수 있다.

사망한 당사자에게 상속인이 2인 이상인 경우에는 그 상속인들 전부가, 또 전부에 대하여 소송 수계를 하여야 하는데 반드시 동시에 해야 하는 것은 아니며, 순차로 하여도 된다. 수계 신청은 말로도 가능하지만 실무에서는 대부분 소송 수계 신청서라는 서면에 의한다.

이와 같이 소송이 상속인들에게 수계되면, 새로운 소송 당사자는 수계인들이다. 당사자가 법인인 경우에 그 법인이 합병으로 소멸하면 합병 후에 생기는 신법인 또는 존속하는 법인이 소송 수계인이 된다.

### 결론

소송 도중에 당사자 일방이 사망하면 일단 소송 절차는 중단되나, 그에게 상속인이 있는 경우에는 상속인들 또는 사망한 당사자의 상대방 당사자가 소송 수계 신청을 하여 재판을 계속 진행해나갈 수 있다.

## 64. 해도 해도 너무했다

장보고가 완도 땅의 실질적 주인이 되자 김섬돌 씨가 장보고로부터 땅 오백 평을 빌려 건물을 짓고 대형 음식점인 '다도해 해물탕'을 차렸다.

소문이 나서 장사가 잘 되자 장보고는 배가 아파, "땅을 내놓으라"는 소송을 제기했다. 이 소문을 듣고 온 섬사람들이 "해도 해도 너무했다"라고 비난하자 장보고는 이 땅을 박신라 씨에게 팔았다. 물론 소송 진행 중에 일어난 일이다.

이처럼 소송이 진행 중인 상태에서 소송 대상물이 원고(장보고)로부터 제3자(박신라)에게 양도된 경우에, 원고가 제기한 소송의 운명은 어떻게 되는가?

① 무조건 각하된다. 양도로 인해 원고는 더 이상 땅의 소유권자가 아니다.

② 소유권이 있을 때 제기된 소송은 진행 중에 소유권이 바뀌어도 아무런 영향이 없다.

③ 양도한 원고가 소송에서 탈퇴하고, 이를 양수한 사람이 원고의 지위를 승계하여 소송을 진행할 수 있다.

소송이 진행되는 도중에 그 소송의 대상인 '소송물'이 제3자에게 양도되면 그 소송의 처리는 어떻게 되는가? 왜냐하면 소송 중이라는 이유로 소송물의 양도를 금지할 수는 없기 때문이다.

이렇게 소송 중에 소송물인 권리관계가 제3자에게 양도 등의 사유로 이전되는 경우, 양도한 종전 당사자는 당사자로서 지위를 잃고 이를 양수한 제3자가 새로운 당사자의 지위를 얻게 하는 것을 소송물의 양도에 의한 '소송 승계'라고 한다. 예를 들어 토지나 건물의 소유권자가 임차인과 같은 점유자를 상대로 토지, 건물의 명도를 구하는 소송을 진행하는 도중에 그 토지나 건물의 소유권이 제3자에게 넘어간 경우가 그런 사례가 된다.

이런 경우에는 승계인이 된 자가 스스로 그 소송에 참가하여 새로운 당사자가 될 수도 있고('참가 승계'), 반대의 당사자도 승계인인 제3자로 하여금 소송을 인수할 것을 신청하여 그 소송에 끌어들일 수 있다('인수 승계').

참가 승계나 인수 승계가 적법하다고 인정되면 소송물을 양도한 종전 당사자는 당사자의 지위를 잃는다. 또 양도인은 상대방의 동의를 얻어 그 소송에서 탈퇴할 수도 있다.

**결론**

소송 중 소송물의 권리관계가 양도되면, 소송 승계라는 방식을 통하여 종전 당사자는 그 소송에서 당사자의 지위를 잃거나 탈퇴할 수 있고, 양수한 자가 새 당사자가 되는 소송 승계가 이루어진다.

# PART 2
# 재판

## 1. 죽기 전에 판결이 날까

강원도 산골짝에 사는 김떡순 할머니가 늘그막에 소일거리로 보리에 쑥을 넣은 보리 쑥떡을 만들어 팔게 되자 건강 식품, 미용 식품이라는 소문이 돌더니 순식간에 강원도 명물이 되었다.

아, 그런데 장사가 된다 싶으니까 누군가가 김 할머니집 옆에다 떡하니 '원조 보리 쑥떡'이라는 간판을 내걸고 대량 생산에 나서지 않았겠는가?

김 할머니가 부랴부랴 '강원 명물 보리 쑥떡'이라는 상표 등록을 한 뒤 원조 보리 쑥떡 업자를 상대로 상표권 침해 중지 및 제품 판매 금지소송을 제기하였다(관할 법원은 강릉지원).

그러나 재판은 판사가 바뀐다고 연기, 바뀌었다고 연기, 사건이 미묘하고 복잡하다고 연기, 세월만 갔다. 나태평 판사가 서울로 전근을 가면서 새로 부임한 최신속 판사에게 넘어갔지만, 아직 재판날도 잡히지 않고 있다. 이럴 때 재판을 재개하려면 어떻게 해야 할까?

① 판사에게 재판 날을 빨리 잡아 재판을 집중적으로 해달라고 신청한다.

② 판사에게 억울한 사정을 진정 넣는다.

③ 유능한 변호사를 선임한다.

④ 재판을 미루기만 하는 판사에 대해 기피 신청을 한다.

재판에서 대리인과 그 밖에 소송 관계인들이 모여서 각종 소송 행위를 하기 위한 시간을 '기일(期日)'이라고 한다. 그런데 기일은 당사자가 원한다고 해서 아무 때나 수시로 열리는 것이 아니라 재판을 담당한 법원이 직권으로 지정한다. 기일의 지정은 말하자면 법관의 고유한 권한이다.

다만 차후의 변론 기일을 지정하는 때에는 당사자나 그의 소송 대리인의 의견을 들어야 한다. 현재 소송의 실무에서는 담당 재판부가 갖고 있는 업무량을 고려하여 사건의 다음 변론 기일을 대개 3주나 4주의 여유를 두고 지정한다. 당사자 입장에서 보면 재판 기일은 대개 한 달에 한 번씩 열리는 것이 된다(물론 복잡한 사건의 경우나 그 밖의 필요가 있으면 이보다 더 긴 기간으로 정하는 경우도 많다).

또 법관의 인사 이동이 대개 1년에 한 번씩 이루어지므로 인사 이동 시기가 오면 변론 기일은 인사 이동 이후의 시기로 잡게 된다. 경우에 따라서 다음의 변론 기일을 언제라고 지정하지 않고 재판부가 적당하다고 판단되는 시점에 가서 정하겠다고 하는 '기일의 추후 지정'도 있다.

이렇게 재판이 정처 없이 길어지면 속이 타는 사람은 바로 원고인 당사자이다. 이렇게 기일의 지정을 그저 법관의 손에 맡기고 당사자는 그 처분에 맡겨야만 하는가? 민사소송법은 장기간 속행되거나 재판이 공전되거나 기일이 추후 지정되는 경우에 당사자에게 기일을 잡아달라는 '기일 지정 신청'을 할 수 있도록 허용하고 있다. 물론 재판부가 이 신청에 구속되는 것은 아니지만 기일의 지정 신청은 재판장의 직권 발동을 촉구하는 의미가 있다.

**결론**

변론 기일이 장기화되는 경우에, 당사자는 그 재판부에 기일을 지정해달라는 신청을 하여 재판의 속행을 도모해볼 수 있다.

## 2. 사정상 법원에 출석할 수 없소이다

베니스의 상인 안토니오는 친구를 위하여 샤일록에게 빚보증을 섰다가 친구가 이를 갚지 못하게 되자 샤일록으로부터 "보증인이 대신 빚을 갚으라"는 소송을 당하였다.

친구는 이미 파산하였고, 자신도 이 빚을 갚으려면 은행 융자를 얻어야 한다. 은행 융자를 받으려면 1~2개월 정도 걸리는데, 일주일 뒤에 법정에 출석하라는 재판 기일 소환장이 송달되었다. 뿐만 아니라, 안토니오는 사흘 뒤 로마로 출장을 가야 한다. 안토니오는 재판 기일을 연기하고 싶다.

민사소송법상 가능한가?

① 가능하다. 지정된 재판 기일에 출석할 수 없는 사정을 증명하여 법원에 연기 신청을 할 수 있다.

② 가능하다. 단 원고의 동의서를 받아야 한다.

③ 불가능하다. 일단 출석하여 다음 재판 기일의 연기만 구할 수 있다.

소송 제기 후 소장이 피고에게 송달되고, 보통의 경우 피고가 원고의 소장에 기재된 사실에 대해 답변을 하는 등의 기초적이고 필수적인 절차가 진행되면 법원은 기일을 지정하여 양 당사자에게 법정에 출석하도록 통지한다.

이처럼 당사자가 법원이 주재하는 법정 등의 장소에 모여 소송 행위를 하기 위해 법원이 정한 일자 및 시간을 '기일'이라고 한다. 기일에는 변론 기일, 변론 준비 기일, 증거 조사 기일, 화해·조정 기일, 판결 선고 기일 등이 있다.

법원이 정한 기일에 당사자는 출석할 의무가 있다. 이 기일은 당사자가 지켜도 되고 지키지 않아도 되는 것이 아니다. 당사자가 기일을 지키지 않으면 불이익이 따른다.

제1회 변론 기일은 법원이 변론 기일 소환장이라는 형식을 취하여 정하지만, 법정에서는 다음의 기일을 법관이 구두로 고지하게 된다. 보통 법관이 당사자에게 그 기일이 출석이 가능한지, 그 기일까지 필요한 소송의 준비를 할 수 있는지 등에 대해 의견을 들어 정하는 것이 보통이다.

그런데 법관이 일단 기일을 정하여 준 뒤에 당사자가 피치 못할 사정이 생겨서 출석하기 곤란한 경우에는 어떻게 대처할 수 있을까? 우선은 법원에 연기 신청을 문서로 해야 하며, 기일에 출석할 수 없는 사정을 밝히고 이를 입증할 수 있는 서류(입원 증명서, 출장 명령서 등)를 함께 제출하여야 한다.

소송 실무에서 대부분 연기 신청은 받아들여지는 것이 보통이다. 다만 연기 신청이 재판을 고의로 지연시키는 경우라고 판단되면 거부될 수도 있다.

### 결론

재판 기일은 법원이 소송의 진행을 위해서 지정하는 것이므로 지켜야 하나, 그 기일에 출석할 수 없는 곤란한 사정(단 정당한 사유가 있는 경우)이 있는 경우에 당사자는 연기 신청을 할 수 있다.

## 3. 가는 날이 장날이라더니

"재판장님, 피고가 돈을 꾼 것을 부인하고 있습니다만, 피고에게 가서 이자를 받아온 증인이 있습니다."

원고 김신뢰가 피고 부인자에게 대여금 청구 소송을 하였는데 피고가 돈을 빌린 사실을 부인하자, 원고는 이자를 한번 받아온 일이 있는 이한신을 증인으로 신청하였다.

당시 증인은 지방에 있었기 때문에 여러 번 법정에 출석하지 못하였다. 그래서 원고가 지방까지 가서 증인을 찾아 고속 도로를 이용하여 상경하는데, 하필 그날이 민방위 훈련일이라 법원 도착이 지체되었다.

재판은 끝나고 법정 문은 이미 잠겼다. 알아보니 변론이 종결되고 2주일 후에 선고가 된다는 것이다. 여기서 원고는 자신에게 유리한 증거(또는 증인)를 대면 승소할 가능성도 높다.

그렇다면 유리한 증거를 제시할 기회를 얻지 못한 채, 변론이 종결된 경우의 대책이 있는가?

① 없다. 2심에서 유리한 증거를 제출하는 수밖에 없다.

② 종결한 변론을 다시 열어달라고 신청한다.

③ 부당한 변론 종결 결정에 대하여 법관 기피 신청을 할 수 있다.

④ 증인의 증언을 공증하여 재판장에게 제출해놓고 결과를 기다려본다.

제기된 소송은 당사자들이 각자의 주장과 쟁점을 요약하여 정리하면 법원이 증거 조사를 시행한 후에 그 변론 활동을 종결하고 판결의 작성, 선고 단계로 들어간다. 변론의 시행과 심리를 종결하는 것을 실무상 '변론 종결' 또는 '결심(結審)'이라고 한다.

그러므로 당사자가 서로 유리한 판결을 받기 위해 주장을 전개하고, 증거를 제출하는 등의 소송 행위의 종결 시점은 변론 종결 전까지라고 보아야 한다.

그러나 법원의 변론 종결은 신성불가침, 절대 불변의 권능은 아니다. 변론 종결 전까지 제출할 수 없었던 새로운 주장이나, 유리한 증거 제출 노력이 변론 중에는 여의치 않았으나, 변론 종결 이후 그것이 가능하게 되었다는 사정의 변경이 있으면, 종결된 변론도 재개 즉 다시 시작, 진행해볼 수 있다.

실무상 변론의 재개는 대개 당사자가 문서로 신청한다(신청에 의한 재개). 이 변론 재개 신청서에는 변론을 재개하여 심리를 속행할 것을 구하는 사유를 적어야 한다.

또한 변론의 재개는 법원도 할 수 있다(직권에 의한 재개). 일단 변론을 종결하였으나 판결문 작성 과정에서 심리를 더 해볼 필요가 있다고 판단되는 경우에 직권에 의한 변론의 재개도 적지 않다.

**결론**

유리한 증거(증인 포함)를 제출하지 못하고 변론이 종결된 경우에, 그 유리한 증거를 제출할 기회를 달라고 변론의 재개를 신청할 수 있다(변론 재개 신청이 있다고 하여 법원이 반드시 재개 결정을 하여야 한다는 구속은 없다. 변론 재개 신청이 소송을 지연할 목적이라고 판단되면 법원은 이에 응하지 않을 수도 있다).

## 4. 소송은 원래 오래가는 법?

영도는 화가 났다. 왜 그런지는 누구에게 물어볼 필요도 없는 일. 자기와 결혼하겠다고 그렇게 철석같이 골백번 약속하더니, 다이아몬드 하나에 눈이 어두워 원이에게 시집간 은상, 그리고 그녀를 다이아몬드로 꼬드긴 원이 때문이다.

그래서 그 둘을 공동 피고로 하여, '피고들이 공모하여 부당하게 약혼을 파기한 책임'을 물어 1억 원의 손해 배상 청구 소송을 냈다.

아, 그런데 피고들은 "원고가 소장에서 주장하고 있는 사실을 전부 부인합니다"라는 간단한 답변서를 낸 뒤에 소송을 차일피일하는 것이 아닌가? 회사원인 영도로서는 재판 한 번 나가는 것도 사장 눈치 보랴, 차비 마련하랴 여간 힘이 드는 게 아니다.

이런 상태가 1년여가 지났다. 피고들의 소송 지연 방법은, 바로 증인을 신청했다가 바꾸는 것을 능사로 하는 것이었다.

원고가 피고의 소송 지연술에 대항하려면 어떻게 해야 하는가?

① 질질 끄는 민사소송을 포기하고, 피고들을 형사 고소한다.

② 재판장에게 강력히 항의한다.

③ 동네방네 소문을 내서 궁지에 몰아넣는다.

④ 재판장에게 변론을 집중시켜 심리해달라고 요청한다.

소송을 하다 보면 예상 외로 필요 이상 소송이 길어지는 경우가 있다. 정당한 이유가 있어 소송이 지연되는 것은 불가피하다. 예를 들어 외국에 있는 증인을 소환하여 신문하여야 하는 경우, 검증이니 감정을 시행하였는데 그 결과 보고가 지연되는 경우, 유사한 사건이 상급심에서 진행되고 있어 그 결과를 기다려 보아야 할 경우 등 불가피한 소송 지연의 사례도 많다.

그러나 경우에 따라서는 상대방의 소송 지연술 때문에 소송이 지연되는 경우도 적지 않다. 피고가 빈번하게 변론 기일의 연기·변경을 구하거나, 증인을 신청하여 채택되었으나 지정한 기일에 출석하지 아니하고, 또 이를 핑계로 증인을 바꾸어 신청하거나, 무익한 반소를 제기하는 등 주어진 합법적인 기회와 권리를 최대한 이용하는 것이 전형적인 소송 지연술이다.

2002년 개정된 민사소송법은 재판의 신속을 위하여 사건의 쟁점 정리와 요약을 위한 변론 준비 기일 제도를 신설하고 준비 서면이나 답변서의 제출 기한을 정하고, 재판장의 석명권 행사를 통하여 진행을 촉진하기 위해 석명 준비 명령 제도를 신설하고, 당사자들의 주장과 변론은 어느 기일에 집중하여 시행하도록 하는 '변론 집중 제도'를 신설하는 등 대처하고 있으나, 그래도 소송이 지연되는 경우도 적지 않다.

재판은 빠르게 하는 것이 능사는 아니지만, 지연되는 소송은 당사자나 법관에게 모두 손해이거나 부담이 되는 것이 사실이다.

### 결론

피고의 소송 지연술에 대하여 원고는 재판장에게 변론과 증거 조사를 어느 한 기일에 집중하여 시행할 것을 신청하여 재판의 신속(한 종결)을 촉구해볼 수도 있고, 재판장으로 하여금 소송 지휘권에 기하여 피고가 소송 지연술로서 증인을 자주 바꾸는 것에 대하여 이를 실기한 방어 방법이라는 이유로 증인의 채택 및 그 시행을 하지 말아줄 것을 촉구해볼 수 있다.

## 5. 원고의 청구에 이유가 있다면?

양산박주식회사의 '술상무'인 무송 씨가 끝내 과로사로 숨졌다. 대표이사인 송강 씨는 장례도 회사장으로 치러주고, 유족들을 위하여 산재 보상을 고용노동부로부터 받는 데도 온갖 협조를 아끼지 않았다.

그런데 무송 씨의 유족들이 회사를 상대로, 무송 씨가 과로사할 정도로 회사가 혹사시킨 책임을 물어 2억 원의 손해배상을 청구해왔다. 송강 씨는 이 소송 건을 조용히, 그리고 빨리 해결하고 싶다. 그리고 유족들의 소송도 이유가 있다고 생각하고 있다.

이런 경우 송강 씨의 의도대로 처리하는 소송법적 방안도 있을 법한데?

① 법정에 나가 원고들의 청구대로 지급하겠다고 진술한다.

② 잘 해결해주겠으니 소를 취하하라고 권유한다.

③ 일부러 재판에 나가지 않는다.

④ 빨리 청구 금액을 물어주면 된다.

소송은 당사자 간에 분쟁이 있다는 것을 전제로 하는 것이 보통이지만, 경우에 따라서는 소송을 당한 피고에게도 원고의 주장과 청구가 이유 있다고 인정할 수 있는 경우도 있을 것이다.

일반적으로 소송을 당한 피고는 그 소송을 방어하여 원고의 청구를 물리칠 수도 있지만, 원고의 청구가 이유 있다고 생각되면 이때 피고에게는 다음의 네 가지가 그 해결 방법이 될 수 있다.

첫째는 그 소송에서 원고와 화해하는 것이다. 화해는 쌍방이 양보를 하는 것이 전제된다. 가령 1억 원을 청구한 원고에게 피고가 8,000만 원 정도는 지급할 수 있다고 제안하고 원고가 여기에 동의하면(즉 원고가 2,000만 원을 양보하면) 8,000만 원으로 서로 화해가 된다.

둘째는 소송 외에서 원고와 합의하는 것이다. 이때는 대개 원고가 소를 취하하기로 하는 합의가 뒤따르게 된다.

셋째는 법정에 출석하여 원고의 청구를 인정하는 것이다. 이를 '청구의 인락(認諾)'이라고 한다.

넷째는 원고의 청구를 인정하고 이를 적극적으로 다투지 않는다는 뜻에서 답변서도 내지 않고 변론 기일에 출석하지 않는 것이다.

소송상 화해가 성립되면 판결 대신 '화해 조서'가 작성되고, 청구를 인락하면 '인락 조서'가 작성되어, 원고는 판결문 대신 이 조서로 강제 집행을 신청할 수 있다.

**결론**

기왕에 제기된 소송, 즉 피고가 원고의 청구를 다투지 않고 끝내려면 원고와 화해하거나 원고의 청구를 인락하면 된다(어느 경우에나 피고가 법원에 출석하여야 하는데 이 사례에서는 청구의 인락이 가장 좋은 방법으로 보인다).

## 6. 원고는 변호사를 선임하라

앞이 안 보이는 심봉수 씨가 딸을 시집보낸 후 밥도 못 차려 먹고 집 안도 엉망이 되자, 옆집에 사는 이도자 씨가 나쁜 의도를 가지고 접근하여 봉수 씨의 수발을 들었다.

이도자 씨는 봉수 씨의 환심을 산 뒤에 야금야금 집 안의 물건을 훔쳐갔다. 뒤늦게 이 사실을 알게 된 봉수 씨가 화가 나서 도자 씨를 상대로 손해 배상을 청구하였다.

법정에 나가 보니 판사가 원고에게 "입증하시오"라고 하는 것이 아닌가! 봉수 씨는 그 말이 무슨 뜻인지 모르고 그냥 "억울합니다. 판사님이 알아서 판결해주십시오"라는 소리만 되풀이하였다. 답답하게 된 것은 판사였다.

자, 이처럼 원고가 소송할 줄도 모르고, 말도 알아듣지 못할 때에는 어떻게 해야 할까?

① 우선 변호사를 선임할 것을 명하고, 그래도 듣지 않으면 소송을 각하한다.

② 원고가 증거를 댈 책임을 다하지 못하였으므로, 원고 패소 판결을 한다.

③ 원고가 시각 장애인이므로 최대한 인내하여야 한다.

④ 대한법률구조공단으로 찾아가서 의논해보라고 설득한다.

변호사에게 소송을 대리하도록 위임하지 않고 당사자 본인들도 소송을 할 수는 있지만, 법률 지식이 부족한 당사자들이 소송을 한다는 것은 말처럼 쉬운 일은 아니다. 수시로 재판부는 당사자에게 질문(석명)을 하는데 잘 알아듣지 못하고 당황하거나 동문서답을 하기 일쑤이다. 이럴 때 답답한 것은 재판부가 된다.

이렇게 당사자가 유효하게 소송 행위를 하기 위해 요구되는 능력을 '변론능력(辯論能力)'이라고 하며, 법원은 이러한 능력이 없는 사람의 변론을 제한할 수 있다. 즉 법원은 당사자가 소송 과정에서 유효한, 필요한 진술을 하지 못할 경우에 그의 변론을 제한, 다시 말해서 진술을 금지하게 할 수 있다. 진술 금지를 명한 경우에 법원은 변호사의 선임을 명할 수 있다. 또 듣지 못하는 사람, 말을 못 하는 사람은 아예 변론 무능력자로 간주된다.

진술 금지를 명령받은 당사자가 지정한 기일까지 변호사를 선임하지 않을 때에는 법원은 그의 소송을 각하할 수도 있다. 또 진술 금지를 명령받은 당사자가 새로운 변론 기일에 출석하였으나 여전히 동문서답식의 소송 행위를 한다면 출석하였어도 출석하지 아니한 것으로 취급되어 불이익을 입게 된다.

소송의 원활하고도 신속한 목적을 위해 당사자에게 변론 능력은 절대적으로 필요하다.

### 결론

소송에서 변론 능력이 없다고 판사가 판단하여 진술 금지를 명령한 경우 당사자에게는 법원이 변호사를 선임할 것을 명령할 수 있다(이 선임 명령에 불응하는 경우 법원은 소송을 각하할 수도 있다).

## 7. 아무리 급해도 절차를 무시할 수는 없다

옛날하고도 그리 멀지 않았던 옛날, 임금님을 투표로 뽑고 그 임기도 정해져 있었던 시절의 이야기다. 임금님께서 재위 말년에 바쁘신 탓에 달러를 미처 잘 관리하지 못해 외화가 고갈되자, 나라 경제가 파산 일보 직전에 다다르게 되었다. 그러자 미국, 영국 등 강대국이 만들어놓은 '만국통화 자금'에 긴급히 구제 금융을 받아 나라의 도산은 막았다.

그러나 백성들은 상당 기간 도탄에 빠지게 되었다. 졸지에 직장에서 구조 조정의 여파로 쫓겨나 백수가 된 백성 하나가 무엄하게도 "오늘의 원고가 입고 있는 고통은 호조 판서가 임금님을 제대로 보필하지 못한 탓이니 원고에게 생계비를 지급하라"라는 소송을 제기하였다. 오늘날로 말하면 국가 배상을 청구한 셈이다.

호조판서가 답변하기를 "국가를 상대로 손해 배상을 청구하려면 먼저 형조를 거쳐야 함에도 이를 거치지 않았으니 소송을 무조건 각하하라"라고 항변하였다. 이 항변이 사실일 경우에 소송의 운명은 어떻게 될까?

① 각하된다.

② 이유가 없는 소송이므로 기각된다.

③ 판결해보아야 진의를 알 수 있으므로 계속 진행된다.

④ 소송을 취하하고 형조를 거친 다음 다시 제기해야 한다.

해답 ① 본안 전 항변

원고에 의하여 소송이 제기되어 그 소송이 본격적으로 심리되는 것은 피고가 원고의 소송상의 청구나 사실 주장에 대하여 이를 부인하거나 방어 방법으로서 항변을 제기하기 때문이다. 실무상 이를 '다툰다'고 한다.

'항변(抗辯)'이란 피고가 원고의 청구를 배척하기 위하여 소송상 또는 실체상의 이유를 들어 제출하는 주장을 말한다. 항변을 구성하는 내용은 대단히 많다.

가령 원고가 피고에게 부동산 등기를 청구하는 것에 대하여 피고가 매매 대금을 전부 지급하지 않은 이상 응할 수 없다는 주장, 채권자가 보증인에 대하여 보증 채무의 이행을 구하는 것에 대하여 보증인인 피고가 주 채무자에게 먼저 청구하라는 주장, 원고의 청구권이 시효로 소멸했다는 주장 등이 전형적인 항변이다. 항변이 이유 있다고 인정되면 원고의 청구는 기각된다.

따라서 항변은 원고의 청구를 물리치는 것, 즉 청구 기각의 판결(원고 패소 판결)을 할 수 있는 사유를 말하는데, 이는 본안에 관한 항변과 본안 전의 항변으로 대별된다.

여기서 본안(本案)이란 원고의 청구 내용에 관한 것을 말하며, '본안 전 항변'이란 원고가 제기한 소송이 소송 요건에 흠이 있어서 부적법하니 청구를 심리할 것도 없이 각하하여 달라는 항변을 말한다. 본안의 항변이 이유 있으면 원고의 청구는 '기각'되고, 본안 전 항변이 이유 있으면 원고의 청구는 '각하'된다는 점에서, 양자는 그 효과 면에서 차이가 있다.

**결론**

이 사례는 과거 국가배상법에서 소송 제기 전 국가 배상 심의 위원회의 심의를 거치도록 한 것을 전제로 한 것이다(과거의 국가배상법에 의하면 ②번이 해답이나, 현재는 2001년 3월 14일 국가배상법의 개정으로 배상심의회전치주의가 폐지되었다).

## 8. 땅도 법을 아는 사람이 임자다

지금부터 수십 년 전까지만 해도 농촌에서는 부동산을 사고팔아도 계약서를 쓰거나 등기를 재촉하는 일이 드물었다. 친구 사이인 최 노인이 정 노인으로부터 쌀 다섯 가마를 주고 밭 1,000평을 샀는데, 당시의 관행대로 계약서를 쓰질 않았고, 등기도 넘겨받지 않았다.

수십 년의 세월이 흐른 후 정 노인이 세상을 떠나자, 서울에서 살던 정 노인의 장남은 이 밭이 아직 아버지 이름으로 되어 있는 것을 발견하고, 상속 등기를 한 뒤 최 노인을 상대로 부동산 인도 청구 소송을 제기했다.

최 노인은 "밭은 원고의 선대인 정 노인으로부터 매수하였다"며 항변하였다. 재판장은 피고가 매수하였다는 계약서는 없지만 정황과 증언으로 볼 때, 피고가 "이미 20년 이상 점유하여 취득 시효가 완성되었다"는 사실이 인정되므로 피고에게 승소 판결을 내리고자 한다.

재판장의 이 판결은 가능할까?(피고인 최 노인은 취득 시효가 무슨 말인지도 모른다.)

① 가능하다. 최 노인의 땅이다.

② 불가능하다. 피고가 취득 시효를 주장하지 않았기 때문이다.

③ 불가능하다. 원고에게 소유권 등기가 되어 있기 때문이다.

④ 불가능하다. 피고가 샀다는 물적 증거가 없다.

직접 소송을 제기한 원고나 소송을 당한 피고가 변호사를 대리인으로 세우지 않았다면 소송은 각자 스스로 수행하여야 한다. 이때 소송 '수행'의 핵심은 법정에서 당사자가 구술 또는 서면에 의하여 판결의 기초가 되는 소송자료, 즉 주장과 증거를 제출하는 것이다.

이처럼 소송의 당사자가 법정에서, 기일에 구술 또는 서면에 의하여 직접 소송 행위를 하는 것을 '변론주의'라고 한다. 그러므로 재판은 소송 당사자가 변론을 통하여 수행해야 하고, 법원이 일일이 그 변론의 내용이나 방향을 가르쳐주는 것이 아니다.

변론주의란 다른 말로 하면 '자기 책임하의 소송'이라고 할 수도 있다. 당사자가 변론을 통하여 직접 주장하여야 할 내용을 법원이 대신 가르쳐주거나 지시하는 것은 변론주의에 위반될 뿐만 아니라, 다른 당사자 입장에서 보면 재판의 공정성을 해치는 것이 된다.

따라서 법원은 당사자가 변론, 즉 주장하지 않은 사항에 대해서는 판단하지 않으며, 당사자가 변론한 사항에 대해서만 판단한다.

**결론**

20년 이상 목적물을 선의로 점유하여 이른바 취득 시효가 완성되어 권리를 갖게 되었다는 내용은 당사자가 변론(소장이나 또는 답변서, 법정에서의 구두 진술 등)으로 주장해야 한다. 이 사례에서 취득 시효 완성의 주장은 피고가 승소할 수 있는 결정적 주장이므로, 반드시 피고가 변론으로 주장해야 한다.

## 9. 죽마고우라고 봐주다가 큰코 다친다

오성 씨와 한음 씨는 한마을에 태어나 어려서부터 무엇이든 함께 나눈 죽마고우이다. 서로 어려울 때 돈도 빌려주는 막역한 사이이다. 물론 친구끼리 번거롭게 서류를 쓰냐며 차용증이나 영수증도 주고받지 않았다.

어느 날 오성 씨가 한음 씨에게 "누이가 결혼을 하는데 돈이 좀 필요하니 100만 원만 꾸어주게"라고 하자 한음 씨는 흔쾌히 빌려주었다. 아, 그런데 오성 씨의 누이가 결혼을 하고 아이를 낳고 그 아이가 자라 학교에 다닐 만큼 세월이 흘렀는데도, 돈을 갚을 생각을 안 하는 게 아닌가.

화가 난 한음 씨는 청구 소송을 하려고 한다. 그런데 빌려준 지가 하도 오래되어 50만 원인지 100만 원인지 기억이 가물가물하다. 결국 50만 원이라고 주장하고 이 금액만을 청구하였다.

그런데 재판 과정에서 한음 씨가 빌려준 돈이 100만 원임이 밝혀졌다. 이럴 경우 재판장은 어떤 판결을 내려야 할까?

① 피고는 원고에게 100만 원을 지급하라는 원고 승소 판결을 한다.

② 50만 원을 지급하라는 원고 승소 판결을 한다.

③ 주장과 증거가 모순되므로 원고 패소 판결을 한다.

④ 원고에게 청구 금액을 100만 원으로 정정하라고 지시하고 불응하면 원고 패소 판결을 한다.

민사소송의 당사자는 비록 법원의 재판을 받기는 하나, 소송의 개시(원고의 제기, 피고의 응소), 청구 내용의 한정과 특정, 소송 절차의 종료(소의 취하, 청구의 포기나 인락, 소송상 화해)에 있어서 주도권(처분권)을 갖는다. 이처럼 소송에서 어떤 사항, 내용을 법원의 심판 대상으로 할 것인가의 여부 등에 대하여 소송 당사자의 처분에 맡기는 것을 '처분권주의'라고 한다.

가령 소의 제기나 소의 취하 여부는 원고인 소송 당사자의 처분(자유)에 달려 있다. 그리고 피고가 소송에 응소하여 원고의 주장을 다투거나 또는 응소하더라도 원고의 청구를 인정하는 것은 피고의 처분에 달려 있는 것이다.

이 처분권주의에 의하면 이행을 구하는 청구 범위를 원고가 낸 소장의 청구 취지에 명시되어 있으므로, 법원은 그 명시적인 한계를 넘어 판결할 수가 없다.

예를 들어 원고가 1,000만 원의 대여금을 청구하였는데, 대여 금액이 이를 초과한다는 증거가 있더라도 원고의 청구액을 초과한 1,000만 원을 지급하라는 판결을 할 수 없다.

**결론**

민사소송을 지배하는 처분권주의에 의하면, 원고가 50만 원의 대여금 청구를 하였는데 심리 결과 원고가 대여한 돈이 100만 원이라고 하더라도, 원고가 이 100만 원을 구하는 청구 변경을 하지 않는 한, 법원은 원고가 구하는 범위인 50만 원을 지급하라는 판결을 해야 한다.

## 10. 할 말이 있으면 서면으로 하시오

말로는 둘째가라면 서럽다는 박달변 교수. 그가 말 한마디로 그만 소송에 휘말리고 말았다. TV 아침 프로그램에 초청되어 '자연주의 건강법'을 강의하게 되었는데, "인체에는 각종 소화 효소가 생성되어 소화를 돕고 있으므로 소화제를 먹을 필요가 없습니다. 따라서 고기 먹은 후에 아주 좋다는 소화제 '베스트' 광고는 사람을 속이는 사기입니다"라는 대목이 그만 문제가 되고 말았다.

베스트제약은 방송 후 박 교수를 명예 훼손이라는 이유로 즉각 1억 원의 위자료 청구 소송을 냈다. 박 교수는 여기저기 강연이며 TV 출연 등으로 너무 바빠서 그만 답변서를 보내지 못했다.

그 대신 박 교수는 만반의 준비를 갖추어 법정에 나갔다. 피고인 박 교수가 변론을 하려고 입을 열자마자 재판장이 이를 제지하였다.

"할 말이 있으면 서면으로 써 내시오."

이럴 수가 있는가? 법정에서의 재판은 구두로 하는 것을 원칙으로 한다는데, 재판장의 변론 제지는 정당한가?

① 재판장의 변론 제지는 무조건 구술주의의 위반이다.

② 소송 행위는 반드시 문서로만 해야 하므로 정당하다.

③ 재판장은 장황한 변론을 예상하고 이를 제지할 수 있으므로 정당하다.

민사소송의 제기는 2,000만 원 이하의 소액 사건에 한하여 구술로 제기할 수도 있지만, 그 밖의 경우에는 소장이라는 문서(서면)의 제출을 요구하고 있다.

대부분의 재판은 원고의 소장, 피고의 답변서라는 문서의 형식으로 시작되고, 소장과 답변서의 교환이 끝나면 그다음부터는 당사자가 반박을 하거나 하고 싶은 말은 '준비 서면'이라는 형식의 문서를 작성하여 제출한다.

이러한 지나친 문서 재판(서면주의)은 자기의 주장을 문서화할 능력이 없는 당사자에게는 가혹하고, 또 재판은 변론 기일에 구술로도 할 수 있도록 허용하고 있으므로 구술주의와 서면주의가 융통성 있게 적절히 이루어지는 것이 바람직하다.

그러나 사실 관계가 복잡하고 또 그에 따른 법률적 주장과 해석이 복잡한 사건인 경우에는 법정에서 구술로만 하는 것이 효율적이지는 않다. 그래서 이런 경우 법원은 대개 준비 서면이라는 서면의 형식으로 주장하는 바를 기재하여 제출해달라고 요구하는 경우가 보통이다.

### 결론

복잡한 사건에서 재판장이 당사자에게 하고 싶은 주장이나 상대방에 대한 반박을 서면으로 써 낼 것을 요구하는 것은, 정당한 소송 지휘권 또는 석명권의 행사이므로 정당하다.

## 11. 외상은 공짜가 아니다

주태백 씨는 이름 그대로 천하에 둘째가라면 서러운 주당으로, 온 천지 사방에 외상 술값뿐이었다. 그가 지나친 술로 폐인이 되어 회사에서도 쫓겨날 지경이 되었다는 소문을 듣게 된 술집 주인은 잽싸게 외상 술값을 갚으라는 소송을 냈다.

소장에는 "피고(주태백 씨)가 2년 전 망년회 때 원고의 가게에서 회사 직원들 10여 명과 함께 200만 원어치의 술을 외상으로 먹고 갔다"라고 기재되었다. 법정에 나온 피고는 머리만 긁적이며 "외상으로 술을 마신 것은 사실입니다만, 술값이 얼마인지는 모르겠습니다"라고 답변하였다.

자, 외상 술값의 시효는 1년이다. 원고는 결국 시효가 지난 술값을 청구한 셈이다.

이 경우 판사는 어떤 판결을 내릴까?

① 시효가 지난 술값을 청구하였으므로 원고 청구 기각 판결을 한다.

② 피고가 사실을 시인하였으므로 원고 승소 판결을 한다.

③ 피고가 시효가 지난 사실을 주장하지 않고 있으므로 원고 승소 판결을 한다.

'우는 아이 젖 준다'는 말처럼 소송에도 자기에게 유리한 내용의 사항은 당사자가 소장, 답변서, 준비 서면이라는 문서의 형식을 통하여, 그리고 법정에서는 구두로 진술하여야 한다. 이를 '주장 책임'이라고 한다.

변론주의의 원칙이 지배하는 민사소송에서 당사자가 주장하지 않은 사실은 판결의 기초로 삼을 수 없게 된다. 그러므로 소송에서 원고는 그 주장하고 있는 권리 발생의 원인이 되는 사실의 주장을, 피고는 원고의 주장을 배척하여 원고의 청구를 물리칠 수 있는 사실을 주장하여야 한다. 이를 주장하지 않으면 설령 법원이 그 주장 사실을 알았거나 추측할 수 있었다고 하더라도 그 사실은 없는 것이 되어 판단의 불이익을 당하게 된다.

예를 들면 원고가 피고에게 빌린 돈의 반환을 청구하는 사건에서 피고가 이를 갚았다고 하더라도, 피고가 이 변제 사실을 주장, 항변하지 않고 있는 이상, 설령 그 사건의 증인이 피고가 이를 갚았다고 증언한다고 하더라도(그리하여 법원도 갚은 것을 알게 되었다고 하더라도) 법원은 원고의 권리가 소멸되었다고 판단해서는 안 된다. 민사소송이 철저히 변론주의의 주장 책임의 원칙에 입각하고 있기 때문이다.

**결론**

민법 제164조에 의하면 음식점의 식대(이 사례에서는 술값)는 권리자가 1년이라는 기간 내에 행사(청구)하지 않으면 시효가 소멸한다. 피고는 소멸 시효를 주장하여 원고의 청구를 물리칠 수 있지만, 이를 변론에서 주장하지 않은 이상 원고의 승소이다.

## 12. 장인, 장모 욕하는 사위는 나가라

한양지방법원의 명석한 판사에게 골치 아픈 소송 사건이 배당되었다. 원피고는 부부간인데, 아내가 원고, 남편이 피고였다.

원고의 소장에는 "피고가 걸핏하면 원고의 친정 부모에 대하여 욕을 하니 괴로워서 못 살겠다. 정신적 고통을 받고 있으므로 위자료 5,000만 원 지급을 판결해달라"라고 되어 있었다.

한편 피고는 "피고는 원고의 친정을 욕한 사실이 없다"라고 기재한 답변서만을 제출하고 법정에 나오지 않고 있다.

원고가 남편인 피고를 상대로 이혼 소송도 아닌 민사소송을 내고, 피고는 사실을 부인하니, 판사도 난감할 일이다. 판사는 법정에서 어떻게 하여야 하는가? 즉 판사의 조치(의무)는 무엇인가?

① 원피고를 잘 설득하여 화해시킨다.

② 원고에게 소장에서 주장한 사실을 입증하도록 지시한다.

③ 피고에게 원고의 친정 부모를 욕한 사실이 없다는 것을 입증하도록 지시한다.

소송은 유리한 판결을 받기 위한 사실을 당사자가 '주장'하여야 하고('주장 책임'), 나아가 상대방이 그 주장에 대해 부인하는 경우에는 주장한 자가 이를 입증(증명)하여야 한다. 이를 '입증 책임'이라고 한다.

예를 들어 빌려준 돈을 갚으라는 소송이라면 돈을 빌려준 사실에 대해 피고가 부인하거나, 모른다고 할 경우 이를 법관에게 증명할 책임은 원고에게 있다. 피고가 갚았음을 주장하면 갚은 사실에 대한 입증 책임은 피고에게 있다.

또 부동산을 샀는데 등기를 넘겨달라는 소송이라면 부동산의 매수 사실에 대한 입증 책임은 원고에게 있다. 피고가 판 것은 사실이라고 인정하면서도 원고가 매매 대금을 다 주지 못해서 등기를 넘겨줄 수 없다고 주장하거나, 그로 인해서 매매 계약을 해제하였다고 주장한다면 이에 대한 입증 책임은 피고에게 있게 된다.

이처럼 민사소송은 소송 당사자에게 주장할 책임을 지우고, 그에 대한 입증 책임을 다하게 하고 법원의 판단(판결)을 받는 것이라고 할 수 있다. 패소판결(문)에서 "…이를 인정할 증거가 없고…", 또는 "…이를 인정할 증거가 부족하고…"라고 기재되어 있다면 이는 입증을 충분히 하지 못한 것이라고 보아야 한다.

### 결론

이 사례에서 원고는 피고로부터 학대를 받았다고 주장하고, 피고는 이를 부인하는 이상 피고에게 학대를 받았다는 사실에 대한 입증 책임이 있다. 따라서 법원이 원고에게 입증하라고 촉구하는 것은 당연한 조치이다.

## 13. 누가 입증할 것인가

"피고는 밤에 원고의 집으로 찾아와, 원고가 구청에 낸 진정서를 취하하면 피고의 빌딩 공사로 원고가 입은 손해를 물어주기로 약속한 사실이 있습니다."

원고가 이렇게 주장하자, 피고가 다음과 같이 답변했다.

"그렇지 않습니다. 원고는 피고의 공사를 방해하려고 관공서마다 진정을 냈으나, 피고의 공사는 합법적인 것이어서 진정은 모두 기각되었습니다."

재판장이 피고에게 물었다.

"피고가 원고의 자택을 찾아간 일이 있습니까?"

"찾아간 일은 있으나, 근거 없이 자꾸 진정서를 내면 업무 방해죄로 고소하겠다고 통고하려고 갔습니다."

자, 재판의 쟁점은 '피고가 빌딩 공사를 하면서 원고의 주택에 금이 가자 원고에게 그 손해를 배상하겠다고 약정한 사실'이 있는지의 여부이다. 이 사실은 누가 증명하여야 하는가?

① 약정 사실을 주장하는 원고

② 원고의 집을 찾아갔던 사실까지는 인정한 피고

③ 원고는 약정의 존재를, 피고는 약정의 부존재를 각자 입증한다.

④ 법원이 직권으로 소송 사건에서 주장된 사실의 진위 여부를 조사한다.

소송 사건의 재판을 맡은 법원은 당사자 간에 다툼이 있는 사실에 대해서 당사자에게 입증의 책임을 지운다. 그 책임이 있는 당사자가 제출하는 소송 자료나 증거 자료에 대한 조사를 시행하여 실체적 진실을 파악한다.

그러나 소송에서 이용할 수 있는 인식 수단(증거)에 한계가 있는 데다, 인간으로서의 인식 능력에도 한계가 있어 재판의 기초가 되는 사실 관계를 완전하게 해명하거나 파악하기란 어렵다. 그렇다고 해서 법원이 재판을 거부할 수도 없고, 승패의 선언을 회피할 수도 없다.

민사소송법은 우선 당사자에게 입증할 책임을 부여한다. 입증할 책임이 있는 당사자가 이를 충분히 입증하지 못하는 경우에 법원은 그에게 불이익한 판결을 할 수밖에 없다. 무슨 사실을 누가 어떻게 입증해야 하는가의 문제를 '입증 책임의 분배'라고 하는데, 사안마다, 사건마다 그 분배가 이론과 판례로 정립되어 있다. 대체로 소송에서 주요 사실, 중요 사실, 핵심이 되는 사실의 입증 책임은 소를 제기한 원고에게 있다고 보면 된다.

가령 부동산을 샀는데 이전 등기를 해달라는 소송이면 원고는 그 부동산의 매수 사실, 대금을 전액 지급한 사실을 입증해야 한다. 피고는 원고의 청구에 대하여 이를 물리칠 수 있는 사실을 주장할 수 있는데 소송 실무에서는 이를 '항변'이라고 하며 항변 사실의 입증 책임은 피고에게 주어진다.

그 밖에 유리한 판결을 받을 수 있는 사실은 이를 주장하는 자에게 입증 책임이 있다고 보면 된다.

### 결론

이 사례는 공사로 남에게 손해를 입힌 경우 공사업자(이 사례에서는 피고)가 피해자(원고)에게 그 손해를 물어주겠다고 약속했는지 여부가 쟁점이다. 이 약속의 쟁점은 원고에게 입증 책임이 있다.

# 14. 홈런 공에 맞았소!

"원고가 증거를 대지 않으면 변론을 종결하겠습니다."

재판장이 거의 신경질적으로 원고에게 증거를 대라고 재촉하였다.

원고는 화창한 봄날 애인과 함께 야구장에 갔다가, '서울 영웅들' 팀의 4번 타자 박병오 선수가 친 홈런 공에 얼굴을 맞고 부상을 입게 되자 구단을 상대로 손해 배상을 청구했다.

이 사건의 쟁점은 원고의 부상에 대하여 과연 구단에게 손해 배상 책임이 있느냐의 여부이다. 원고는 구단의 과실을 입증할 책임이 있다.

그런데 원고는 소송할 때마다 그저 "피고 구단 소속 박병오 선수가 친 홈런 공에 맞아 부상을 입은 것은 틀림없는 사실이다"라는 주장만 되풀이할 뿐이다.

원고가 재판장의 입증 촉구에 불응하게 되면 어떻게 될까?

① 원고가 부상을 입은 것은 사실이므로 재판장은 직원으로 현장 검증을 하는 등 증거를 조사해야 한다.

② 피고에게 화해할 용의가 있는지 타진해야 한다.

③ 변론을 종결하고 원고 패소 판결을 해도 좋다.

민사소송은 입증하지 못하면 패소한다. 그런데 입증 책임이라는 용어가법률 지식이 없는 당사자에게 상당히 어려운 용어라서 이해하기가 쉽지 않을 뿐만 아니라, 알아들었다고 하더라도 어떻게, 어떤 수단으로 입증해야 하는지 어렵게만 느껴진다.

그래서 민사소송법은 재판 진행의 책임을 맡은 법관에게 소송 지휘권과 석명권을 주어 당사자를 납득시켜 원활한 소송을 이끌게 하고 있다. 입증의 책임이 있는 당사자에게 입증하라고 촉구하는 일도 재판장의 권한이자 의무에 속한다. 이는 법관의 소송 지휘권 행사라고 볼 수 있다.

그런데 재판장이 당사자에게 입증을 촉구하며, 입증할 시간적 여유와 기회까지 부여하였음에도 불구하고 그 당사자가 입증을 못하거나, 게을리하거나, 충분치 않을 경우 재판장은 어떻게 하여야 할까?

그 입증 책임을 지고 있는 당사자에게 불이익한 판결, 즉 패소 판결을 할 수밖에 없다.

**결론**

다른 사람의 고의나 과실로 신체의 부상을 입은 이유로 한 손해 배상 청구 소송에서 타인의 고의나 과실에 대한 입증 책임은 이를 주장하여 소송을 제기한 원고에게 있다. 재판장이 원고에게 이 점에 대해 입증을 촉구하였음에도 불구하고 입증을 하지 않는다면(또한 충분히 시간적 여유와 기회를 주었다면), 변론을 종결하고 원고 패소 판결을 할 수밖에 없다.

## 15. 광어는 왜 죽었을까?

청정 해역 남해안에서 광어를 양식하는 어민들에게 비상이 걸렸다. 화력 발전소가 가동되어 1년여가 지나자, 광어들이 약속이나 한 듯 집단으로 세상 살기를 포기하는 것이 아닌가?

어민들은 피해 보상 비상 대책위를 구성하고 집단으로 소송을 제기하였다. 어민들은 폐사의 원인이 피고 측에서 배출한 유해 물질 때문이라고 주장하였고, 피고 측은 "천만에 말씀, 발전하고 남은 물로 발전소 연못에 잉어를 기르고 있는 것을 보아도 알 수 있지 않습니까?"라고 반박하였다.

사실 발전소가 들어서기 전까지는 이런 일이 전혀 없었다고 부인할 수도 없는 실정이었다. 이 소송에서 "발전소가 가동되자 양식하는 광어가 집단 폐사하였다"의 인과 관계는 누가, 어떻게, 어느 정도까지 증명해야 하는 걸까?

① 원고가 그 인과 관계를 재판관이 확신할 수 있도록 증명한다.

② 피고가 집단 폐사가 발전소 가동과 무관함을 증명한다.

③ 집단 소송인만큼 재판관이 모든 수단을 동원하여 진실을 규명한다.

④ 공해 소송이므로 유해 물질 배출이 광어의 폐사에 이르게 하였을 가능성에 대해서 원고가 증명한다.

소송에서 원고가 패소하는 이유의 대부분은 '입증의 실패' 때문이다. 불법 행위를 주장하여 제기하는 손해 배상 청구 소송에서, 원고는 피고에게 고의 또는 과실이 있었다는 점과 그 고의나 과실을 원인으로 하여 원고에게 피해가 발행하였다는 점을 입증하여야 하는데 이를 '인과 관계의 입증'이라고 한다.

그런데 이 인과 관계의 입증이 참으로 어렵다. 날로 늘어나고 있는 공해 소송, 의료 과오 소송, 제조물 책임 소송에서는 특히 그렇다. 환경에 유해한 물질의 유출로 인하여 피해 배상을 요구하는 공해 소송은 대체로 고도의 자연 과학적이고도 전문적인 지식이 요구되고 이를 조사해줄 공적 기관이 폭넓게 마련되어 있는 것도 아닌 데다, 가해자의 비협력 즉 입증 방해 등으로 인해 원고가 승소할 확률이 턱없이 낮다. 이러한 피해자 측의 입증 곤란을 타개하기 위하여 학설과 판례가 발전시킨 이론이 소위 고도의 개연성설이다.

판례는 1974년 12월 10일 화력 발전소의 가동으로 과일의 산출이 감소한 경우에 "공해로 인한 불법 행위에 있어서의 인과 관계에 관하여 가해 행위와 손해 사이의 인과 관계가 존재하는 상당 정도의 가능성(개연성)이 있다는 입증을 하면 되고 가해자는 이에 대한 반증을 한 경우에만 인과 관계를 부정할 수 있다"라고 판시하였고, 1984년 6월 12일에는 화학 공장의 폐수가 김 양식장을 망친 경우에 "가해 기업이 배출한 어떤 유해한 원인 물질이 도달하여 손해가 발생하였다면 가해 기업이 그 무해함을 입증하지 못하는 한 책임을 면할 수 없다"라고까지 하여 입증 책임을 완화시켜주는 단계로 발전하였다.

### 결론

판례에 따라 전형적인 공해 소송인 이 사례에서, 어민들은 인과 관계에 관하여 개연성 정도만 입증하면 되고, 가해 기업은 배출하는 유해 물질이 해가 되지 않음을 입증하지 못하는 한 손해 배상 책임을 면치 못한다.

## 16. 사랑의 비싼 대가

배비장이 제주 기생 아랑의 미모와 교태에 푹 빠져서 "아파트 한 채를 사주겠다"고 약속하였다. "말로만 하는 것은 믿을 수 없으니 증표로 이를 하나 빼주셔요" 해서 이도 뽑아주었다.

그런데 임기가 만료되어 한양으로 올라온 배비장은 제주 기생 아랑을 까맣게 잊어버렸다. 아랑은 한양지방법원에 배비장을 상대로 "아파트 한 채 대금인 3억 원을 내놓으라"는 소송을 제기하였다.

피고로서는 원고의 주장을 부인하여도 그만이었다. 그러나 원고에게 뽑아준 이가 마음에 걸려서 재판장 앞에서 "약속한 것은 사실입니다"라고 시인하였다.

재판장은 어떻게 판결해야 하는가?

① 피고가 사실을 시인하였으므로, 원고 승소 판결을 내린다.

② 사실에 대한 입증 책임은 원고에게 있으므로, 원고가 제출하는 증거를 보고 판결한다.

③ 원고와 피고를 화해시킨다.

원고가 소장에서 주장하는 사실에 대하여 피고로서는 대체로 다음의 네 가지의 대응을 할 수 있다. 원고가 모 년 모 일에 피고에게 돈 1,000만 원을 대여하였고 갚을 때가 지났으니 변제하라는 청구를 예로 들어보자.

첫째는, 원고의 주장 사실을 전부 또는 일부에 대하여 부인하는 것이다. 차용 사실이 없다는 것은 '전부 부인'에 해당하고, 차용은 하였으나 1,000만 원이 아니라 100만 원을 차용하였을 뿐이라는 주장은 '일부 부인'에 해당한다. 모른다는 주장도 부인에 속한다. 이처럼 피고가 원고의 주장을 부인하게 되면 증명 책임은 원고에게 있게 된다.

둘째는, 원고의 주장 사실은 인정하되 원고에게는 피고에게 차용금을 변제하라고 주장할 근거가 없다고 주장하는 것이다. 가령 그 1,000만 원은 이미 변제하였다고 주장하는 것이다. 이를 '항변'이라고 한다. 항변 사실에 대한 입증 책임은 피고에게 있다.

셋째는, 원고의 주장 사실을 인정하는 것이다. 이를 '자백(自白)'이라고 한다. 피고가 원고의 주장 사실을 인정하면 원고는 입증 책임이 없게 된다.

넷째는, 원고의 주장 사실에 대하여 명시적으로 부인도, 인정도 하지 않는 것이다. 일종의 침묵이다. 이렇게 되면 입증 책임은 원고에게 있지만, 피고도 소 제기 이후 상당 기간 동안 자기에게 유리한 사실을 명백히 주장하지 않으면, 자백한 것으로 간주되는 경우가 있다.

### 결론

아파트 한 채를 증여하겠다고 약속하였다는 원고의 주장 사실에 대하여 피고가 이를 시인하였으므로 이는 자백에 해당한다. 원고는 그 주장 사실을 입증할 책임이 없다. 이대로 재판이 종결되면 원고 승소 판결이다.

## 17. 아무 말 안 하면 장땡?

왕봉이 타던 차를 친구인 허세달에게 팔고 신차를 한 대 뽑았다. 물론 판 차에 대해서는 허세달에게 자동차 명의 이전에 필요한 검사증과 인감증명서를 주었다.

그런데 몇 달 후 최대세라는 사람으로부터 소장을 받게 되었다. 소장에는 "피고(왕봉) 명의 차를 허세달이라는 사람이 운전하다가 횡단보도를 건너는 원고(최대세)를 치었으니, 치료비 1,000만 원을 물어내라"는 내용이 있었다.

그리고 소장 뒤에는, 할 말이 있으면 문서로 원고의 주장에 대해 조목조목 반박하는 답변서를 30일 이내에 제출하라는 법원의 응소 안내문이 첨부되어 있었다.

왕봉은 제법 유식한 척하면서 "자동차를 팔고 명의 이전 서류도 넘겨주었으니 나는 책임이 없다"라고 판단하고, 답변서도 내지 않고 재판 기일에도 나가지 않았다. 재판장은 이런 경우에 어떤 조치를 취해야 하는가?

① 원고 주장대로 원고 승소 판결을 내린다.

② 원고에게 소장에서 주장한 사실을 입증하도록 한다.

③ 피고에게 소환장을 보낸다.

④ 피고에게 소송에 응하라는 안내문을 다시 발송한다.

소송이 제기되면 법원은 반드시 그 소장을 피고에게 보내도록 되어 있으며(송달), 동시에 원고가 소장에서 주장하는 사항에 대하여 피고가 반박하고자 한다면 답변서를 일정 기한 내에 작성, 제출할 것을 요구한다.

이렇게 피고가 적법한 송달을 받고도 답변서를 써내지 않거나 변론 기일에 법정에 출석도 하지 않을 경우, 그 소송은 어떻게 처리될까?

답은 원고 승소이다.

이처럼 당사자 일방(주로 피고)이 답변서나 준비 서면을 제출하지도 않고, 변론 기일에도 출석하지 않아 원고의 주장 사실을 반박하지 않는 경우, 민사소송법은 피고가 원고의 주장 사실을 인정, 즉 자백한 것으로 간주한다(이를 '자백 간주', 또는 '의제 자백'이라고 한다).

자백한 것으로 보는 이상 원고에게 승소 판결을 내리는 것은 당연한 조치이다.

### 결론

피고가 답변서도 제출하지 않고, 재판에도 나가지 않음으로써 원고의 주장과 청구를 자백한 것으로 간주된다. 따라서 판결은 원고 승소이다.

## 18. 치료비와 위자료, 뭐가 다르죠?

'만세공화국'의 대통령 선거가 시작되자 국민들은 정권 교체파와 세대 교체파로 분열되었다.

50대의 이정권 씨는 "정권 교체부터 하고 보자"라고 역설하였고, 20대의 신세대 씨는 "세대 교체만이 살 길이다"라고 강변하였는데, 이정권 씨가 "머리에 피도 안 마른…" 운운하며 모욕을 주자, 신세대 씨가 그만 이정권 씨의 안면 질서를 파괴해버렸다.

이정권 씨는 신세대 씨를 상대로 1,000만 원의 손해 배상 청구 소송을 제기하였다. 최중립 판사가 법정에서 재판을 시작하자마자 원고에게 이렇게 물었다.

"1,000만 원을 위자료로 달라는 겁니까? 치료비로 달라는 겁니까?"

원고는 "재판장님, 자식 같은 사람에게 당하고 보니 창피합니다. 알아서 판결해주시지요"라고 대답하였다.

재판장이 원고에게 위자료냐, 치료비냐를 물은 이유는 무엇인가?

① 소 취하할 의향이 없느냐고 우회적으로 해본 소리이다.

② 원고 승소 판결을 내리기 전에 확실히 하려고 물어본 것이다.

③ 원고의 주장이 명확치 않으므로 재판장의 권리와 의무로 물어본 것이다.

④ 치료비 외에 위자료를 추가로 청구할 생각은 없는지 물어본 것이다.

민사소송은 이를 수행하자면 많은 전문적인 법률 지식(요즘은 판례의 동향까지)과 임기응변으로 대처하는 기술도 필요하다. 이러한 지식과 기술이 부족한 소송 당사자로서는 이길 수 있는 소송도 지는 경우가 적지 않다.

본디 법원에게 명확하게 사실과 권리를 주장하고, 이를 뒷받침하는 증거자료를 제출하는 것은 변론주의 주장, 책임의 원칙, 입증 책임의 원칙에 의하여 당사자의 책임이기는 하지만, 법관은 스포츠 게임에 있어서 단지 심판만 보는 침묵의 현인일 수만은 없다.

이러한 사정 때문에 민사소송의 실제 진행 과정에서는 재판을 주재하는 법관의 개입이 어느 정도 요청되는데, 바로 석명권의 행사가 그것이다.

석명권(釋明權)은 문자 그대로 애매모호한 사실 관계나 법률관계를 명확히 하려고 법관이 행사하는 권한이다. 당사자에게 질문을 하고, 증명을 촉구하고 당사자가 간과하고 있는 법률상의 사항을 지적하여 명확히 하고, 의견 진술이나 입증 기회를 부여하는 등 재판의 공정성을 해치지 않는 범위 내에서 법관이 행사하는 것을 석명권의 행사라고 한다.

법원이 당사자에게 석명을 요구하면 당사자는 이에 응해야만 한다. 반드시 응할 의무가 있는 것은 아니지만, 그래도 불응하는 경우에는 주장, 입증이 없는 것으로 취급되어 불리한 재판을 면치 못하게 된다.

### 결론

이 사례에서 재판장은 원고에게 청구하는 금액이 위자료인지 치료비의 청구인지를 석명하고 있는데, 이는 원고의 청구 원인을 명확히 하려는 것이다.

## 19. 내 건강을 누가 책임진단 말이오

행복시 청정동에 건설된 쓰레기 소각장에서 인체에 치명적인 다이옥신이 기준치보다 100배나 많게 검출되었다는 신문 보도가 있은 뒤, 청정동 사람들이 총궐기하였다.

이들은 '다이옥신 비상 대책 위원회'를 구성하고 행복시 시장을 상대로 소각장 폐쇄를 요구하는 소송을 제기했다. 물론 소각장 건설 후 3년 동안 다이옥신을 마신 것에 대한 위자료도 청구했다. 원고가 법정에서 증거로 제시한 것은 신문 기사뿐이다. 물론 피고 행복시는 "다이옥신 검출양은 기준치 이하이다"라고 주장하면서 원고 청구를 부인하였다.

재판의 쟁점은 다이옥신 검출양이 과연 얼마나 되는지, 그리고 원고가 그 증거를 제시하느냐에 달려 있다. 문제는 시간이 흘러도 원고인 주민들이 이를 입증하지 못하고 있다. 이럴 때 재판부는 원고의 신청이 없더라도 스스로 이에 관한 증거를 조사할 수 있을까?

① 증거 제시는 원고의 책임이므로, 법원이 나설 수 없다.

② 법원이 직권으로 증거를 조사할 수 있다.

③ 공익과 관계된 공해 소송이므로 가능하다.

④ 당사자가 직권 증거 조사를 강력히 요구하는 경우, 당사자의 노력과 법원의 노력으로 증거를 조사해볼 수 있다.

증거의 제출은 당사자의 책임이므로, 법원이 먼저 나서지 않는다.

그러나 이 원칙에도 예외는 있다. 당사자를 대신하는 사항('직권 조사 사항')이 있는데, 가령 경험 법칙, 외국의 법규, 관습법, 관할의 위반 여부, 전속 관할 여부 등은 법원의 직권으로 조사·탐지할 수 있다('직권탐지주의').

그런데 이 사례에서처럼 인과 관계는 당사자가 입증하여야 하는데, 당사자로서는 여간 어려운 것이 아니다. 당사자에게 고도의 자연과학적 지식이 요구되는데, 이것이 현실상 기대하기 어렵고, 이를 조사해줄 공적 기관이 어느 곳인지도 잘 알기 어려우며, 당사자의 빈곤, 가해자의 비협력 내지는 입증 방해 등으로 입증이 쉽지 않다.

학설과 판례는 공해 소송에서 인과 관계의 입증 정도를 고도의 개연성 정도로 완화하고 있으며, 공해 소송에서 입증은 가해자가 배출하는 유해 물질이 인체와 건강에 무해한 것을 입증하는 선까지 발전하고 있지만, 아직 공해 소송에서 법원이 주도적으로 나서서 증거를 수집해야 한다('직권 증거 조사')는 정도에는 이르지 못하고 있는 실정이다.

### 결론

궁여지책으로 ④를 이 사례의 해답으로 본다.

## 20. 국회의원들은 떡을 아주 좋아한다?

재벌 회사들로부터 '떡값'을 받은 국회의원들이 줄줄이 검찰청에 소환되자 국민들은 "정치인들은 다 썩었다"며 개탄의 소리를 높였다.

이런 국민 여론을 반영하듯 온겨레일보는 1면에 "국회의원들은 반 이상이 도둑이다"라는 자극적인 제목의 기사를 보도하였다. 국회의원들이 흥분하여 "사과하지 않으면 법적 대응도 불사하겠다"고 들고 일어나자, 며칠 후 압력에 견디다 못한 온겨레일보가 해명 기사를 냈다.

'국회의원들 반 이하는 도둑이 아님'

청렴하기로 자타가 공인하고 있는 이청렴 의원은 오히려 위와 같은 해명 기사야말로 고도로 악의적인 명예 훼손이라고 단정하고 위자료 청구 소송을 냈다(청구액은 1억 원). 온겨레일보도 이청렴 의원에 대해서는 할 말이 없었다. 그래서 "피고의 보도가 이 의원의 명예를 훼손한 것은 사실이다"라고 법정에서 인정하고 말았다.

피고가 원고의 주장을 인정하는 '자백'을 하였는데, 그렇다면 원고가 청구한 위자료 1억 원에 대해서 법원은 어떤 판결을 내려야 하나?

① 원고가 청구한 대로 1억 원 승소 판결을 내린다.

② 직권으로 원고 청구 범위 이내에서 위자료 인정한다.

③ 국민의 보편적 상식에 기초한 금액만을 인정한다.

법원이 소송에서 실체적 진실을 알아내는 방법은 소송 당사자의 주장과 변론을 기초로 하고 제출 증거를 조사하여 알아보는 것이다. 이러한 목적에 이바지하는 원칙이 변론주의, 처분권주의, 주장 책임, 입증 책임, 증거 재판의 원칙 등이다.

그러나 일정한 사항에 대해서는 당사자의 의무 이행이나 협력을 기다리지 않고 법원이 팔을 걷어붙이고 나서서 조사해야 하는 경우가 있다. 이것을 '직권탐지주의'라고 하며 이 원칙이 적용되는 대상을 '직권 조사 사항'이라고 한다. 예를 들어 그 소송이 자기 법원에 관할권이 있는지 여부, 소송 당사자가 당사자 능력·소송 능력·변론 능력이 있는지의 여부와 소송이 민사소송 대상인지, 행정 소송 등 다른 소송 대상인지의 여부 등은 법원이 직권으로 조사한다.

판례에 의하면 그 소송과 같은 소송이 다른 법원에 제기되어 있는지 여부, 불법 행위를 주장하는 손해 배상 청구 소송에서 원고에게도 과실이 있는지 여부, 소송이 민사법의 대원칙인 신의 성실의 원칙이나 권리 남용에 해당되는지 여부 등은 직권 조사 사항으로 보고 있다.

**결론**

위자료는 정신적 고통에 대한 위로의 성격을 갖고 있으므로, 위자료를 인정할 때에는 당사자의 청구 그대로 따르지 않고 법원이 여러 가지 사정을 종합하여 이 정도가 상당하다고 생각하는 금액의 범위 내에서 정하는 것이 보통이다. 따라서 위자료의 산정과 금액의 결정은 변론주의, 처분권주의에 따르지 않는 직권 조사 사항이라고 할 수 있다. 판례는 오래전인 1956년부터 유지되고 있다.

## 21. 내가 억울한 건 동네 사람이 다 안다

갑순이는 사랑하던 갑돌이가 아닌 다른 남자에게 울면서 시집을 갔다. 신랑은 옆 마을에 사는 오만상이었는데, 시집간 지 사흘 만에 친정으로 쫓겨오고 말았다. 이유인즉슨, 갑순이가 처녀가 아니라는 것이었다.

오만상은 갑순이를 쫓아버리고는 "갑돌이는 참 나쁜 놈이다. 갑순이를 성폭행한 놈이다"라고 떠들어댔다. 이 소문이 순식간에 갑돌이의 동네까지 퍼지자 화가 난 갑돌이는 오만상을 상대로 명예 훼손을 이유로 위자료 3,000만 원의 청구 소송을 했다.

법정에서 갑돌이는 "판사님, 제가 억울한 것은 동네 사람들이 다 압니다"라고 자기 동네 사람들을 몽땅 증인으로 신청하였다. 오만상도 이에 질세라 자기 동네 사람들을 전부 증인으로 신청하였다. 이러다간 소송이 아니라 동네 대항전이 될 판이다.

개인 간의 싸움이 동네 싸움이 될 판인데, 이 경우 재판장은 어떻게 하여야 하는가?

① 전부 받아주어야 한다. 재판은 해봐야 안다.

② 대표로 한 명씩만 채택한다.

③ 재판장이 필요하다고 인정되는 증인만 채택하거나 또는 불필요하다고 판단하여 채택하지 않을 수도 있다.

소송에서 증거의 제출은 당사자의 책임이지만, 그렇다고 당사자가 제출한 증거가 전부 받아들여지는 것은 아니다. 즉 증거는 법원이 채택하여야만 제출한 것이 되고, 사실 인정의 자료로 사용될 수 있다. 따라서 법관은 증거 채택 여부의 권한을 갖고 있다.

법관은 증거 신청 방식이 부적법한 경우, 즉 당사자가 무엇을 증명하려는 것인지 불명하거나, 그 증거 방법 자체가 부적법하거나, 증거가 위법한 방법으로 수집된 증거이거나, 증거 제출 기한을 어겨 늦게 제출한 경우에는 채택하지 않고, 이러한 증거의 조사를 시행하지 않을 수 있다.

또 적법한 증거 신청이라고 하더라도 그 증거 방법이 사실이나 쟁점을 판단하는 데 무가치하거나 무관한 경우, 소송의 결과에 영향이 없는 사실이거나, 주장 자체로 이유 없는 사실을 입증하려고 증거를 신청한 경우에도 이를 채택하지 않고 증거의 조사를 하지 않을 수 있다.

이에 대한 예외는 증거가 당사자가 주장하는 주요 사실에 대한 유일한 증거 방법에 해당하는 경우이며, 이때에는 그 증거를 조사해야 한다.

### 결론

소송에서 주장되는 사실을 원고나 피고가 사는 동네 사람이 다 안다고 해서 원고, 피고의 증인 신청을 다 받아주어야 하는 것은 아니다. 법관은 증인의 증언을 들어볼 필요가 있는 경우에만 그 증인 신청을 채택한다.

## 22. 나는 모르는 일입니다

"원고는 증거를 대세요."

재판장이 원고에게 증거 제출을 요구하자 원고는 기다렸다는 듯이 "예, 여기 있습니다. 차용증입니다" 하고 증거를 내밀었다.

빌려준 돈을 갚으라는 대여금 청구 소송을 낸 원고 나부자 여사가 피고 배재라 여사의 자필 서명 날인이 된 차용증을 제시하자 재판장은 "피고, 이 차용증이 피고가 작성, 날인한 것이 맞습니까?" 하고 물었다.

피고는 시치미를 떼고 "모르는 문서입니다"라고 대답하였다.

원고는 기가 막혔다.

"아니, 당신이 도장까지 찍은 문서를 모른다고요?"

"허허, 글쎄 그런 기억이 없는데요."

증거재판주의 제도 아래에서 증거를 댈 책임은 원고에게 있다. 원고가 제시한 증거에 대해서 피고는 어떻게 해야 하는가?

① 자기가 작성, 날인한 문서가 증거로 제출될 때에는 이를 인정할 의무가 있다.

② 부인할 경우에 불이익을 당할 수 있으므로 인정해야 한다.

③ "인정한다. 부인한다. 모르겠다. 위조·변조된 것이다" 중에서 자유롭게 선택하여 답변할 수 있다.

오늘날 민사소송에서 가장 유력한 입증의 수단은 문서(서증)이다. 원고는 이 서증을 소장 제출 시에, 피고는 답변서 제출 시에 첨부하여 제출할 수도 있고, 변론 기일에 법정에서 제출할 수도 있다(서증은 반드시 법원에 한 통을 제출하고, 상대방에게도 한 통을 교부한다).

제출된 서증에 대해서는 법원이 상대방에게, 즉 원고가 제출한 서증은 피고에 대해, 피고가 제출한 서증은 원고에 대해 제시하고 그 서증이 올바르게 성립된 것인지를 확인한다.

이 절차를 '증거의 인부(認否)'라고 한다. 이 절차에서 쌍방은 상대방이 제출한 서증에 대하여 서로 "인정한다. 부인한다. 모르는 문서이다. 위조 또는 변조된 것이다"라고 말할 수 있다. 상대방이 서증을 인정한다고 진술하면 제출자는 그 문서가 진정하게 성립(작성)된 것을 다른 수단으로 입증할 필요가 없고, 만일 상대방이 부인 또는 모르겠다고 하면 다른 수단으로 그 문서가 진정하게 성립된 것을 입증하여야 한다. 또 위조·변조된 것이라고 진술하면('증거의 항변'), 그 진술자가 위조·변조를 다른 수단으로 입증할 책임을 지게 된다.

2002년 민사소송법이 개정·시행되기 전까지 소송에서 증거 인부 절차는 대단히 중요한 소송 행위였으나, 현재는 특별히 증거 항변을 하지 않는 이상 증거 인부 절차를 거치지 않고 접수되는 경향을 보이고 있다.

**결론**

소송에서는 소송 기술상 자기가 작성(서명 날인)한 문서가 서증으로 제출되더라도 "인정한다. 부인한다. 모르겠다. 위조·변조된 것이다" 중에서 자유롭게 선택하여 진술할 수 있다.

## 23. 누가 썼는지 난들 어떻게 아오?

"그렇다면 도대체 이 각서는 누가 썼다는 말입니까?"

원고가 고함치듯 소리쳤다. 벤처 사업을 시작한 피고에게 1억 원을 투자하였으나 사업이 부진해지자 피고는 원고에게 1억 원을 반환하겠다는 각서를 써주었고, 원고가 이에 근거하여 소송을 내자 피고는 각서를 본 일도 없다고 오리발을 내밀고 있다.

물론 피고는 원고의 고함에 대하여 "아, 그걸 난들 어떻게 압니까?"라고 시치미를 딱 떼는데, 원고가 가만 생각해보니 목소리 크다고 소송에서 이기는 것은 아니다. "각서를 피고가 썼다"는 사실은 피고가 이를 부인하는 이상 원고가 입증하여야 한다.

이럴 때 원고는 어떻게 해야 할까?

① 각서를 쓰는 것을 목격한 사람을 증인으로 세워 입증한다.

② 각서와 똑같은 피고의 필적을 입수하여 법관에게 제시한다.

③ 각서에 찍혀 있는 피고의 도장 모습, 형태(인영)가 피고가 사용하는 인장이라는 점만 입증하면 된다.

소송 당사자가 문서를 증거로 제출할 때, 그 문서는 사문서(私文書)와 공문서(公文書)로 구분된다. 공무원이 그 직무 권한 내의 사항에 대하여 직무상 작성한 문서가 공문서이고, 공증인이 작성한 문서는 따로 공정 증서라고 한다. 공문서 이외의 문서가 사문서이다(개인 간의 계약서, 각서, 합의서 등이 대표적인 사문서이다).

공문서는 그것이 위조, 변조의 가능성이 아주 낮으므로 소송에서 강력한 증거력, 증거 능력이 있다. 이에 비하여 사문서는 공문서와 같은 강한 증거력이나 증거 능력이 없거나 낮다.

그래서 당사자가 사문서를 증거로 제출하는 경우에는 그 문서가 작성한 자의 진정한 의사에 의하여 진정하게 성립된 것(진정 성립)인지 증명되어야 재판의 증거가 될 수 있다(형식적 증거력).

사문서가 제출된 경우에 법관은 우선 그 사문서의 진정 성립을 조사하여야 하는데 그것을 상대방 당사자에게 제시하여 진정한 문서임을 인정하는지 여부를 묻는 것이 그 조사라고 할 수 있다.

이때 상대방은 그 진정 성립을 "인정한다, 인정하지 않는다, 모르겠다, 침묵" 등의 선택을 하게 된다. 상대방이 부인, 부지, 침묵을 선택하면 제출자는 그 사문서가 진정하게 성립된 것임을 입증해야 한다.

### 결론

이 사례에서 피고가 작성한 각서를 제시하였으나 피고가 이를 모른다고 답변한 경우에, 원고가 그 각서의 진정 성립을 입증할 방법은 증인을 세우는 것, 그 각서와 동일 한 필적의 다른 문서를 제출하는 것, 각서에 찍힌 피고의 도장이 다른 문서에 찍힌 피고의 도장과 동일하다는 것에 대한 감정 신청 등 다양하나, 우선은 문서 작성 당시 목격한 사람이 있으면 이 사람을 증인으로 세우는 것이 가장 간단하므로 이를 해답으로 한다.

## 24. 4·19혁명이 일어난 해는?

우리 민법은 20년 이상 부동산을 점유하게 되면 '취득 시효'가 완성되었다고 하여 점유자에게 소유권을 인정하고 있다(취득 시효 제도).

계약서도 쓰지 않고 땅을 산 최 노인이 "땅을 사서 40년간 경작을 하면서 점유했으니 소유권 이전 등기를 해달라"는 소송을 제기하였다. 피고는 물론 원고의 주장 사실을 부인하고 있다.

"원고가 이 땅을 경작하기 시작한 때가 언제인가요?"

"네, 하도 오래돼서 기억은 잘 안 나지만, 학생들이 이승만 대통령을 물러나라고 데모하던 해일 겁니다."

자, 원고는 4·19 혁명이 일어난 해를 입증해야 할까?

(참고로 담당 판사는 4·19 혁명 이후에 태어난 젊은 판사다.)

① 원고가 입증할 책임이 있다.

② 이런 정도의 사실은 원고가 입증할 필요도 없다.

③ 공신력 있는 국사편찬위원회에 4·19 혁명이 일어난 해에 대해 사실 조회를 한다.

민사 재판에서 증거를 제출하여야 하는 책임은 당사자에게 있다. 이러한 책임을 천명하고 있는 민사소송법상의 원리나 원칙이 바로 변론주의, 증거 제출 책임, 입증 책임의 원칙이라고 할 수 있다.

그러나 당사자가 소송에서 주장하고 있는 사실 모두를 입증하는 것은 아니다. '입증할 필요가 없는 사실'은 예외이다. 어떤 주요 사실을 주장하였는데 상대방이 이를 다투지 않거나 인정하는 경우이다. 빌린 돈을 갚으라는 주장을 하는 소송에서 피고가 돈을 빌린 사실을 인정하거나(자백), 다투지 않는 경우에 원고는 빌려준 사실을 증명할 필요가 없다. 이를 '다투지 않는 사실'이라고 하며 법원은 이 사실을 증거가 없어도 인정하여야 한다.

또한 법관도 명백하게 알고 있다고 여겨지는 사실에 대해서는 이를 굳이 증거에 의하여 인정할 필요가 없다. 법관도 알고 있을 정도로 널리 알려진 사실은 객관성이 보장되는 사실이다. 이를 '현저한 사실'이라고 하는데, 두 가지의 경우가 그것이다. 하나는 통상의 지식과 경험을 가진 일반인이 믿어 의심하지 않을 정도로 알려진 사실인데 이를 '공지(公知)의 사실'이라고 한다. 역사적으로 유명한 사건, 천재지변, 전쟁 등이 이에 해당한다. 또 하나는 법관이 그 직무상의 경험으로 명백히 알고 있는 사실로서 기록 등을 조사하면 곧바로 그 내용을 알 수 있는 사실이다. 이를 '법원에 현저한 사실'이라고 한다. 법관이 스스로 행한 판결이 그 실례이다.

당사자가 인정(자백)한 사실, 당사자 간에 서로 다툼이 없는 사실, 공지의 사실, 법원에 현저한 사실은 당사자가 굳이 증명할 필요가 없다.

**결론**

4·19 혁명이 1960년에 발발하였다는 사실은 공지된 사실이며, 현저한 사실에 속하여 입증할 필요가 없다(다만 이 사례에서 원고는 그 토지를 매수한 사실, '점유(경작)' 해오고 있다는 사실은 입증해야 한다).

## 25. 짬밥을 먹었냐 안 먹었냐, 이것이 문제로다

3선 고지에 도전하였던 김미필 의원이 그만 아깝게 낙선하고 말았다. 김 의원은 그 원인이 '병사연(병역 사랑, 나라 사랑 시민 연대)'의 "병역 미필자는 뽑아서는 안 된다"는 캠페인 때문이라고 생각하고, 10억 원의 손해 배상을 청구하였다.

그는 "입대를 위해 육군훈련소에 입소하였으나, 입영 신체검사에서 발견된 총기 공포증으로 불합격 처리되어 못 간 것이지, 일부러 안 간 것은 아니다"라고 주장하였다. 피고는 "말도 안 되는 소리, 총이 무섭다고 입대를 면제하는 법은 없다"라고 강력히 항변하였다.

재판장이 원고에게 "못 갔든지, 안 갔든지 어쨌든 군대 밥은 못(안) 드신 것은 사실이 아닙니까?"라고 물었다.

원고는 그 사실은 인정할 수밖에 없었다. 자, 그렇다면 이 경우 재판장은 소송의 쟁점이 된 군 입대 사실 유무를 어떻게 처리할까?

① 피고에게, 원고가 병역 의무를 이행하지 않은 사실에 대해 입증하도록 요구하여 그 증거로 사실을 확정한다.

② 원고에게, 병역 의무를 이행한 사실에 대해 입증하도록 한다.

③ 원고가 병역 의무를 이행하지 않은 사실은 원고와 피고가 다투지 않으므로 이 부분은 증거 없이 인정해도 된다.

소송에서 원고, 피고는 승소 판결을 이끌어내기 위해서 사실을 주장하고 그 사실에 대해 증명해야 한다. 그런데 굳이 입증을 하지 않아도 되는 경우가 있다. 즉 당사자 간에 서로 '다투지 않는 사실'이 그것이다.

당사자들이 다투지 않는 사실에 대해서 입증을 하도록 요구하는 것은 무익하다. '당사자 간에 다툼이 없는 사실'로 인정되기 위해서는 다음과 같은 조건의 충족이 필요하다. 하나는, 당사자가 '자백'하는 사실이다(소송법은 자백이라고 표현하고 있으나 엄밀한 의미에서는 인정 또는 자인하는 것을 말한다).

자백의 대상은 구체적인 사실을 대상으로 하며 상대방의 법률상 의견이나 진술에 대한 일치의 진술은 자백이 아니다. 예를 들면 원고가 매매 대금을 전부 지급하였다고 주장하는 사안에서 피고가 이를 전부 수령했다는 진술은 자백이지만, 그래서 원고가 소유권 이전 등기 청구권을 갖게 되었다는 피고의 진술은 자백이 아니다. 또 자백은 변론 기일이나 변론 준비 기일에 행해져야 자백이 되고, 소송 외에서 사실을 인정하는 것은 자백이 아니다.

일단 재판상의 자백이 성립되면 그 자백으로 이익을 보는 당사자는 그 사실의 내용을 증명할 책임이 면제되고, 법원은 자백한 사실을 판결의 기초로 하지 않으면 안 된다. 또 하나는, 상대방의 주장 사실을 자진하여 명백히 자백한 것은 아니어도 이를 명백히 다투지 않거나, 당사자 일방이 답변서나 준비 서면 등으로 다툴 뜻을 표하지 않고, 기일에도 불출석하는 경우이다. 이를 '자백의 간주'라고 하며, 효과는 재판상 자백의 경우와 같다.

### 결론

원고가 병역 의무를 이행하지 않은 사실을 인정하면 이는 재판상 자백한 것으로 본다(이 사례에서 피고는 원고의 병역 의무 불이행 사실을 입증할 필요가 없고, 원고는 이기려면 자기가 병역 의무를 이행하지 않은 것에 대한 정당한 사유를 입증해야 한다).

# 26. 원고, 증인 신문하시오

인터넷 신문인 데이패치의 나특종 기자는 유명 연예인들의 사생활을 폭로하는 근거 없는 기사를 자주 써서 연예계에서 악명이 높았다.

그가 어느 날 '차은표, 신해라 부부 파경 임박'이라는 기사를 쓰자 연예계의 분노는 폭발했다. 차은표 부부는 연예계의 전폭적 지원을 받아 나 기자를 명예 훼손으로 형사 고소하며, 데이패치의 뉴스 배포 금지 가처분과 위자료 10억 원의 손해 배상 청구 소송을 제기하였다.

소송이 제기되자 동료 연예인들이 너도나도 증인을 자청하고 나섰다. 차은표 씨는 사건의 상징성 때문에 변호사도 선임하지 않고 직접 소송을 수행하였는데, 증인 최수정 씨가 나오자 재판장이 점잖게, 그리고 짤막하게 "원고는 증인 신문하세요"라고 말하였다.

자, 그렇다면 도대체 증인 신문은 어떻게 해야 하는 것일까?

① 증인을 신청한 당사자가 먼저 증인에게 묻고, 마치면 반대 당사자가 묻는 식으로 교대하여 묻는다.

② 재판장이 먼저 묻고, 그다음에 당사자가 교대로 묻는다.

③ 증인이 사건 내용을 먼저 설명하고, 당사자가 보충하여 묻는다.

④ 재판장이 원고, 피고에게 증인 신문의 방식, 순서, 요령을 교육시킨 후 신문한다.

변호사를 선임하지 않고 소송 사건이 진행될 경우, 즉 당사자들이 직접 소송을 수행하는 경우, 채택된 증인이 법정에 출석하여 선서를 마치고 증인석에 앉으면 재판장은 증인을 신청한 당사자에게 먼저 증인을 신문할 것을 요청한다.

그렇다면 증인은 도대체 '어떻게', '신문'하는 것일까? 신문은 증인에게 질문하고 증인이 이에 대해 답변하는 것이지만 어떻게 해야 요령 있게, 그리고 증언을 신청한 당사자가 원하는 대답을 이끌어낼 수 있을 것이며, 당사자 간에 증인을 신문하는 순서는 또 어떻게 되어 있는가?

우선은 신청한 당사자가 먼저 묻는다. 이에 의하여 묻고 답하는 것을 '주신문(主訊問)'이라고 한다. 신청한 당사자가 원고이면 원고가 먼저 주신문을 한다. 주신문이 끝나면 반대 당사자가 신문하게 된다. 이것을 '반대 신문(反對訊問)'이라고 한다. 반대 신문은 주신문에서 유리하게 답변된 것에 대하여 그 진실성을 탄핵하는 것이 된다. 반대 신문이 끝나면 신청 당사자가 재주신문을, 반대 당사자가 재반대 신문을 할 수 있다.

재판장도 증인을 신문할 수 있는데, 원칙적으로는 주신문과 반대 신문이 끝난 뒤에 하는 것이 보통이지만(이를 '보충 신문'이라고 한다), 필요하다고 인정할 때에는 당사자의 신문 도중이라도 스스로 개입하여 할 수 있다.

이 과정은 전부 녹음되고, 또 나중에 '증인 신문 조서'라고 하여 모든 질문과 답변이 문서화된다.

**결론**

출석한 증인에 대한 신문은 신청한 당사자가 먼저 신문하고, 다음 반대 당사자가 묻는 순서로 한다. 즉 주신문 → 반대 신문(→ 재주신문 → 재반대 신문)의 형식으로 진행된다.

## 27. 고개 숙인 남자여, 내게로 오라

"고개 숙인 남자들이여, 다 내게로 오라. 너희를 행복하게 해주리라."

비뇨기과 전문의인 강한남 씨가 '강한 남자 클리닉'을 개업하자 그의 병원은 문전성시를 이루었다. 허약남 씨도 그의 단골 고객 중 한 명이 되었다.

그런데 어느 날 강한남 씨에게 법원으로부터 증인 소환장이 도착했다. 알아본 즉 허약남 씨 부인이 이혼 소송을 걸었는데, 사유가 남편이 고개 숙인 남자라는 이유였다. 남편 허약남이 강한남의 병원에 치료를 받으러 다닌 것이 바로 고개 숙인 남자라는 증거가 아니겠느냐면서 강 씨를 증인으로 신청하였다.

강 씨의 입장이 난처한 것은 두말할 필요도 없다. 법원의 소환에 강 씨는 어떻게 대응해야 하는가?

① 출석하여 증언할 의무가 있다.

② 증인의 동의를 얻지 않고 이루어진 증인 채택은 무효이므로, 출석 및 증언을 거부할 권리가 있다.

③ 출석 의무는 있으나, 의사인 경우에는 증언을 거부할 수 있다.

④ 환자의 비밀을 준수해야 하므로 출석과 증언을 거부해야 한다.

민사소송은 물론이고, 모든 재판(형사 재판, 행정 재판, 가사 재판 등)에서 실체적인 진실의 파악을 위해 목격자, 관여자 등의 증언을 듣는 것은 필수적이다. 민사소송법은 "법원은 특별한 규정이 없는 한 누구든지 증인으로 (소환하여) 신문할 수 있다"라고 규정하고 있다(제303조). 따라서 법원에 의해 증인으로 채택되어 소환되면 출석과 증언할 의무가 있다. 증인이 정당한 사유 없이 출석하지 않으면 구인될 수도 있다.

그런데 증인이 진실만을 증언한다는 보장도 없다. 그래서 민사소송법에서는 증인에게 진실만을 말할 것을 선서하게 한다.

그러나 예외도 있다. 즉 증인으로 소환되어도 증언을 거부할 수 있는 경우가 그것이다. 이를 '증언 거부권'이라고 한다. 민사소송에서 증인으로 소환되어도 증언을 거부할 수 있는 경우는 크게 다음의 두 가지이다.

하나는 가족 관계나 친족 관계의 특수한 사정을 배려한 경우, 즉 증언을 하게 되면 그 증인의 친족이나 그 관계에 있었던 자, 증인의 후견인 또는 증인의 후견을 받는 자가 공소 제기되거나 유죄 판결을 받을 염려가 있거나 그들에게 치욕이 될 사항에 관한 것일 경우에는 증언을 거부할 수 있다.

또 하나는 변호사, 변리사, 공증인, 공인회계사, 세무사, 의료인, 약사 그 밖에 법령에 따라 '비밀을 지킬 의무가 있는 직책'에 있거나 '종교의 직책'에 있는 사람이 '직무상 비밀에 속하는 사항'에 대하여 신문을 받을 때이다. 증언을 거부하려면 증언을 거부할 수 있는 사유를 먼저 밝혀야 한다.

**결론**

의사는 의료인으로서 자기의 고객에 대한 비밀을 엄수할 직무상의 의무가 있고, 이에 관한 사항에 대해서는 증언을 거부할 수 있다. 그렇지만 증언 거부권이 있어도 출석 의무까지 면제되는 것은 아니다.

## 28. 정말 이렇게까지는 하고 싶지 않다고요

오만나 씨가 청렴하기로 소문난 검사 최동욱 씨를 상대로 부양료 청구 소송을 냈다. 오만나 씨는 "원고(오만나)는 피고(최동욱)와 동침하여 아들을 낳았는데, 피고가 출산 이후 10여 년이 지난 지금까지 단 한 푼의 양육비도 지급하지 않았다"고 주장하였다.

피고는 법정에서, "나랏일을 하는 사람으로서 한 번도 부적절한 관계를 가진 일이 없다"라고 원고의 청구를 부인하였다.

재판의 쟁점은 당연히 오 씨의 아들이 원·피고의 친생자인가의 여부에 모아졌다. 혈액형 검사, 유전자 검사로 간단히 가려낼 수 있겠지만, 피고의 동의를 얻어야 하므로 이마저도 쉽지 않다. 그래서 원고는 증인도 청구해봤지만 재판장은 여전히 긴가민가하는 눈치이다.

원고가 마지막 수단을 사용하기로 하였다. 즉 피고를 증언대에 세워 신문하는 것이다. 그날 밤에 있었던 일을 리얼하게 묘사하고자 하는 것이다. 원고의 생각은 민사소송법상 가능한 일인가?

① 가능하다. 피고도 증인이 될 수 있다.

② 불가능하다. 증인은 원·피고 당사자 이외의 제3자여야 한다.

③ 가능하다. 피고를 당사자로서 신문할 수도 있다.

④ 불가능하다. 피고를 인격적으로 모독할 우려가 있다.

분쟁에 대해서는 그 분쟁 당사자인 원고나 피고 쌍방이 경험자로서 가장 그 내용을 잘 안다고 할 수 있다. 그렇다면 원고나 피고가 서로 상대방을 증인으로 세워 신문을 하고 그 신문 내용을 증거로 쓸 수는 없을까?

있다. 민사소송법이 당사자 본인에 대한 신문을 증거 방법의 하나로 허용하고 있기 때문이다. 이처럼 당사자 본인을 증거 방법으로 하여 그가 경험한 사실을 신문을 통해 답변케 함으로써 증거 자료를 얻는 증거 조사를 '당사자 본인 신문'이라고 한다.

그리고 개정 민사소송법은 당사자 본인 신문을 다른 증거를 보충할 '보충적' 증거 방법이 아니라 '독립된' 증거 방법임을 인정하고 있다. 당사자 본인에 대한 신문은 법원이 직권으로 시행할 수도 있고 당사자가 신청해 법원의 채택하에 시행할 수도 있다.

대리인에 의하여 소송을 하는 경우에 대리인은 자기 의뢰인인 당사자에 대해서도 당사자 본인 신문을 신청할 수 있고, 반대 당사자에 대한 신문 신청도 할 수 있다. 당사자 소송인 경우에 자기 자신을 신문할 수는 없으므로 주로 상대방에 대해 당사자 본인 신문을 시행하는 것이 보통이다.

그런데 과거 법제의 유습이 남아 있어서 그런지 소송 실무에서는 당사자 본인 신문의 채택을 법원이 주저하는 것이 보통이고, 시행되더라도 그 신문 내용을 주요 사실에 대해 증거 자료로 삼는 것은 피하는 경향이 있다.

**결론**

개정 민사소송법에서 당사자 본인 신문을 증거 조사 방법의 하나로 인정하고 있는 이상 원고는 피고를 당사자로서 신문을 요청할 수 있다(채택 여부는 법관의 재량이다).

## 29. 뜻이 있는 곳에 정말 길이 있다?

황당한 씨는 입사 경력 25년에 빛나는(?) S물산의 만년 과장이다. 불경기가 닥치자 회사는 입사 20년 이상 되는 사원의 일괄 사표를 요구했다. 황당한 씨가 현대판 살생부라고 주장하면서 거부하자, 회사는 황 과장을 "무능하고, 근무 성적이 불량하다"는 이유로 징계 해고했다.

황당한 씨는 즉각 회사를 상대로 해고 무효 확인 소송을 제기하였다. 원고는 "자신에 대한 해고 사유가 부당하고, 오히려 원고가 입사 이후 수많은 표창을 받은 사실이 있다"고 주장하였다. 이 사실을 입증할 수 있는 유력한 증거는 바로 회사가 보관하고 있는 인사 기록부였다.

그런데 일단 해고되어 회사에서 쫓겨난 원고가 이 인사 기록부를 입수할 수 있는 길은 원천 봉쇄된 상태이다. 황 씨가 인사 기록부를 제출할 수 있는 방법이 없을까?

① 없다. 타인이 보관 중인 문서를 소송했다고 해서 요구할 수는 없다.

② 피고에게 복사해달라고 요구한다.

③ 법원에 '피고가 보관 중인 인사 기록부'를 제출하라는 명령을 발할 것을 신청한다.

④ 원고가 재주껏 입수한다.

현대의 민사소송에서 증거는 증인의 증언보다 문서인 서증(書證)이 더 선호된다. 그런데 소송의 당사자가 모두 승소할 수 있는 서증을 갖고 있는 것은 아니다. 분실할 수도 있고, 또 그 서증은 원고가 아닌 피고가 소유·보관할 수도 있기 때문이다. 이처럼 자기에게 유리하거나 유리하게 작용할 수도 있는 서증을 상대방이 갖고 있거나 제3자가 갖고 있는 경우에 이를 입수하여 법원에 제출할 수는 없는가?

있다. 상대방이나 제3자에게 그 문서를 법원에 제출해줄 것을 요구하는 명령을 신청하는 방법(이를 '문서 제출 명령의 신청'이라고 한다)이 있다. 그런데 상대방이나 제3자가 이 명령을 받고 법원에 제출하면 다행이지만, 그 문서를 소유·보관하고 있는데도 제출하지 않는다면 어떻게 될까?

이때는 법원이 그 문서의 기재된 주장을 진실한 것으로 인정할 수 있다. 다만 주의를 요하는 것은 법원이 그 문서의 기재(성질, 성립 및 내용)에 관한 주장을 진실한 것으로 인정할 수 있다는 것이지, 그 문서에 의하여 입증하고자 하는 사실 자체를 진실한 것으로 인정할 수 있다는 의미는 아니다.

예를 들면 원고가 매매 계약서를 분실한 탓에 상대방이 소지하고 있는 매매 계약서에 대한 제출 명령을 신청하고 법원이 제출 명령을 하였으나 상대방이 이를 제출하지 않은 경우, 법원은 원고가 주장하는 바와 같은 매매 계약 내용을 기재한 계약서가 있다는 것을 인정할 수 있을 뿐, 원고가 입증해야 할 사실인 매매 계약의 체결 사실까지 인정할 수는 없다.

**결론**

이 사례에서 원고는 피고가 보관 중인 인사 기록부라는 문서를 법정에 제출하여달라는 문서 제출 명령 신청을 하여, 그 문서를 제출받을 수 있다(명령을 받은 상대방은 법원에 제출하면 되고, 원고에게 제출하는 것은 아니다).

## 30. 광고는 모두 진실이다, 거짓이다

"이 창으로 말씀드릴 것 같으면, 이 세상의 어떠한 방패도 뚫을 수 있는 강력한 창입니다."

이 말에 넘어가 어떤 사나이가 창을 샀다.

그 이튿날 장터에서 어제의 그 장사꾼은 다시 "이 방패로 말씀드릴 것 같으면, 이 세상의 어떠한 창도 막아낼 수 있는 강력한 방패입니다"라고 선전하고 있었다.

사나이는 즉시 속은 것을 알고 그 장사꾼을 상대로 손해 배상을 청구하였다. 피고는 "원래 장사꾼의 선전에는 조금씩 허풍이 있는 것 아닙니까? 원고가 사간 창은 조금도 하자가 없습니다"라고 답변하였다.

재판의 쟁점은, 그 창의 성능 여부였다. 재판장은 어떻게 그 창의 성능을 알아볼 수 있을까?

① 우선은 재판장 눈으로 확인하는 검증을 해보고, 그래도 알 수 없는 경우에는 전문가에게 감정을 의뢰한다.

② 원·피고가 대는 증거를 종합해서 판단한다.

③ 직접 창이 방패를 뚫을 수 있는지를 시험해보고, 그 체험으로 판단한다.

④ 포스코에 창의 성능 검사를 의뢰한다.

당사자가 증거를 제출하면, 그 증거에 대한 판단은 법관이 한다. 법관은 지능, 오관, 판단력 등을 총동원하여 증거를 판단하지만, 법관도 신이 아닌 인간이고, 법정에서 모든 증거를 완벽하게 충분히 판단할 수 있는 것은 아니다. 그래서 경우에 따라서는 현장을 직접 눈으로 봐야 판단할 수 있고(현장 검증), 가령 문서의 경우 위조, 변조되었다는 항변이 제기되면 그 문서의 지질, 필적, 도장이 찍힌 형태 등을 파악하기 위해 전문가에게 감정을 의뢰해 이를 기초로 판단의 자료로 삼게 된다.

이처럼 법관이 당사자가 법정에서 제시한 대상물을 오관을 동원하여, 실시하는 증거 조사를 '검증(檢證)'이라고 한다. 당사자는 법관에게 검증의 실시를 신청할 수 있지만, 검증의 실시 여부는 법관의 재량에 속한다. 다만 녹화, 녹화테이프, 컴퓨터용 자기 디스크·광디스크 등 음성, 영상 자료에 대한 증거 조사는 반드시 검증 방법에 의하도록 되어 있다.

### 결론

이 사례에서처럼 원·피고 간에 사고팔았다는 창이 과연 어떤 방패라도 뚫을 수 있는지 여부를 법관이 눈으로 조사해보는 증거 조사를 검증이라고 한다(검증만으로 알 수 없는 경우에는 전문가에게 조사를 의뢰하는 증거 조사 방법인 감정을 해봐야 한다). 그런 의미에서 보면 ①도 해답이 될 수 있다.

## 31. 법관이라고 다 아는 건 아니에요

농사일만 고집스럽게 평생 해온 이고집 노인은 남들이 농토를 버리고 서울로 가도 끝까지 논밭을 일구며 고향을 지켰다. 세월이 흘러 그 마을이 신도시 지역으로 결정되자 이고집 노인은 하루아침에 부자가 되었다. 일확천금을 손에 쥐고 보니 우선 집부터 크게 지었다. 큰 거실에 그림이라도 걸어놓아야겠는데, 이 노인이 무슨 재주로 그림을 알겠는가?

이 소식을 들은 아리랑 화랑의 신윤복 사장이 접근하여 "그림을 걸더라도 유명 화가의 그림을 걸어두면 값이 올라갑니다"라고 유혹하는 바람에 선뜻 1억 원을 주고 단원 김홍도의 그림을 구입하였다.

아, 그런데 이 그림이 김홍도 그림이 아니고 김옹도의 그림, 즉 가짜라는 것이 아닌가? 화가 난 이 노인은 그림 값 1억 원을 반환하라는 소송을 냈는데, 피고는 "진짜"라고 우기는 것이었다. 물론 재판장도 그림이 진짜인지, 가짜인지 가려낼 안목이나 전문적 지식은 없다.

이럴 때 그림의 진위를 가리는 민사소송법상의 수단은 무엇인가?

① 전문가의 증언을 받는다.

② 화가 유족에게 확인한다.

③ 전문가의 감정을 받는다.

④ 국립과학수사연구원에 수사 의뢰한다.

법관은 법률과 그 해석에 정통하고, 판례도 잘 알고 있으며, 재판의 경험과 판단력도 경력이 오래될수록 풍부해지지만, 모든 것을 다 알고 있거나 알 수 있지는 않다. 법관도 모르는 것, 모르는 분야가 있을 수 있다.

예를 들어 서증에 찍혀 있는 도장의 모습이 위조된 것이라는 주장이 제기되었을 때 법관이 무슨 수로 그 도장의 위조 여부를 판별할 것이며, 자동차 급발진으로 인한 사고 소송에서는 자동차의 어떤 장치·부품이 이상을 일으켜 사고가 발생한 것인지를 알아낼 것인가? 그렇다고 법관이 나도 모르겠다고 재판을 거부하거나 아무렇게나 판결할 수는 없다.

이처럼 법관도 잘 알 수 없는 대상, 지식, 분야에 대하여 그 방면에 특별하고도 전문적인 지식을 갖고 있는 사람에게 그 전문적인 지식이나 이를 이용한 판단을 구하는 증거 조사 방법을 '감정(鑑定)'이라고 하며, 법원으로부터 감정을 의뢰받은 사람을 '감정인'이라고 한다.

감정인은 법원으로부터 의뢰받은 사항에 대해 조사하고 그 결과를 법원에 보고하는 사람이므로 증언을 제공하는 증인과 같이 인증(人證)에 해당하나, 증인은 누구나 될 수 있는 데 비하여 감정인은 특수한 분야에 대한 전문적 지식이나 기술을 갖고 있는 전문가여야 한다는 차이가 있다.

감정인의 감정 결과는 유력한 증거 수단이고 그 결과를 대체로 신뢰하지만 반드시 법관이 그대로 믿어야만 한다는 원칙은 없다. 감정의 결과도 다른 모든 증거와 마찬가지로 믿고 안 믿고는 법관의 자유 심증의 영역에 속한다.

### 결론

1억 원을 주고 산 그림이 진품인지, 위조품인지는 법관도 감정이라는 수단을 거치지 않고는 가려낼 수가 없다. 문제 그림의 진품 여부는 그 분야 전문가의 감정에 의해 판별하는 수밖에 없다.

## 32. 재판장님, 미국 출장가시겠습니다

"아니, 부동산을 사면서 계약서도 안 썼단 말입니까?"

"물론 썼지요. 그러나 이사하면서 분실했습니다. 재판장님, 그런데 처남을 통해서 샀는데 그 처남이 지금 미국에 가 있습니다."

"그럼, 처남을 증인으로 신청해보세요."

원고가 부동산 매수 사실을 입증하기 위하여 처남을 증인으로 신청하였는데, 문제는 증인 소환장이 증인에게 송달되지 않는 것이었다.

다음 재판 날, 재판장은 "입증하지 못하면 재판은 지게 되어 있어요. 증인 소환장이 송달되지 않는데 어떻게 증인 조사를 해달라는 겁니까?" 하고 재판을 종결할 뜻을 비쳤다.

원고는 당황하였다.

"재판장님, 제 처남은 제가 이 부동산을 샀다는 사실을 증명할 수 있는 유일한 증거입니다." 재판장은 이럴 때 어떻게 해야 하는가?

① 변론을 종결하고 판결 선고 기일을 지정해도 된다.

② 다시 한 번 원고에게 입증할 기회를 주어야 한다.

③ 원고의 증인 신청을 기각하고, 다른 증거를 제시할 것을 촉구한다.

④ 외교부를 통해 미국 정부에 증인의 소환을 요구한다.

증거재판주의 하에서 당사자의 주장을 입증할 수 있는 증거 방법이 유일한 경우나 그 증거를 조사하지 않는다면 아무런 입증이 없게 될 경우, 그 증거를 '유일한 증거'라고 한다.

본래 증거는 법원에 제출하더라도 법원은 필요하지 않다고 인정하면 그 증거의 조사를 하지 않을 수도 있고, 또 조사하더라도 반드시 그 증거를 믿어야 하는 것은 아니다. 다만 유일한 증거인 경우에는 법원이 반드시 증거 조사를 해야 한다. 이것은 증거 조사를 해야 한다는 것을, 즉 조사를 거부할 수 없다는 의미이고, 그 유일한 증거를 믿어야 한다는 의미는 아니다.

또 유일한 증거라고 판단되는 경우에 증거 조사를 해야 한다고 하는 원칙에도 예외가 인정된다. 그 증거 신청이 부적법하거나 시기에 늦은 경우, 그 증거에 대한 신청서를 제출하지 않거나 증인 여비 등을 납부하지 않는 경우, 유일한 증거가 증인일 경우에 그 증인이 질병이나 소환장이 송달 불능되어 언제 조사할 수 있을지 장애가 있는 경우 등에는 비록 유일한 증거라고 해도 증거 조사를 하지 않을 수 있다.

그렇다면 앞의 사례처럼 유일한 증거가 증인이고 그 증인이 외국에 나가 있는 경우라면 어떻게 될까?

현행 민사소송법으로는 외국에 있는 증인은 소환장이 송달된다 하더라도 그가 귀국하여 출석 증언하는 것을 구인 등의 방법으로 강제할 수 없다. 결국 그 증인을 신청한 당사자의 노력에 기대할 수밖에 없다.

### 결론

외국에 있는 증인이 신청 당사자에게 유일한 증거라고 인정하여 법원이 이를 채택하고 소환장을 보냈으나 송달이 되지 않거나, 송달되더라도 법정에 출석하지 않는 경우에 법원은 증거 조사 절차를 종료하고, 그 상태에서 판결을 선고할 수 있다.

## 33. 그 사람, 성격 한번 급하구먼

소낙비가 쏟아져도 절대로 뛰어가는 법이 없는 느긋한 성품의 소유자인 한가한 대감이 성격이 급하기로 소문난 나성미 대감으로부터 소송을 당했다. 내용인즉, 집수리하는 데 모자란다고 해서 꾸어준 돈 500냥을 1년이 넘도록 왜 안 갚느냐는 것이었다.

피고(한가한 대감)는 소장을 받고 "그 사람, 성격도 급하긴" 하고 혀를 찼다. 그러고는 점잖게 "피고는 원고로부터 돈을 빌린 일이 없사옵니다"라고 답변서를 써서 법원에 부치고, 재판에 나가지 않았다.

이에 원고는 자신이 돈을 빌려준 사실을 입증할 증인들을 죽을 고생을 해서 동원하느라 몇 달이 걸렸다. 피고는 재판이 끝나기 직전에 법정에 나가 "실은 꾼 돈은 3개월 만에 갚았습니다"라고 주장하면서 증인으로 돈 심부름을 한 하인을 신청하였다.

재판장은 피고의 증인 신청을 들은 척도 안 하고 재판 종결을 선언하였다. 왜 그랬을까?

① 재판장도 약이 올랐기 때문이다.

② 그동안 법정에 나오질 않았기 때문이다.

③ 너무 늦게 신청하였기 때문이다.

④ 재판을 지연시킬 의도가 분명하였기 때문이다.

민사소송을 야구라는 게임에 비교한다면 소송을 제기한 원고는 공격 팀에 해당하고 피고는 수비 팀에 해당한다. 원고가 소송에서 승소하기 위해, 다시 말해 자기의 주장·청구를 이유가 있음을 증명하기 위하여 변론에서 주요 사실을 주장하고, 증거를 제출하는 등의 소송 행위나 수단을 '공격 방법'이라고 한다. 그리고 피고가 원고의 청구를 무력화하기 위해, 다시 말해 피고 나름대로 부인하고 항변하고 나아가 이를 증명하기 위해 증거를 제출하는 등의 소송 행위나 수단을 '방어 방법'이라고 한다. 소송은 야구처럼 공격이 있는가 하면 방어가 있다.

원칙적으로 말한다면 원고의 공격 방법 제출이나 피고의 방어 방법 제출은 '그 재판의 변론을 종결할 때까지'라고 해야 하나, 경우에 따라서는 공격 또는 방어 방법을 제출할 수 있는 적절한 시기를 넘기거나 적기에 제출하도록 재판장이 제출 기간을 정해주었음에도 불구하고 그 시기를 넘어 제출하게 되면 불이익을 받게 된다(이를 '실기한 공격 방어 방법'이라고 한다).

우선 제출할 수 있는 적기에 증거를 제출하지 않으면, 그 적당한 시기를 넘겨 제출된 증거의 제출은 각하된다. 또 재판장이 제출 시기를 정해주었는데 그 기간을 넘긴 때에는 새로운 증거를 제출할 수 없게 된다. 재판의 촉진과 심리의 집중을 꾀하고, 적기에 제출하지 않은 것은 재판의 지연으로 보아 제제를 과하는 것이다. 따라서 소송 자료의 제출은 적기에 해야 한다. 마치 야구에서 안타도 적시에 터져야 승리하는 것처럼 말이다.

### 결론

빌린 돈을 갚으라는 소송에서 재판이 다 끝나가는 시점에 피고가 이를 갚았다고 주장하고 증거를 신청하는 것은 실기한 방어 방법에 해당한다. 따라서 재판장은 이를 무시하고 변론을 종결한 다음 판결을 선고할 수 있다.

## 34. 증인님, 이민 가십니다

입사 동기인 오정재 씨와 정어성 씨가 30년을 근무하다가 한 날 한 시에 퇴사하게 되었다. 회사의 회장님이 경영권을 장남에게 물려주자 젊은 회장님이 구조 조정을 명분으로 고령자들만 정리 해고했기 때문이다.

오정재는 "나이가 많다는 이유로 해고하는 것은 근로기준법 위반이다"라며 해고 무효 확인 소송을 제기하였다. 물론 이 소송은 승소가 확실하다. 증인으로는 친구인 정어성의 협조를 받기로 하였다.

그런데 정어성은 그간의 사정에 환멸을 느껴 호주 이민을 가기로 하고 그 절차를 밟고 있다. 재판이 시작되면 증인은 이미 국내에 없게 된다. 아직 재판이 시작도 되지 않았는데, 오정재 씨는 한숨만 나오는 상황이다.

그렇다면, 원고가 재판 전에 증인이 될 정어성의 진술을 확보하는 방법이 있을까?

① 지금 당장 확인서를 받으면 된다.

② 재판 전이라도 미리 증인을 신문해달라고 법원에 신청해본다.

③ 다른 증인을 찾아보는 수밖에 없다.

④ 증인의 진술을 녹음이나 녹화를 해두면 된다.

증거는 소송 개시 이후 변론 기일이나 증거 조사 기일에 법원에 제출하는 것이 원칙이다. 그러나 소송이 개시된 이후 즉 변론 기일이나 증거 조사 기일에 증거를 제출할 것이 불가능하거나 곤란하게 되는 경우에 소송 제기 전에 미리 증거를 확보하는 방법은 없을까?

있다. '증거 보전 절차'를 이용하면 된다. 본격적인 심리, 증거 조사에 앞서서 법원으로 하여금 미리 증거 조사를 하도록 신청하여 그 결과를 확보해두는 것이다.

예를 들면 증인이 될 자가 죽음에 임박해 있거나, 해외에 이주를 계획하고 있거나, 장차 검증할 물건이 시간이 경과하면 부패나 멸실되거나 변질되는 경우에는 이러한 증거 보전 절차가 허용된다. 증거 보전은 증거 보전의 필요성, 즉 미리 증거 조사하지 않으면 장래 그 증거를 사용하는 것이 불가능하거나 곤란한 사정이 있는 경우여야 한다. 미리 보전하지 않으면 증거 조사의 비용이 현저하게 증가되는 경우에도 인정된다.

이 증거 보전은 당사자의 신청에 의하되 서면으로 해야 한다. 증거 보전을 신청할 법원은 소 제기 전이나 긴박한 경우에는 그 증거의 소재지를 관할하는 법원이며, 소 제기 이후에는 그 증거를 사용할 심리·재판 중인 법원이 관할 법원이 된다.

증거 보전 절차에 의한 증거 조사 결과는 나중에 제기한 소송에서 변론 기일에 제출해야 한다.

### 결론

이 사례는 전형적인 증거 보전 절차를 이용해볼 필요가 있는 사례라고 할 수 있다.

## 35. 모로 가도 서울만 가면 된다

중소기업을 경영하던 정직한 씨는 불경기에 인력난이 겹치자 공장을 팔고 이민을 가기로 결심하였다. 공장은 임자를 잘 만나면 10억 원도 받을 수 있으나 급히 서두르는 바람에 박건달 씨에게 반값인 5억 원에 팔았고, 계약금 1억 원만 받고 공장 건물과 공장 터의 등기를 넘겨주었다.

그런데 박건달이 잔금 4억 원을 차일피일하면서 주지 않자 할 수 없이 잔금 청구 소송을 제기하였다. 이 소송에서 원고는 피고가 잔금 4억 원을 지급할 의무가 있다는 사실을 입증해야 한다. 입증 수단은 물론 계약서이다.

그러나 원고가 이 계약서를 분실하였다고 가정하고, 계약서는 피고가 제출하였다고 가정해보자. 피고는 이 계약서를 제출하면서 "원고가 공장을 인수하면 한 달에 3,000만 원의 이익을 올릴 수 있다고 해서 샀는데 알고 보니 500만 원도 이익을 낼 수 없어 해약하겠다"고 주장한다.

이 경우 판사는 원고가 주장하는 "피고가 지급할 잔금 대금이 4억 원이라는 사실"을 피고가 제출한 계약서로 인정할 수 있을까?

① 할 수 없다. 입증 책임이 있는 원고가 계약서를 제출하지 못하였다.

② 할 수 있다. 누가 제출하든 사실 인정을 위한 증거는 공통으로 쓸 수 있다.

③ 할 수 있다. 피고의 동의를 얻는 조건으로 말이다.

민사소송에서는 원고, 피고 쌍방이 서로 자기에게 유리한 판결을 받기 위해 법원에 증거를 제출하게 된다.

그러나 제출된 증거가 꼭 제출한 자에게만 유리하게 또는 불리하게 평가되지는 않는다. 증거가 사실을 증명하는 증거력에 대한 평가는 법관의 몫이기 때문이다. 다시 말하면 법원에 제출된 증거는 제출자에게 불리하게, 상대방에게 유리한 판단의 자료로 사용될 수 있다.

이처럼 제출된 증거에 대하여 법관이 자유심증주의에 기초하여, 그리고 실체적 진실 파악을 위하여 증거를 평가하는 것을 '증거 공통의 원칙'이라고 한다.

예를 들어 매매를 둘러싼 소송에서 매매 계약의 기초가 되는 사실은 그 매매 계약서를 원·피고 중 누가 제출하였느냐에 상관없이 법관은 자유로이 평가, 판단할 수 있으며, 그리고 판결에 이를 반영할 수 있다.

따라서 법원에 제출된 증거가 꼭 제출자에게 유리하게 작용한다고 할 수는 없다. 법관은 어느 쪽, 누가 제출한 증거인지 묻지 않고 이를 사실 인정의 자료로 삼을 수 있기 때문이다.

**결론**

매매 대금 청구 소송에서 지급할 잔금 대금이 얼마인지에 대한 사실 인정은 그 매매 계약서를 누가 제출하였는지 묻지 않는다. 법관은 증거 공통의 원칙에 따라 피고가 제출한 매매 계약서를 사실 인정의 자료로 사용할 수 있다.

## 36. '감'은 잡았다

개라면 죽고 못 사는 이호리 씨가 어느 농촌 마을로 이사 온 뒤부터 그 동네의 닭이 날마다 한 마리씩 사라졌다. 박상순 씨가 참다못해 이호리 씨를 상대로 소송을 냈다.

"그동안 없어진 닭 열 마리의 값 5만 원을 물어내라."

피고는 이렇게 부인하였다.

"우리 집 진돗개는 평화주의자이므로 남의 닭을 잡아먹을 리 없습니다."

원고는 이장님을 내세워 "피고가 이사 오기 전까지는 동네에서 이런 일이 없었다"라는 사실은 입증하였지만, 바로 피고 개의 소행이라는 증거는 제시하지 못하였다.

판사는 물증은 없었으나 심증이 가는 바가 있었다. 이른바 '감'을 잡은 것이다. 그렇다면 판사는 이 상태에서 '감'으로 원고 승소 판결을 내릴 수 있을까?

① 안 된다. 피고의 불법 행위를 입증할 만한 증거는 아직 제시되지 않았다. 주관적인 감을 가지고 사실을 인정하는 것은 위험하다.

② 된다. 판사는 자유심증주의에 따라 형성된 심증에 의하여 사실 인정을 할 수 있다.

③ 된다. 소액 사건은 감으로 사실 인정을 할 수 있다.

사람에게는 감(感)이라는 게 있다. 재판을 하는 판사도 마찬가지이다. 사건을 심리하다 보면 당사자의 변론, 제출하는 서면, 증거의 조사, 증인 신문에서 증인이 거짓말을 하는지 여부 등에 관해 판사에게 어떤 심증을 형성하게 되는 단서가 생기게 마련이고, 이 심증에 기초하여 법률 지식, 판례, 논리력, 추론 능력, 판단력 등을 총동원하여 사건의 승패를 결정할 수 있다.

민사소송법은 증거와 그 증거 조사의 결과를 제외하고 재판에 나타난 일체의 자료 즉 당사자의 주장 내용, 태도(가령 일관성 없는 주장, 간단한 석명 요구에도 당황하거나 땀을 흘리거나 낯을 붉히는 등의 태도), 증거 조사의 비협조, 방해, 시기 지연 등도 '변론 전체의 취지'라고 하여 이를 단서로 증거로 사용할 수 있게 허용하고 있다.

다만 변론 전체의 취지만을 갖고 당사자 간에 다툼이 있는 사실을 인정할 수 있느냐에 대해서는 찬반양론이 대립되고 있으나, 통설과 판례는 제출된 증거 자료에 보태어 사실 인정을 하는 데 보충적인 자료로만 본다.

따라서 변론 전체의 취지, 소위 감만 갖고는 주요 사실을 인정할 수 없다. 판례가 허용하고 있는 범위는 제출된 문서의 진정 성립 여부, 재판상 자백을 한 당사자가 착오라고 주장할 경우에 그 착오의 여부 등 그 범위가 제한적이다. 그런데 보통은 재판의 승패를 결정함에 있어서 승소하게 되는 당사자의 주장, 증거에 변론의 전체 취지가 보태짐으로써 판단의 적정, 타당성을 보강하고 있다. 변론의 전체 취지는 그만큼 재판에서 중요하게 작용한다.

**결론**

이웃집 개가 우리 집 닭을 잡아먹었으니 닭값을 배상하라는 소송에서 그 불법 행위를 입증하는 증거가 제출되지 않은 이상, 판사가 변론 전체의 취지, 소위 감만으로는 불법 행위 사실을 인정할 수 없다.

## 37. 현대판 솔로몬은 어떤 판결을 내릴까

명재판관으로 소문난 한양지방법원의 명백한 판사에게 유아 인도 청구소송이 배당되었다. 내용인즉, 한 집에 사는 두 여인네가 아이 하나를 두고 서로 자기가 생모라고 우기는 것이었다.

솔로몬 시대 같으면 반씩 잘라 나누어 가지라는 명령을 통해서 친어머니의 사랑을 파악하여 판결할 수도 있지만, 현대에는 그럴 수도 없고 난감한 노릇이다.

법정에서는 원고, 피고가 제출하는 서로 다른 증거가 산처럼 쌓였고, 상반되는 증인들도 수없이 법정에 나와 증언하였다. 물론 혈액형 검사도 해보았으나 원고, 피고의 혈액형이 같았기 때문에 도움이 되지 않았다.

이럴 때 재판장은 어떻게 판결해야 할까?

① 증거를 하나라도 더 많이 제출한 측에 승소 판결을 한다.

② 주장이 설득력 있고 진실한 측에 승소 판결을 한다.

③ 재판장의 심증이 형성된 대로 판결을 한다.

④ 원고, 피고를 다 거짓말 탐지기로 시험한다.

소송에서 당사자는 저마다 자기에게 유리한 판결을 얻기 위해 많은 사실에 관한 주장과 증거를 재판부에 제출한다. 재판을 하다 보면 원고, 피고 쌍방의 주장이 너무나 상반되고 증거도 팽팽하여 법관은 어느 쪽의 주장이 진실인지 아닌지 여부를 판단하는 데 있어서 곤혹스러운 경우가 많다.

이럴 때 재판장은 어떻게 해야 할까? 민사소송법은 당사자의 사실에 관한 주장이 진실인지 아닌지 여부를 판단하고 심증을 형성하는 데 있어서 변론 전체의 취지와 증거 자료를 참작하여 형성되는 자유로운 심증에 의할 것을 인정하고 있다. 이를 '자유심증주의(自由心證主義)'라고 한다. 법관의 양심과 재판의 전문성을 신뢰하고 그에게 자유로운 판단을 하도록 맡긴 것이다.

법관은 이 자유심증주의에 의하여 형성된 심증을 바탕으로 어느 한쪽의 주장이 사실이라고 확신해야 비로소 판결의 결론을 내릴 수 있다(그런데 이 자유심증주의에 의하여 심증 즉 확신이 서지 않는 경우, 입증 책임의 원칙에 따라 당사자의 주장 사실이 충분히 입증되는지에 따라 재판을 하게 된다).

자유심증주의는 이처럼 재판을 담당한 법관에게 폭넓은 사실 인정에 관한 재량권을 허용하고 있으나 이는 법관의 자의적이고 근거 없는 판단을 허용하는 것은 아니다. 따라서 법관은 소송에 나타난 사실의 주장, 그 주장을 하는 당사자들이나 증인에게서 받은 변론의 전체 취지, 제출된 증거 자료의 증거력에 대한 판단, 일반적인 논리 법칙과 경험 법칙에 따라야 하고 더 나아가서 사회 정의와 형평의 이념에 입각하여 최선의 판단을 내려야 한다.

**결론**

법관은 사실 인정에 있어서 자유심증주의의 원칙에 입각하여 그 사실 주장이 설득력이 있고 진실하다고 판단되는 쪽으로 사실 인정을 할 수 있다. 즉 심증이 형성된 쪽으로 판결 가능하다는 뜻이다.

## 38. 판사님, 몇 말씀만 더 하소서

홍길동이 서자 출신인지라 아버지를 아버지라고, 형을 형이라고 부르지 못한 것에 오랫동안 한을 품고, 불효인 줄 알면서도 아버지인 홍 판서를 상대로 한양지방법원에 자신을 아버지 호적에 입적시켜달라는 인지 청구와 손해 배상 청구 소송을 제기하였다.

피고인 홍 판서가 괘씸하기도 하고 창피스럽기도 하여 홍길동의 주장을 부인하는 바람에 원고는 승소를 위하여 장장 2년의 기간 동안 그야말로 죽을 고생을 다하였다.

판결 선고 기일에 법정에 나가니 재판장은 그저 간단히 "원고 승소" 한 마디만 하는 것이 아닌가? 판결 선고를 이렇게 무성의(?)하게 해도 되는 것일까?

① 승소 판결을 받았으니 원고는 불평할 것이 없다.

② 왜 승소 판결을 하였는지 '이유' 설명이 없었으니 진정의 사유가 된다.

③ 그렇게 하더라도 굳이 위법하거나 부당하다고 할 것까지는 없다.

④ 판사가 워낙 선고할 사건이 많고, 시간이 없어서 그런 것이니 원고가 양해할 필요가 있다.

변론과 증거 조사가 끝나면 마침내 심리가 종결되고('변론 종결'), 판결의 선고 기일이 지정된다.

판결의 선고는 공개된 법정에서, 변론 종결 후 판결 선고 전까지 작성한 판결서 원본에 의하여 재판장이 낭독하는 것이 원칙인데, 먼저 주문을 낭독하고, 이유를 설명하여야 한다.

그러나 이러한 방식에 의하지 않고, 즉 주문도 원고 승소인지, 패소인지만을 말하고, 이유의 설명을 생략하더라도 위법은 아니다. 선고할 사건이 많고 시간에 쫓기는 경우에는 그렇게 하는 수가 꽤 있다.

또 선고된 판결(서)은 반드시 선고 이후에 쌍방 당사자에게 송달되므로, 당사자는 이 송달을 받고 판결의 주문과 이유를 상세히 알 수 있다(다만 소액심판 사건에서는 판결서에 이유의 기재는 생략할 수 있는 대신에, 이유의 요지에 대한 구두 설명은 필수적으로 해야 한다).

### 결론

오랫동안 힘들여 한 소송의 판결 선고에서 재판장이 판결서의 낭독과 이유에 대한 설명이 없다고 하더라도 위법, 부당한 것은 아니다.

## 39. 꿩 대신 닭?

"피고는 원고에게 돈 1,000파운드를 갚으라."

재판장의 선고가 내려지자 원고 샤일록은 환호하였다.

"재판장님, 정말 감사합니다. 이번 판결은 정말 지혜롭고 용기 있는 판결이었습니다." 피고 안토니오는 빈털터리. 원고는 피고가 강제 집행당할 재산이 없음을 깨닫고 즉시 후회하였다.

그런데 판결이 나기 전 즉 변론 종결 후에 피고의 친구가 찾아와 "안토니오의 빚은 내가 갚겠소. 그러니 소를 취하해주시오"라고 사정하였을 때 공연히 "나는 안토니오에게 꾸어주었으니 꼭 안토니오에게 받아내고야 말겠소"라고 고집을 부렸던 것이다.

자, 변론 종결 후에 피고의 채무는 제3자가 인수해 갚겠다고 의사 표시를 했다면, 원고는 피고에 대한 승소 판결을 갖고 그 제3자에게 강제 집행할 수 있을까?

① 물론이다.

② 안 된다. 판결은 피고에게만 효력이 미치기 때문이다.

③ 안 된다. 원고가 제3자의 채무 인수를 동의하지 않았다.

판결이 선고되고 그 판결이 확정되면 그 판결의 내용(판단)은 당사자와 법원을 구속하는 효력을 갖는다. 뒤에 동일 사항이 문제되면 당사자는 먼저 있었던 확정 판결에 상반되거나 모순, 저촉되는 내용으로의 소송이 허용되지 않으며, 어느 법원도 그 확정 판결을 다시 재심사하여 그와 모순, 저촉되는 판단을 해서는 안 된다.

이와 같이 확정된 판결이 당사자와 법원에 주는 구속력을 '기판력(旣判力)'이라고 한다. 국가의 재판 기관이 당사자 간의 분쟁에 대하여 공권적으로 판단한 내용을 존중하려는, 즉 법적 안정성을 부여하기 위해 인정되는 판결의 구속력인 것이다.

다만 기판력이 미치는 당사자의 범위는 그 판결의 주문에 나타나는 당사자 간에만 미치고, 당사자가 아닌 자에게는 미치지 않는다.

이 원칙에 대해서 예외가 있는데, 그 판결이 선고되기 전 즉 변론 종결 후에 소송물인 권리관계의 지위를 양수한 승계인(예컨대 소송 중인 부동산을 양도받은 자, 채권을 양도받은 자, 채무를 자신의 전속적인 것으로 하기로 하고 인수하는 면책적 인수인)에게는 기판력이 미친다.

### 결론

대여금 청구 소송에서 그 변론 종결 전에 피고의 채무를 면책적으로 인수한 제3자에게는 그 판결이 확정되면 기판력은 그 제3자에게도 미친다(따라서 원고는 그에게 승소 판결을 갖고 강제 집행할 수 있다).

## 40. 이길 때까지는 끝난 게 아니다

"판결을 선고합니다. 원고 패소. 우리 법원은 원고가 피고에게 이 사건의 땅을 샀다는 사실을 인정할 수가 없습니다."

이렇게 해서 매매 사실을 입증하지 못한 원고가 패소하자, 이번에는 같은 피고를 상대로 "이 사건의 땅을 피고로부터 '증여'받은 바 있으므로 피고는 증여를 원인으로 하는 소유권 이전 등기 절차를 이행하라"는 소송을 다시 제기하였다. 참으로 집념의 사나이다.

피고는 "지난번 소송에서도 원고는 증여받았다는 주장도 했고, 그 소송에서 증여받았다는 사실도 인정할 증거가 없다고 판단한 바 있습니다. 따라서 동일한 소송이므로 각하해야 합니다"라고 주장하였다.

자, 당사자가 같고 소송 내용이 같은 소송을 두 번 할 수는 없다. 만일 피고 주장대로 두 개의 소송이 같다면, 그리고 전소의 판결이 확정된 뒤에 나중에 제기된 소송을 법원은 어떻게 처리해야 할까?

① 각하한다.

② 같은지의 여부는 심리해보아야 하고, 만일 같으면 기각한다.

③ 원고의 소행이 괘씸하므로 피고에게 손해 배상을 하도록 명한다.

④ 전소가 '매매'를 주장하였으나 패소하였다고 하여 '증여'를 이유로 하는 후소를 제기할 수 없는 것은 아니다.

소송의 결과로서 법원의 판결이 선고되고 또 이 판결이 더 이상 상소 등의 방법으로 다툴 수 없게 되면 이를 '판결의 확정'이라고 한다. 확정된 판결은 어떠한 효력을 갖는가?

우선은 그것에 기해 강제 집행을 할 수 있다('집행력'). 그리고 판결은 소송의 당사자와 법원을 구속한다. 판결이 확정된 뒤에 다시 동일 사항이 문제가 되어 또 소가 제기되면 당사자는 확정된 판결 내용에 반하는 소송을 하는 것이므로 이런 소송은 금지되며, 어느 법원이라도 후의 소송을 재심사하여 그것과 모순·저촉되는 판단을 해서는 안 된다.

이처럼 확정 판결에 표시된 판단에 부여되는 판결이 갖는 구속력을 '기판력'이라고 한다. 판결이 기판력을 갖는 부분은 원칙적으로 소송의 승패를 판단한 판결서의 주문(主文)에 포함된 것에 한하지만, 기판력에 상반되는지 여부를 살피기 위해서는 후소의 청구 취지, 청구 원인을 따져야 하고 종전의 판결서의 이유도 참고로 살펴보게 된다.

기판력을 인정하는 이유는 일단 판결된 소송과 동일한 소송이 제기된 경우에 확정 판결과 모순·저촉되는 판단을 해서 안 된다는 것이므로, 동일 소송이 아닌, 청구 취지나 원인을 달리하는 소송이라면 기판력의 문제가 생기지 않는다.

### 결론

판결이 확정된 전소(前訴)와 다른 청구 원인을 주장하여 제기한 후소(後訴)는 동일 사항이 아니므로, 전소의 판결 기판력이 후소에 미치지 않는다(만일 전소에서 원고가 청구 원인으로 매매와 증여 두 가지 전부를 주장하였다가 패소하였다면, 증여를 이유로 한 후소의 청구는 기판력에 저촉된다).

# 41. 명 짧은 사람은 소송도 못 하겠네

"재판장님, 피고가 이처럼 소송을 질질 끌면 저희 같은 서민들은 도대체 어떻게 하란 말입니까?"

소송이 장기화되자 전세 보증금 5,000만 원을 반환하라는 소송을 낸 원고 정서민 씨가 재판장에게 하소연하였다.

자, 원고는 이미 살던 집을 비워주었으니 전세 보증금 5,000만 원을 돌려달라고 요구하고 있고, 피고는 원고가 살면서 집을 험하게 사용하여 손해가 많으니 그 손해를 보증금에서 공제하고 주겠다고 주장하고 있다. 게다가 피고는 1심에서 설령 지더라도 대법원까지 가보겠다고 펄펄 뛰고 있다. 이런 바람에 소송이 장기화되었다.

만일, 원고가 1심에서 승소한다면, 승소한 보증금에 대하여서는 언제 강제 집행하게 되는가?

① 1심 판결이 선고된 때부터이다.

② 2심 판결이 선고된 때부터이다.

③ 피고가 상소하면 대법원이 피고의 상소를 기각하는 판결이 선고된 때부터이다.

④ 1심 판결 시에 즉시 집행해도 좋다는 허가가 있으면 그때부터이다.

민사 재판의 단점은 승소 판결을 얻기까지 시간이 많이 걸리고, 비용이 많이 들며, 소송의 수행을 전문적, 법률적인 지식이 없는 일반인들이 하기에 너무 어렵다는 것이다. 그중에서도 시간의 소요가 가장 고통스런 대목이다. 실제로는 1심 판결을 받기까지 몇 년이 걸리는 경우도 있다.

1심에서 승소하더라도 패소한 당사자가 항소를 하거나, 또 항소심 판결 이후에도 대법원에 상고라도 하게 되면 판결이 확정되기까지는 실로 몇 년이 걸린다고 아무도 장담할 수 없다.

원칙적으로 말하면 그 판결에 대해 더 이상 다툴 수 없게 되는 경우를 '확정'이라고 하는데, 가령 제1심에서 패소한 당사자가 항소를 포기하면 그 포기 시점에 확정된다고 말하며, 상고를 하면 대법원에서 그 상고를 기각하는 때에 확정된다. 승소 판결은 이렇게 오랜 시간이 걸려 확정된 뒤에야 비로소 강제 집행을 할 수 있다는 것이 원칙이다. 이런 경우라면 그동안 승소 당사자의 고통은 말할 것도 없지만, 패소 당사자가 경제력이 악화되면 강제 집행도 할 수 없어 승소 판결은 그야말로 휴지 조각이 되고 만다.

이를 구제, 해결하기 위해서 소송이 '재산권상의 청구'일 때, 다시 말해서 금전의 지급을 구하는 소송이라면, 그 제1심이 승소 판결 시에 승소 당사자에게 강제 집행을 할 수 있도록 허용하고 있는데 이를 '가집행 선고'라고 한다. 가집행 선고가 붙여진 판결은 판결의 확정과 상관없이 즉 패소 당사자의 상소(항소, 상고)와 관계없이 강제 집행할 수 있다.

### 결론

보증금의 반환을 구하는 소송은 재산권상의 청구이므로 원고가 승소하면 당연히 가집행의 선고가 뒤따른다. 법원의 가집행 선고는 말하자면 1심 판결에 대한 임시적인 강제 집행의 허가라고도 할 수 있다.

## 42. 판사님도 실수할 때가 있다

승소 판결문을 받아 본 아리송 씨는 어리둥절하였다. 피고를 상대로 어음금 3,000만 원 청구 소송을 제기해서, 선고 기일에 법정에서 재판장이 분명히 "원고 전부 승소"라는 말을 들었는데, 판결문에는 "피고는 원고에게 300만 원을 지급하라"라고 기재되어 있는 것이 아닌가? 판사님이 착각하신 게 분명하다.

그 대신 피고 이횡재 씨는 신이 났다.

"판사님이 자비를 베푸셔서 300만 원만 갚으라고 하셨군. 세상에 이렇게 고마울 데가…."

자, 원고는 이 판결문을 근거로 피고에 대해 강제 집행을 해야 하는데, 판결문이 정말 잘못된 것 같다. 재판장님이 판결문에 0을 하나 빠뜨린 것이다.

이럴 때 원고는 어떻게 해야 하는가?

① 일단 300만 원만 집행하고, 나머지 부분에 대해서는 항소한다.

② 판결문이 잘못 기재될 수도 있으므로, 1심 법원에 판결문을 고쳐달라고 신청한다.

③ 법원의 잘못이므로 법원을 상대로 2,700만 원 손해 배상 청구 소송을 한다.

길고도 지루한 재판이 끝나면 마지막 단계는 법관이 '판결서'를 작성하고, 이를 바탕으로 판결의 선고 기일에 법정에서 주문과 이유를 낭독하고, 이를 쌍방 당사자에게 보냄으로써 제1심은 종결된다.

그런데 판결서도 신이 아닌 인간인 법관이 하는 작업이므로 '오류'가 있을 수 있다. 즉 판결서에 계산이 잘못되었거나 그 밖에 표현상의 오류가 발생한 경우에 판결한 법원이 당사자의 신청이나 직권에 의하여 스스로 이를 고치는 것을 '판결의 경정(更正)'이라고 한다. 강제 집행에 지장이 없도록 해주자는 취지이다.

판결의 경정은 사소한 오류가 있는 경우에만 가능하고 판결 자체가 잘못되거나 판결서에 당사자가 주장한 중요 사실에 대한 판단의 누락 등 판결 자체의 잘못은 판결의 선고 이후에 고치지 못한다(상소되는 경우 이는 상소심의 판단 영역에 속한다).

판례에 의하면 판결서를 고칠 수 있는 경우로는 당사자 표시에 주소의 누락, 판결서 말미에 별지 목록의 누락, 목적물 표시에 있어서 번지의 누락, 건물이나 토지 면적의 잘못 표시, 손해 배상 청구 사건의 경우 호프만식 계산법에 의한 손해금 등의 계산 착오이다.

**결론**

3,000만 원을 청구한 사건에서 300만 원만을 받아들인 제1심 판결서의 주문 기재는 단순한 계산 착오인가? 아니면 판결 자체의 잘못인가? 판결서의 이유에서 원고의 청구를 전부 받아들인다고 표시되어 있고, 주문이 기재한 금액에서 '0'이 하나 빠진 경우라면, 이는 판결의 경정 대상이라고 보아야 한다.

## 43. 나도 모르는 패소 판결

마동포 씨가 경제적으로 궁지에 몰리자 꾀를 생각해냈다. 즉 빚쟁이들에게 빚 독촉을 받게 되자 "아, 돈 좀 받을 데가 있는데 이번에 소송을 해서 이기면…"이라고 둘러대었던 것이다. 해서 돈깨나 있어 보이고 다소 안면이 있는 조강조 씨를 피고로 해서 "빌려간 돈 1억 원을 갚으라"는 소송을 냈다.

물론 허위 소송이므로 소장에는 조강조 씨의 주소를 허위로 적고, 이 허위 주소에서 사는 자기 친구 고멍환 씨로 하여금 법원이 보내는 소장과 변론 기일 소환장을 받도록 하였다. 이렇게 해서 원고 마동포는 피고 조강조의 불출석을 이용하여 승소 판결을 받았다.

조강조 씨는 자기에게 내려진 이 판결을 6개월이 지난 뒤에야 알게 되었다. 물론 상소할 수 있는 기간은 넘었다. 조강조 씨는 어떤 방법에 의하여 구제받을 수 있는가?

① 지금이라도 상소하여 상소심에서 확정된 판결을 번복시킬 수 있다.

② 상소 기간이 지났으므로 재심을 청구해야 한다.

③ 마동포와 공모자 고멍환을 사기죄로 형사 고소한다.

소송이 제기되면 법원은 그 소장에 적혀 있는 피고의 주소, 거소, 사무소, 영업소 등 송달 장소에 소장의 부본을 송달하고 답변서를 일정 기간 내에 제출할 것을 명하는 동시에 피고가 소송에 응소하는 요령을 적은 안내문을 보내게 되어 있다. 피고가 송달을 받고도 답변서를 제출하지 않거나 변론 기일에 출석하지 않는 등 소송을 다투지 않으면 법원은 피고가 원고의 주장을 자백한 것으로 간주하여 원고 승소 판결을 내리게 된다(다만 피고에게 공시 송달된 경우는 예외이다).

그런데 이러한 소송 시스템을 이용하여 간혹 어떤 사람은 피고의 주소를 허위로 적어 소장을 내고, 그 주소에는 이 송달을 받을 자를 가짜로 정해두고 의제 자백 제도에 따라 승소 판결을 얻는 사람들도 종종 있다(이를 '판결의 편취'라고 한다). 이런 경우에는 진정한 피고가 일종의 사기를 당한 셈이 되고 억울한 피해를 입게 된다. 그리고 그 판결도 허위 주소로 송달되었을 터이니 피해자는 패소 판결이 있었던 사실도 모르므로 결국, 그 가짜 승소 판결도 확정이 되고 만다. 이럴 때 구제 수단은 없는 것일까?

구제해야 한다는 데는 이론의 여지가 없으나 그 방법에 대해서는 의견이 나뉜다. 판례에 의하면 피해자는 법정의 항소 기간이 지났어도 어느 때에라도 그 제1심 판결에 대해 항소를 제기하여 편취당한 판결에 대해 다툴 수 있고, 또한 재심 소송을 제기하여 다툴 수 있도록 하고 있다. 뿐만 아니라 가짜 판결에 의하여 손해를 입은 경우에는 가해자격인 원고를 상대로 부당 이득 반환 청구 소송이나 손해 배상 청구 소송의 제기도 가능하다고 한다.

**결론**

피해자인 조강조 씨는 지금이라도 항소를 제기하거나 재심을 청구하여 억울함을 풀 수 있다. 판례에 의하면 ①번과 ②번이 모두 정답이다.

## 44. 변호사 비용은 누가 내나?

연기도 잘하고 노래도 잘하고 뭐 하나 빠지는 게 없다는 유명 배우 백송이가 학식이 높기로 이름난 두민주 교수를 시(詩) 한 수로 유혹하자 두 교수가 그만 넘어가고 말았다. 그 뒤 학교에는 이상한 소문이 나기 시작하였는데 내용은 이러하였다.

"교수라는 자들이 공부만 하는 줄 알았더니 여자 앞에서는 별 수 없더군. 글쎄, 대쪽 같다던 두 교수도 어쩔 수 없나봐. 그런데 김창온 박사도 마찬가지였다고 하던데…."

김 박사는 이런 소문을 백송이가 퍼트린 것으로 단정하고 명예 회복을 위해서 백송이를 피고로 하여 거금 1억 원의 위자료 청구 소송을 법원에 냈다. 물론 소송은 변호사에게 위임했고, 비용으로 500만 원을 지급했다.

이 소송은 당연히 원고가 이겼는데, 판결에서는 "소송 비용은 패소자인 피고 부담으로 한다"라고 되어 있다. 승소했음에도 불구하고 원고는 분이 풀리지 않았다. 그래서 피고에게 변호사 비용도 받아내고자 한다.

그렇다면 변호사 비용도 피고가 물어야 할 '소송 비용'인가?

① 그렇다. 변호사에게 지급한 비용 전액(500만 원)을 물어내야 한다.

② 아니다. 원고 본인도 소송할 수 있었잖은가?

③ 물론이다. 다만 변호사 비용은 법원이 인정하는 선까지가 소송 비용이다.

민사소송에는 이런저런 명목으로 소송 비용이 들어간다. 따라서 판결을 선고할 때는 반드시 소송 비용을 누가 부담하는지를 판결서 주문에 명시하게 되어 있다. 가령 원고의 청구가 전부 받아들여지는 경우에는 주문에 "소송 비용은 피고의 부담으로 한다"라고 하고, 원고 청구가 반만 받아들여지는 경우에는 "소송 비용은 2분하여 절반은 원고, 나머지 절반은 피고의 부담으로 한다"라고 표시되는 것이 보통이다.

그렇다면 원고가 전부 승소하게 된 경우 피고가 부담하여야 할 소송 비용의 '범위'는 어디까지인가? 소송 비용은 당사자가 현실적으로 소송에서 지출한 직·간접의 모든 비용이 아니라 '법령(구체적으로는 민사소송비용법 및 민사소송비용규칙)에서 정한 범위에 속하는 비용'을 말한다.

위와 같은 '법령에서 정하는 소송 비용'이란 대체로 소장 제출시에 납부한 인지액(상소한 경우 상소심에 납부한 인지액), 송달료, 증인, 감정인, 통역인, 번역인 등에 지급하는 여비 등의 비용과 법관과 법원 사무관 등이 검증을 위해 출장을 나갈 경우 일당, 여비, 숙박료 등이다.

그리고 승소한 자가 소송을 변호사에게 위임하여 변호사에게 지급한 비용(착수금, 사례금)도 당연히 소송 비용에 포함된다. 다만 변호사 비용은 당사자가 변호사에게 실제로 지출한 모든 비용이 소송 비용이 아니라, 변호사와 당사자가 보수 계약에 의하여 지급한 보수액의 범위 내에서 각 심급 단위로 '변호사보수의소송비용산입에관한규칙' 별표 기준에 의하여 법원이 산정한다.

**결론**

변호사 비용도 패소자가 물어내야 할 소송 비용에 포함되지만, 그 범위는 법원이 '변호사보수의소송비용산입에관한규칙'에 의하여 정해진다. 따라서 당사자가 변호사에게 지급한 비용 전부가 소송 비용이 되는 것이라고는 할 수 없다.

## 45. 위화도 회군은 쿠데타?

다음 사례는 가상의 이야기이다. 민족사학자이자 최영 장군의 후손인 최애국 씨가 일간지 칼럼에서 "이성계의 '위화도 회군'은 명백한 쿠데타였다"라고 주장하자 많은 사람들이 이에 공감하였다. 그러자 '전주 이씨 전국 연합'에서는 "위화도 회군은 위기를 당한 국가를 구하기 위해 구국의 결단이었다. 최애국 씨는 사과하라"고 맞받아쳤다.

끝내 이 싸움은 소송으로 비화되었는데 원고는 전주 이씨 전국 연합이었다. 원고는 피고의 칼럼이 역사 왜곡인 동시에 조상을 모독하였다고 주장하면서 위자료 1억 원을 지급하라고 소송을 제기했다.

1심 재판부는 "이 사건은 소송의 대상이 아니고 역사의 심판 대상이다"라는 이유로 원고의 청구를 각하하였다. 피고의 승리였다. 이에 피고는 용기를 얻어 아예 "위화도 회군은 쿠데타임을 확인한다"는 반소를 제기하기 위해 항소하려고 한다.

승소한 피고의 항소는 허용되는가?

① 안 된다. 승소한 당사자는 항소할 수 없다.

② 된다. 반소 제기를 위해서는 예외적으로 허용된다.

③ 안 된다. 반소 또한 명백히 이유 없는 것이기 때문이다.

제1심 판결 결과 패소 또는 일부라도 패소의 판결을 받은 당사자는 상급심에 '상소(上訴)'할 수 있다. 상소는 제2심에 제기하는 것을 '항소(抗訴)'라고 하며, 제2심의 판결에 대하여 패소 또는 일부라도 패소한 당사자가 제3심에 해당하는 대법원에 상소하는 것을 '상고(上告)'라고 하므로, 용어의 사용에 유의할 필요가 있다. 항소이든 상고이든 상급심에 상소하기 위해서는 '상소할 이익'이 있어야 한다.

따라서 제1심 판결에 전부 패소 또는 일부라도 패소한 당사자는 그 판결에 불복하여 상급심에서 원심 판결을 취소하고 자기에게 유리한 판결을 받고자 하는 것이므로 상소할 이익이 있다고 할 수 있다.

이처럼 상소인은 자기에게 불이익한 판결에 대해서만 상소를 제기할 수 있고, 상소의 이익이 없는 상소는 허용되지 않는다. 무익한 상소권의 행사를 견제하기 위해서다.

예를 들어 제1심에서 전부 승소한 당사자는 원칙적으로 상소의 이익이 없으므로 상소할 수 없다. 상소할 수 있는 당사자는 바로 그 상대방 즉 불이익한 패소 판결을 받은 자이다. 전부 승소한 당사자는 판결의 결과인 '주문'이 아니라 '이유' 중에 불만이 있더라도 상소할 수 없다.

그렇다면 원고가 전부 패소하고 피고가 승소한 경우에 피고가 항소심에서는 자기도 '반소를 제기하기 위해서' 항소할 수 있을까? 이 경우에도 할 수 없다는 것이 원칙이다.

### 결론

제1심에서 전부 승소한 피고는 원고를 상대로 반소를 제기할 목적이 있어도 항소의 이익이 없다고 보게 되므로 항소할 수 없다.

## 46. 쪽박은 깨지 말지

흥부가 배가 너무 고파 형님 댁으로 식량을 얻으러 갔다가 형수한테 밥주걱으로 얻어맞아 전치 6주의 상처를 입게 되었다. 이에 흥부는 형수를 상대로 치료비와 위자료 청구 소송을 냈다.

1심에서 치료비 10만 원과 위자료 100만 원을 인정하였는데, 흥부는 1심 판결에 만족하고 항소를 포기하였다. 그런데 놀부 마누라가 항소를 하였다.

항소심의 재판장이 조사해보니 1심에서 인정한 '위자료' 100만 원은 너무 적고, 200만 원쯤이 적당하다고 인정되었다.

이럴 경우에 항소심 재판장이 할 수 있는 판결은?

① 그래도 원고가 이긴 제1심 판결의 범위는 존중해야 하므로 피고의 항소를 기각한다.

② 적당하다고 인정한 200만 원의 지급을 피고에게 명한다.

③ 친족 간의 소송임을 감안하여 화해를 권고한다.

④ 원고에게 청구를 200만 원으로 하라고 권고하고 그에 따라 200만 원을 지급하라고 판결한다.

제1심 판결에 대하여 원·피고 중 한쪽이 항소를 하면 그 소송은 항소심(또는 제2심)으로 이관되어 항소심의 판단을 받게 된다. 항소는 가령 원고가 패소 또는 일부 패소하여 이에 대해서 원고가 항소하는 경우, 피고가 항소하는 경우, 원·피고 쌍방이 항소한 경우 등 다양할 수가 있다.

항소심은 항소장을 심사하며 항소의 방식을 위배하거나, 항소 기간을 넘긴 항소이거나, 인지액을 보정하라는 명령에 불응한 경우 등에는 '항소장 각하'를 하고, 새로이 심리를 한 결과 항소가 이유 없는 경우에는 '항소 기각'의 판결을 하며, 항소가 이유 있는 경우에는 제1심 판결을 취소하고 새로 판결한다. 원고의 항소가 이유 있으면 원고의 제1심 청구를 받아들이고, 피고의 항소가 이유 있으면 원고의 제1심 청구를 기각하는 판결을 한다.

그런데 항소심이 제1심 판결을 취소하고 항소를 인용할 때에는 지켜야 할 원칙이 있다. 항소는 제1심 판결에 대한 불복 신청에 해당하므로 그 불복 신청의 범위에 한정되어야 한다는 것이다.

예를 들면, 원고가 제1심에서 1,000만 원을 청구하였으나 600만 원만 승소한 결과 원고만이 그 패소한 범위 즉 400만 원 부분에서 항소하였는데, 항소심이 심리한 결과 원고의 항소가 전부 이유 없다고 하더라도 원고가 불복하지 않은 부분 즉 600만 원의 승소 부분을 취소하여 원고의 청구 전부를 기각할 수 없다. 이를 '불이익 변경 금지의 원칙(또는 반대로 이익 변경 금지의 원칙)'이라고 한다.

**결론**

원고가 청구한 사건에서 치료비 10만 원과 위자료 100만 원의 지급을 명한 제1심 판결에 대해 피고만이 항소한 경우, 피고의 항소가 이유가 없더라도 불이익 변경 금지의 원칙에 따라 피고가 불복한 범위를 넘어 판결할 수는 없으므로, 이런 경우에는 피고의 항소 기각 판결을 해야 한다.

## 47. 산삼의 효과인가, 오기 때문인가

거부인 구두쇠 영감이 중병에 걸려, 좋다는 약은 다 써 보았지만 백약이 무효다. 이때 만병통치한의원에서 사람을 보내 "백두산 산삼을 써보심이 어떠하올지?" 하며 바람을 넣는 통에 거금 1억 원을 주고 사서 먹었으나 효과가 없었다. 속은 것이 분해서 1억 원을 돌려 달라는 소송을 했다.

오기 때문인지 구두쇠 영감은 병도 잊고 병상에서 일어나 앉았다. 피고는 답변하기를 "원고가 백두산 산삼의 효과를 보지 못하였다면 누워만 있던 원고가 어찌 소송을 하러 법정에 다니겠습니까?"라고 하였다. 그러나 원고가 먹다 남은 산삼을 감정 신청해보자 감정 결과 도라지였음이 밝혀졌다. 1심 판결은 "피고는 원고에게 5,000만 원을 지급하라"였다. 피고는 즉각 항소하였다. 1심의 감정이 엉터리라는 것이었다.

원고는 5,000만 원이라도 승소한 것에 만족하고 상소를 포기하였다가, 피고가 항소하자 발을 동동 굴렀다. 항소 기간을 넘겼기 때문이다. 이때 원고는 어떤 대책을 세울 수 있을까?

① 도리 없다. 항소심에는 제1심에서 이긴 부분이라도 잘 방어하는 길밖에 없다.

② 항소 기간을 넘겼어도 피고의 항소에 편승하여 항소할 수 있다.

③ 걱정 없다. 항소심에서 지더라도 대법원이 남아 있다.

예를 들어 원고가 1,000만원을 청구한 사건에서 제1심 판결이 그중 일부(가령 500만 원)만 받아들인 경우에 원고, 피고는 각각 일부 패소한 경우가 되므로, 쌍방은 항소심에 항소를 제기할 수 있다.

그런데 피고는 항소하였으나, 원고는 항소 기간을 넘겼다. 그렇다면 원고도 뒤늦게라도 항소를 제기해볼 수가 있을까? 답은 '있다'이다.

적법하게 항소가 제기되면 소송 사건은 항소심에 이관하게 되는데, 그 항소심의 소송 절차가 종결되기까지는 미처 항소하지 못한 당사자도 상대방이 제기한 항소에 편승하여 항소를 제기할 수 있다.

가령 이번 사례에서처럼 1억 원의 손해 배상을 청구한 원고는 5,000만 원을 돌려받으라는 제1심 판결에 대해 만족하며 항소를 제기하지 않았으나 피고가 항소를 제기하는 바람에 사건이 항소심에 이관되었는데, 원고가 기왕에 제1심에서 청구하였던 1억 원을 돌려받고 싶다면 피고가 항소를 제기한 것을 이용하여 원고도 항소를 제기할 수 있다. 이처럼 상대방의 상소를 기회로, 즉 상대방의 상소에 편승하여 상소하지 않은 당사자에게도 상소를 허용하는 것을 '부대 상소(附帶上訴)'라고 한다.

그런데 부대 상소는 상대방의 상소에 의존하고 종속되므로, 독립하여 상소한 당사자가 그 상소를 취하하거나 그 상소가 부적법하다고 하여 각하되면 부대 상소는 그 효력을 잃는다. 부대 상소에도 항소장에 준하는 인지를 납부하여야 함은 물론이고, 부대 항소도 도중에 얼마든지 취하할 수 있는데, 이 항소의 취하는 상대방의 동의를 요하지 않는다.

**결론**

제1심 판결에 대해 피고가 항소를 제기하였다면, 항소 기간 경과로 미처 항소하지 못한 원고도 피고의 항소에 편승하여 부대 항소를 할 수 있다.

## 48. 억울하면 법대에 가시오

한국대학교 앞에서 중국집을 하는 중국인 왕 서방이 대단히 화가 났다.

"대학생들 나쁘다 해! 짜장면 외상으로 먹고 졸업이 다 되도록 안 갚으면 우리 사람 망한다 해."

그래서 외상값을 갚지 않은 100여 명의 학생들을 상대로 음식값을 청구했다. 피소당한 학생들 중 법과 대학 학생들만 빼놓고는 전부 외상값을 갚았다. 법과 대학 학생들은 "음식값은 시효가 1년인데, 1년이 지난 뒤의 청구는 이유 없다"라고 항변을 하여 원고 왕 서방은 1심에서도 패소, 2심에서도 패소하였다.

2심에서도 패소한 왕 서방이 "우리 사람 납득할 수 없다 해. 외상으로 먹은 거 인정하면서 갚지 않아도 좋다고 하는 것은 인종 차별이다 해" 하고 항의하자, 재판장이 다음과 같이 말하였다.

"그렇게 억울하면 상고하시오."

자, 왕 서방의 상고를 받은 대법원은 어떻게 할까?

① 상고 이유가 없으므로 무조건 상고 기각한다.

② 하급심이 인종 차별하였으므로 2심 판결의 파기 환송한다.

③ 하급심이 외상은 인정하고도 청구를 기각하였으므로 2심 판결을 파기한다.

항소나 상고는 모두 상소에 해당하는데 어느 경우이든 상소의 이익이 있어야 하며, 또 상소하였으면 그 상소의 이유를 항소 이유서 또는 상고 이유서라는 서면에 적어 상소심의 판단을 구하는 이유나 제1심 또는 제2심 판결의 잘못을 구체적으로 지적하여야 한다.

특히 대법원에 제기하는 상고의 경우에는 민사소송법이 정해놓은 상고 이유에 해당하는 바를 기재, 기술하여야 한다. 법정의 상고 이유는 제2심의 판결이 법령에 위반되었다는 것, 더 구체적으로는 판결에 영향을 미친 '헌법, 법률, 명령 또는 규칙의 위반'이 있음을 기재하여야 한다. 제2심이 단지 사실의 인정을 잘못하였다는 주장은 적법한 상고 이유가 되지 못한다고 보고 있다. 이외에도 판결한 법원의 구성이 잘못되었다거나, 판결에 관여할 수 없는 법관이 관여하였다거나, 관할권이 없는 법원이 판결하였다거나 대리인에 의하여 소송이 수행되었으니 대리인에게 그 대리권의 흠이 있다거나, 변론을 공개하지 않고 판결하였다거나, 판결에 적힌 이유가 모순되거나 중요한 판단을 누락하였다거나 하는 경우도 상고의 이유가 된다.

상고심은 위와 같은 상고의 이유가 없다고 판단하는 경우 상고심의 심리를 속행하지 않는다는 결정이나 상고 기각의 판결로 상고를 배척하게 된다(현재 상고 이유를 받아들여 상고 인용하는 판결 비율은 전체 상고 건수의 5퍼센트 미만으로서 하늘의 별 따기만큼 어려운데, 이는 세계 각국의 보편적 경향이다).

### 결론

원고인 왕 서방은 피고의 소멸 시효 항변이 받아들여져 1심, 2심 모두 패소하였고, 상고하였으나 '상고의 이유'가 없어 상고 기각이 될 것이다('인종 차별 당했다'는 것은 적법한 상고 이유가 되지 못한다). 현재의 제도에 의하면 원고의 상고를 심리하지 않는다는 심리 불속행 결정을 할 가능성이 높다.

## 49. 대법원은 뭐가 달라도 다를 거야

나빈둥이 집을 비우고 오랫동안 전국을 방랑하다가 10년 만에 집으로 돌아와 보니 집에 엉뚱한 사람이 살고 있었다. 나빈둥이 행적을 감추자 남은 식구들이 집을 팔고 떠난 것이다.

나빈둥은 "엄연히 내 앞으로 등기가 되었는데 누구 맘대로!" 하며, 살고 있는 사람을 상대로 소유권 이전 등기 말소 청구 소송을 냈다. 그러나 피고가 샀다는 증거가 있어서 원고 패소. 항소하였으나 역시 패소했다.

나빈둥은 대법원에 상고하였다. "등기된 소유권자가 판 일이 없는데 샀다는 주장을 인정함은 이유 모순입니다. 대법원의 현명하신 판단을 기다립니다"라고 상고 이유를 밝혔다. 그리고 "대법원은 뭐가 달라도 다르겠지" 하면서 잔뜩 기대를 걸고 있었다.

그런데 이게 웬일인가? 대법원은 "원고의 상고는 심리하지 않는다"라는 결정을 원고에게 보냈다. 왜 그럴까?

① 원고의 상고가 이유가 없기 때문이다.

② 피고를 보호하기 위해서이다.

③ 원고가 10년 동안 권리를 제기하지 않았기 때문이다.

④ 상고 이유가 너무 간단하였기 때문이다.

헌법은 국민의 재판 청구권을 국민의 기본적 인권으로 선언, 보장하고 있다. 이에 기하여 우리나라 법원은 지방 법원, 고등 법원, 대법원으로 3심 체제를 갖추고 있다. 따라서 이론상으로는 재판은 대법원까지 세 번을 받을 수 있다는 것이 된다. 그러나 1심, 2심과 달리 대법원은 하급심 판결이 명령의 적용과 해석에서 잘못이 있는지 여부를 가려보는 이른바 법률심(法律審)으로 기능하는 것이 원칙이고 1, 2심과 같은 방식으로 변론을 하고 증거를 조사하여 사실 인정을 하는 이른바 사실심(事實審)이 아니다.

대법원은 판사('대법관')의 숫자가 대법원장을 포함하여 열세 명에 불과한데, 연간 대법원에 접수되는 상고 건수는 2012년 통계로도 35만 777건이며, 해마다 증가 일로에 있다. 이는 열세 명의 대법관에게 1인당 연간 2,753건의 사건이 배당된다는 뜻이며, 이를 제대로 신속하게 처리한다는 것을 기대한다는 것은 무리를 넘어 불가능에 가깝다고 할 수 있다.

이렇게 대법원에 접수되는 폭주하는 상고 사건 수를 줄여 대법원이 국민의 법률생활에 의미 있는 판결을 내리게 하기 위해서는 상고를 어느 정도 제한할 필요가 있다. 1994년까지는 상고되더라도 대법원이 허가한 사건에 대해서만 판결하는 '상고 허가제'를 채택하였으나 이는 국민의 재판 청구권에 대한 제한이라는 사회적 비판에 직면한 후 1994년부터는 '상고심절차에 관한 특례법'이 제정되어 상고가 되더라도 상고인의 주장에 중대한 법령 위반 등에 관한 사항 등이 아닌 상고 이유에 대해서는 대법원에서 이를 심리하지 않는다는 '상고 심리 불속행 제도'를 채택하여 오늘에 이르고 있다.

### 결론

대법원이 채택, 운영하고 있는 상고 심리 불속행 제도에 의하면 나빈둥의 상고는 이유가 없어, 상소심이 이를 심리하지 않는다.

## 50. 침대는 가구인가, 예술인가

"침대는 가구가 아니라, 예술입니다."

베이스침대의 이런 기발하고 참신한 광고가 나가자 침대는 불티나게 팔렸다. '전국 예술인 총집합'에서는 이 광고가 예술인을 모욕한 것이라고 주장하면서 베이스침대를 상대로 광고 방송 중지 요청 소송을 제기했다. "침대는 가구이지, 어째서 예술이냐"라는 이유였다. 상식적으로는 맞다. 그런데 1심은 원고 패소, 2심도 원고 패소였다. 판결 이유는 "광고에서 다소의 과장과 비유는 허용될 수 있다"라는 것이었다.

원고가 대법원에 상고하자 대법원은 "가구는 가구일 뿐이고 예술과 관련 없다. 그러므로 가구를 광고하면서 예술이라고 하는 것은 허용되는 다소의 과장 정도를 넘어 소비자를 기만하는 행위이다"라는 이유로 하급심의 판결을 깨고, 사건을 고등 법원으로 돌려보냈다.

사건을 배당받은 고등법원의 재판장은 속으로 "광고에서 과장 광고라고 하더라도 이 정도의 '비유'도 못하게 할 것까지는 없지"라고 생각했다. 고등 법원에서도 심리 결과 새로운 증거의 제출이나, 새로운 주장은 없었다. 어떤 판결이 예상되는가?

① 대법원의 판단에 구속되어야 하므로 원고 승소다.

② 고등 법원 판사의 독자적 소신도 존중되어야 하므로 원고 패소다.

제2심의 판결에 대하여 패소한 당사자가 대법원에 상고를 한 경우에 상고의 이유가 있다고 판단하면 대법원은 심리를 하여 대법원의 판결로 원판결을 파기하고 원래의 법원에 사건을 돌려보낸다. 이를 '파기 환송(破棄還送)'이라고 한다.

그렇다면 사건을 돌려받아 다시 재판하여야 하는 고등 법원이나 지방 법원은 대법원의 판단에 구속되어 그대로 재판해야만 하는가? 원칙적으로는 그렇다. 환송받은 법원은 그 사건에서 대법원이 파기의 이유로 삼은 법률상 및 사실상의 판단에 구속되고 이와 다른 판결을 할 수 없다(이를 '파기 판결의 기속력'이라고 한다). 만일 파기 환송을 받은 하급심 법원에서 대법원의 파기 사유와 다른 이유를 들어 재판을 하면, 사건은 환송받은 법원과 대법원 간을 끊임없이 왕복하게 된다.

그러나 이 구속력에도 예외가 있다. 환송받은 법원은 새로 재판을 하게 되는데 이 과정에서 종전과 다른 새로운 증거가 있으면 이에 기초하여 새로운 사실을 인정할 수 있다. 그리고 대법원 판결에 나타난 법률상의 견해나 해석이 다른 사건에서 변경된 때, 재판의 기초인 법령의 변경(개정 또는 폐지)이 있는 때, 그리고 새로운 주장이나 입증의 보강으로 전제된 사실 관계의 변동이 생긴 때 등의 경우에는 대법원의 판단에 따르지 않는 판결을 할 수 있다.

### 결론

이 사례는 전적으로 가상이지만, 대법원이 "'침대는 예술이다'라는 광고는 소비자를 기만하는 것이다"라는 법률적 견해를 들어 원판결을 파기한 것이므로, 파기 환송을 받은 법원은 그 법률상의 판단에 구속된다고 해석해야 한다. 따라서 대법원 판결 취지대로 원고 승소 판결을 해야 한다.

## 51. 어디 할 짓이 없어 땅 갖고 사기를 치나

땅 1평 값이 금값보다 비싸다는 강남에 오래도록 방치된 채 잡초가 무성한 땅이 100평 있었다.

토지 사기꾼 고지능 씨는 이 땅의 주인이 20년 전 미국으로 이민을 갔음을 알아내고 매매 계약서를 위조한 뒤 법원에 소유권 이전 등기 청구 소송을 냈다. 물론 땅 주인(피고)의 주소는 허위로 엉뚱한 곳으로 적어냈다.

소장과 소환장이 송달되지 않게 되자 공시 송달의 방법으로 송달시킴으로써 원고 승소 판결이 내려졌고, 이 소송은 확정되었다.

그런데 땅 주인이 오랜만에 귀국해 보니 자기 땅이 고지능에게 판결에 의하여 넘어간 것을 알았다고 하자. 민사소송법이 마련한 구제 방법은 무엇인가?

① 항소

② 재심

③ 원인 무효를 이유로 하는 등기 말소 청구

④ 형사 고소

재판에서 법관이 내리는 판결은, 신이 하는 것이 아닌 이상 잘못될 수도 있다. 판결이 '확정'되었다고 하더라도 다시 재판해보아야 할 사유에 해당하는 중대한 잘못이나 흠이 있는 경우에 그 잘못된 판결의 취소와 이미 종결된 사건의 재심판을 구하는 것을 '재심(再審)'이라고 한다. 우리나라 민사소송법도 이 판결의 오류를 교정하는 절차로서 재심 제도를 마련해놓고 있다. 그러나 아무 경우에나 재심을 청구할 수 있는 것은 아니고 반드시 법으로 정해놓은 재심 사유가 있어야 한다.

예를 들면 판결한 법원의 구성이 위법하다거나, 재판에 관여할 수 없는 법관이 재판에 관여했다거나, 선임된 대리인의 대리권에 흠이 있다거나, 판결한 법관이 그 사건에 관하여 직무상의 범죄를 저질렀다거나, 타인의 범죄 행위로 재판상 자백을 하였거나, 공격 방어 방법의 제출이 방해받았다거나, 판결에 증거로 사용된 문서가 위조·변조되었거나, 증인이 허위 진술(위증)을 하였다거나, 판결의 기초가 된 형사 재판이나 행정 처분이 나중에 변경되었다거나, 판결에서 중요한 판단의 누락이 있다거나 등의 사유가 그것이다.

또 재심은 아무 때나 청구할 수 있는 것이 아니고 청구 기간이 정해져 있는데, 이는 재심 사유마다 약간씩 다르다.

재심 제도가 마련되어 있다고는 하나 실무에서 재심 청구가 받아들여지는 경우는 상당히 적다.

### 결론

재심 청구의 대상이 되는 판결에서 원고가 피고의 주소를 소재 불명 또는 허위 주소로 적어 소를 제기하여 판결을 얻어낸 경우(판결의 편취), 피해자는 재심 사유가 되므로 재심을 청구할 수 있다(판례는 그 구제 방법으로서 항소의 제기도 인정하고 있으나, 민사소송법 제451조는 이를 재심 사유로 명시하고 있으므로 이 사례의 해답은 ②번이다).

## 52. 법 없이 산다고? 아니 아니 되어요

김선량 씨는 주위에서 '법 없이도 살 사람'이라는 평가를 받을 정도로 선량한 사람이었다. 그가 마누라와 아이들의 성화에 못 이겨 30년째 살고 있던 한옥을 팔고 신도시의 아파트를 사서 이사하기로 결심하였다.

부동산 중개업소의 소개로 때마침 매물로 나온 40평형 아파트를 보고는 마음에 들어 계약을 했는데, 계약금 2,000만 원을 주고 남은 중도금의 잔금은 살던 집 처분에 필요한 기간을 감안하여 각각 3개월 후, 4개월 후로 약정했다. 3개월 후 하루 늦게 중도금을 갖고 부동산 중개소로 갔더니, 아파트를 벌써 다른 사람에게 팔고 등기까지 넘겨주었다는 게 아닌가?

판 사람을 상대로 하여 그는 손해 배상 소송을 제기하려고 한다. 그런데 문제는, 소송 중에 판 사람의 집이 처분될까 염려가 된다(판사람은 살고 있던 집이 아닌 다른 아파트를 팔았다). 소송이 몇 개월이 걸릴지도 모른 일이고. 승소 후 강제 집행을 확실하게 확보하는 사전의 방법(소송 전의 조치)은 무엇인가?

① 사기죄로 형사 고소한다.

② 판 사람의 집을 처분하지 못하도록 가압류한다.

③ 계약금을 물어내라고 문서로 통지하여 증거를 확보한다.

④ 소송을 내면서 상대방이 집을 처분할 우려가 있으니 신속하게 재판해달라고 신속 재판을 신청한다.

권리자가 힘들고 비용이 드는 소송을 제기하는 목적은 임의로 이행을 거부하고 있는 의무자에 대해 소송에서 이겨, 그 판결로 의무자의 재산에 강제 집행을 하여 만족, 즉 권리를 실현하려는 것이다.

그런데 소송은 적지 않은 시간이 소요되며, 따라서 승소 판결을 받아 강제 집행을 하기 전까지 채무자의 재산이 처분되거나 변동되어 승소 판결을 받더라도 강제 집행의 실시가 곤란해지는 경우가 적지 않다.

이런 경우에 소송 제기 전에 채무자의 재산 변동을 동결하여 미리 강제 집행이 될 재산을 확보하는 절차를 '보전 절차'라고 한다.

보전의 방법은, 권리자가 채무자의 재산을 강제 집행의 자격(근거)을 얻어 강제 집행을 신청할 때까지 임시로 압류하는 '가압류(假押留)'와 채무자가 재산을 처분하거나 재산 가치를 약화시킬 우려가 있어서 그 처분행위를 금지시키는 '가처분(假處分)'의 두 가지가 있다.

가압류나 가처분의 절차는 채권자의 신청으로, 신청서와 첨부한 소명 자료만을 보고 심리하는 서면 심리, 채권자와 채무자를 신문하는 방식의 심리, 그리고 변론을 열어 심리하게 되나, 어느 경우이든 신청이 이유 있으면 판결 절차보다는 훨씬 빠르게 이루어진다.

소송에 선행하여 채권자가 가압류, 가처분 절차를 밟는 경우는 대단히 많다.

### 결론

이 사례에서 채권자인 김선량 씨가 소송제기 전에 채무자의 재산 처분이 염려된다면 채무자의 재산을 가압류하거나 가처분 신청을 하면 된다(이미 지급한 매매 대금을 돌려받으려면 가압류를, 매수한 부동산에 대해 소유권을 확보해두려면 가처분을 신청하는 것이 정석이지만, 이 사례에서는 매수하였던 부동산이 이미 남에게 넘어갔으므로 가처분은 구제 방법이 되지 못한다).

## 53. 사정이 생겨서 해약합니다

은퇴 후 시골에 전원주택을 짓고 사는 것이 꿈이었던 만년 과장 이전원 씨가 드디어 꿈을 이루게 되었다. 정년퇴직한 그가 남한강을 끼고 있는 준농림지 100평을 계약했던 것이다.

중도금까지 주었는데 들리는 소문이 이상하였다. 너도나도 전원주택을 찾는 바람에 이 씨가 땅을 산 뒤에 땅값이 배로 뛴 것이다.

사정이 이쯤 되자 판 사람에게서 내용 증명 우편물로 해약 통고서가 날아왔는데 "사정이 생겨서 해약코자 합니다. 그 대신 계약금은 배액을 물겠습니다" 하고 되어 있었다.

어쩌면 이럴 수가 있단 말인가? 이 씨는 해약에 동의할 수 없다. 그리고 그 땅을 반드시 소유하고 싶다. 그래서 소송을 하고자 한다. 이 씨가 소송을 제기하기 전에 꼭 밟아야 할 절차가 있다면?

① 땅을 판 사람이 딴 데 팔지 못하도록 가처분 신청을 해둔다.

② 해약에 동의할 수 없다고 문서로 통고한다.

③ 땅 잔금을 빨리 법원에 공탁한다.

④ 이중 매매는 사기죄가 된다고 경고한다.

채무자의 재산을 소제기 전에 미리 동결, 확보하는 절차가 재산 보전 절차인데, 여기에는 크게 가압류와 가처분이 있다는 것은 이미 앞에서 설명하였다.

가압류는 채권자가 확보하고자 하는 권리가 금전의 지급을 청구할 수 있는 금전 채권인 경우에 이용하는 제도이고, 가처분은 금전 채권 이외의 권리를 확보하기 위해 채무자의 재산의 처분(매매, 양도)이나, 재산 가치의 약화(담보의 제공)를 금지시키고자 할 때 이용할 수 있는 제도라는 점에서 차이가 있다. 예를 들어 부동산을 샀는데, 상대방이 이를 처분할 우려가 있는 경우에 매수인이 그 매매 목적물의 소유권을 보전 절차로서 미리 보전하려면 '처분 금지 가처분'을 신청하면 된다.

이 가처분 신청을 법원이 받아들이면 법원은 채무자에 대해 당해 목적물의 처분, 담보의 제공 등 일체의 처분 행위를 금지하라는 명령을 발하고, 이 명령은 당해 부동산 소재지의 등기소에 촉탁하여, 이 등기부에 이 명령이 기재되고, 제3자는 그 등기부에 처분 금지 명령이 기입된 부동산의 매수나 담보의 수령을 기피하게 되므로, 채권자의 강제 집행 '보전'의 목적은 달성된다.

### 결론

부동산을 처분한 사람이 이를 다른 곳에 처분할 우려가 있을 때, 이 부동산의 소유권을 미리 확보하는 방법은 가처분 제도를 이용하는 것이다.

## 54. 사람만 소개해도 빚보증?

A: "아니, 김 사장님 돈은 내가 빌려 쓴 게 아닌데 왜 내 집에 가압류를 하는 겁니까?"

B: "당신이 당신 친구에게 돈을 빌려주라고 소개했으니 빚보증을 한 셈이잖소?"

A: "돈 쓴 사람 소개한 걸 가지고 빚보증을 섰다는 주장은 너무 억지 아닙니까? 빨리 가압류를 말소해주세요."

B: "그렇게는 못 하겠소."

자, 채권자 B는 채무자 C가 빚을 갚지 않자 C를 소개한 A에 대해 빚보증을 했다는 이유로 가압류를 했다. A가 C의 '빚보증을 섰는지 여부'는 결국 소송 과정에서 당사자들이 밝혀야 할 사항이다. 그런데 B는 소송할 생각을 않고 있다.

그렇다면 빚보증을 선 일이 없다는 A가 억울(?)하게 당한 가압류를 풀기 위해서는 어떻게 해야 할까?

① 채권자 B를 상대로 채무 부존재 확인 소송을 낸다.

② 채무자 C를 상대로 빨리 B에게 빚을 갚으라는 소송을 낸다.

③ 채권자 B를 상대로 빨리 소송을 내라고 법원에 신청한다.

④ 채권자 B가 소송을 제기하면, 그때 밝히면 된다.

**해답 ③** **제소 명령 신청**

채권자가 채무자에 대하여 어떤 권리를 갖고 있고 그에 기하여 소송을 제기하고자 하나, 승소하더라도 그 기간 동안에 채무자의 재산에 변동이 생겨 강제 집행을 실시할 수 없다고 보일 경우 소송 제기 전 채무자의 재산에 대한 법원의 재산 보전 절차를 밟는 것이 보통이다.

이처럼 장차 강제 집행의 실시 곤란을 예방하고 그 집행을 보전하는 절차를 '재산 보전 절차'라고 하는데, 여기에는 채권이 금전적 청구권인 경우에는 '가압류'를, 그 밖의 권리에 대해서는 '가처분'을 하는 것으로 구분하고 있다.

가압류, 가처분은 승소 판결로 권리가 확정되기 전 임시로 밟아두는 문자 그대로 '보전'절차인데, 채권자가 가압류를 한 뒤, 도무지 소송을 제기하지 않고 있는 경우에 채무자가 어떻게 대응하여야 할까?

이때 채무자는 채권자의 가압류 신청 자체가 부당하다고 생각하는 경우에는 그 가압류 명령을 발한 법원에 이의 신청을 할 수 있고, 이 가압류의 원인이 되는 권리관계 자체를 다투어야 하는 경우에는 법원에 채권자로 하여금 빨리 소송을 제기하도록 요구하는 '제소 명령(提訴命令)'을 신청할 수 있다.

제소 명령이 신청되면 법원은 가압류를 신청했던 채권자에게 일정한 기간 내에(대개 2주의 기간을 준다) 소송을 제기할 것을 명하는 제소 명령을 발하게 된다. 채권자가 일정한 기간 내에 소송을 제기하지 않으면 채무자는 이 부제소를 이유로 그 가압류의 취소 신청을 할 수 있고, 이것이 받아들여지면 가압류는 법원의 결정으로 취소된다.

**결론**

이 사례에서 A는 빚보증을 선 사실 자체를 다투고 있으므로, 가압류를 한 B를 상대로 제소 명령을 신청할 수 있다.

## 55. 승소 판결문이 곧 돈은 아니다

"피고는 원고에게 돈 1,000만 원과 이에 대한 2013년 1월 1일부터 돈을 다 갚을 날까지 년 2할 5푼의 비율에 의한 지연 손해금을 지급하라. 그리고 이 판결은 가집행할 수 있다."

재판장의 판결 선고가 있자 나홀로 씨는 감격의 눈물을 흘리지 않을 수 없었다. 어두운 밤길에 귀가하다가 시(市)에서 설치한 맨홀 뚜껑이 열려 있는 것을 모르고 발을 헛디뎌 빠지는 바람에 부상을 입었던 나홀로 씨. 그가 시를 상대로 혼자서 1년 동안 싸워 얻은 승소 판결 앞에서 어찌 감격하지 않으리오.

그런데 판결문이 피고에게 송달되고 한 달이 넘었는데도 피고는 갚을 생각이 없는지 소식이 없다. 나홀로 씨는 승소 판결문만 나오면 패소한 피고는 판결에 따라 돈을 가지고 올 것이라고 '착각'하고 있는 것이다.

이럴 때 승소한 원고가 돈을 받기 위해서는 무엇을 해야 하는가?

① 피고에게 판결대로 돈을 갚으라고 문서로 강력하게 독촉한다.

② 법원에 찾아가 자세한 안내를 받는다.

③ 지금이라도 법원에 가서 강제 집행 신청을 한다.

④ 시장이 아직 판결을 모르고 있으므로 시장에게 판결문을 직접 전해준다.

소송의 목적은 임의로 의무를 이행하지 않는 채무자에 대하여 국가 권력의 행사인 강제 집행의 방법으로 권리를 구제받으려는 것이다. 승소의 판결은 이 강제 집행을 신청하여 실시할 수 있는 가장 강력한 근거가 된다.

승소의 판결이 내려지고, 이 판결서가 채무자(피고)에게 송달되면 채무자가 강제 집행을 피하고자 채무를 임의로 이행하는 경우도 있지만, 끝내 불응하면 승소한 사람은 강제 집행을 신청하게 된다. 승소의 판결문이 저절로 채무를 이행케 하는 것은 아니고, 승소한 사람의 강제 집행 '신청'이라는 또 하나의 절차가 있어야 한다.

강제 집행을 신청할 수 있는 근거는 승소의 판결이 가장 대표적이지만, 그 밖에도 확정된 지급 명령, 법원의 이행 권고 결정, 화해 권고 결정, 조정에 갈음하는 결정, 가압류·가처분 명령, 재판상 화해 조서, 조정 조서, 청구 인락 조서, 공정 증서 등 다양하다.

이러한 강제 집행을 신청할 수 있는 근거를 갖게 된 자는 법원 또는 공증인에게 가서 '집행문'이라는 것을 발부받아, 이를 집행 기관에 제시하고 서면으로 '강제 집행을 신청'해야 한다.

### 결론

승소한 권리자가 강제 집행을 하려면 '강제 집행 신청'이라는 행위가 필요하다.

## 56. 이장님 만세!

아늑하고 평화로운 농촌 마을에 골프장 건설 공사가 시작되는 것을 알리는 불도저의 굉음이 울리자, 기동대 이장과 모든 마을 사람들이 궐기하였다.

그러나 건설 회사가 한 사람씩 찾아가 보상금에 두둑한 이사 비용까지 얹어주자 이장님을 빼놓고 모두들 주저 앉고 말았다. 공사가 진행되던 그해에 큰비가 내리자 골프장에서 밀려온 토사로 농사마저 망치고 말았다.

여태 이장 혼자서 건설 회사를 상대로 손해 배상 청구 소송을 제기하여 싸웠다. 이 싸움이 3년이나 걸려 대법원에서 이장이 드디어 승소하였으나, 이장은 그 배상금을 받기 전에 그만 세상을 떠나고 말았다.

기동대 이장에게는 처와 2남 2녀의 상속인이 있다. 장남이 판결문을 들고 회사로 찾아가 승소금의 지급을 구하자, 회사는 "당사자 본인이 오면 돈을 주겠소" 하는 것이 아닌가?

그러나 당사자 본인이 어찌 나타날 수 있단 말인가? 승소한 원고의 상속인들이 돈을 받는 방법은?

① 아버지의 승소 판결문으로 피고 회사에 대해 강제 집행을 할 수 있다.

② 상속인 전원이 회사에 가서 청구하여야 한다.

③ 확정된 판결문을 근거로 상속인들이 다시 소송을 해야 한다.

판결의 효력은 원칙적으로 판결서 주문에 표시된 당사자에게만 미친다. 판결이 확정되면 그다음의 권리 구제 절차는 강제 집행이다.

그런데 판결 선고 전에 즉 변론을 거친 사건의 경우 그 사실심 변론 종결 이후에, 당사자가 사망한 경우, 그 판결의 효력은 상속인에게 미친다. 변론을 거치지 아니하고 판결이 선고된 사건의 경우에 그 선고 이후 당사자가 사망하였다면 이 경우도 마찬가지이다.

따라서 승소한 당사자의 상속인은 상속이라는 승계를 주장하여 별도의 소송을 제기할 필요 없이 일단 승소한 판결에 가해서 강제 집행을 할 수 있다.

이처럼 승소 판결에 표시된 당사자의 법적 지위를 상속으로 승계한 사람을 위하여 강제 집행할 수 있도록 하는 제도를 '승계 집행(承繼執行)'이라고 한다.

이 승계는 상속과 같은 포괄 승계는 물론이고 매매와 같은 특정 승계에 의한 경우를 묻지 않는다. 상속인이 강제 집행을 하기 위해서는 그 법원으로부터 승계 집행문이라는 권한을 부여받아야 한다.

### 결론

변론 종결 이후 당사자가 사망한 경우 그 상속인들은 사망자가 받은 승소 판결문에 기해 승계 집행을 할 수 있다.

## 57. 일찍 일어난 새가 법정에서도 이긴다

"원고는 피고의 가슴에서 1파운드의 살을 떼어내도 좋다. 다만 피는 한 방울도 흘려서는 안 된다."

재판장의 준엄한 판결 선고가 내려지자, 샤일록은 "재판장님, 세상에 이런 판결이 어디 있습니까? 그럼 차라리 피고에게 빌려준 돈이나 받게 해주십시오"라고 사정하였다.

샤일록의 청원이 받아들여져, 판결은 "피고는 원고에게 100파운드를 갚으라"는 것으로 변경되었다.

원고가 이 판결에 근거해서 피고의 재산인 선박에 대해 강제 집행을 신청하게 되자 경매 기일이 다가왔다. 간신히 빚 갚을 돈을 마련한 피고 안토니오가 원고를 찾아가자 샤일록은 고개를 저었다.

"이미 때가 지났소. 판결을 내리기 전에 갚았어야 하오. 나는 경매로 돈을 받겠소"라고 하는 것이 아닌가?

피고가 시급히 강제 집행을 면하는 방법은?

① 돈(빚)을 공탁하고, 법원에 강제 집행 정지 신청을 한다.

② 원고의 강제 집행 강행이 권리 남용이라고 주장하여 법원에 강제 집행 무효 확인 소송을 낸다.

③ 방법이 없다. 원고 말대로 너무 늦었다.

승소한 권리자가 강제 집행 신청을 하면 법원은 채무자의 재산에 대하여 강제 집행을 개시한다. 예를 들어 금전 채권을 이행받고자 할 강제 집행의 경우라면 먼저 채무자의 재산을 압류하고, 이 압류한 재산을 법원이 경매에 붙여, 여기서 얻은 금액을 채권자에게 배당함으로써 강제 집행 절차는 종료된다. 강제 집행은 채무자의 사유 재산에 대한 국가의 강제적인 처분을 의미하므로 강제 집행의 절차에는 채무자에 대한 보호 조치도 필요하다.

예를 들어 강제 집행 전 또는 개시 이후에 채무자가 채무를 변제하였는데도 강제 집행을 계속 진행한다면 채무자에게는 극도로 가혹한 일이 되고 만다. 민사집행법은 이런 경우에 채무자를 위하여 이미 개시된 강제 집행 절차의 중단, 정지를 할 수 있게 하고 있다.

채무를 변제한 영수증 등을 '변제 수령 증서'라고 하는데, 변제하였다고 하여 당연히 강제 집행 절차가 정지되는 것은 아니고, 채무자가 변제 수령 증서를 집행 기관에 제출하면서 정지의 신청을 해야 한다. 변제하고자 하여도 채권자가 이를 거절하면 채무자는 법원에 채무 금액의 전부를 공탁하고, 이 변제 공탁서를 제출하면서 강제 집행 정지를 신청하면 된다.

강제 집행 개시 이후 채무를 변제하면 보통은 채권자가 강제 집행 신청을 취하하여 집행이 종료되지만, 급박한 경우에는 채무자의 신청에 의하여 그 집행을 정지할 수 있다. 변제를 이유로 하는 집행 정지 신청은 그 재산이 경매에서 매각되어 이를 매수한 자가 그 대금을 완납할 시기 전까지 하여야 한다.

**결론**

채무를 변제 또는 변제 공탁을 한 사람은 이를 근거로 진행되고 있는 강제 집행 정지 신청을 하여 구제받을 수 있다.

## 58. 팔은 안으로 굽는다

"오, 바퀴벌레, 징그럽고 무서워서 혼났어요."

이렇게 말하면서 미국인 크리스 씨는 대한민국 수도 서울의 고구려호텔을 상대로 LA 지방 법원에 10만 달러의 손해 배상 소송을 냈다. 한국에 관광차 와서 고구려호텔에 투숙했는데 방에서 바퀴벌레 한 마리가 기어 나왔다나 뭐라나.

팔은 안으로 굽는다고, LA 지방 법원이 손해 배상금 1만 달러를 지급하라는 판결을 내렸음은 물론이다(피고 고구려호텔은 미국 변호사 비용이 5만 달러라는 것을 알고 응소를 포기했다).

그렇다면 크리스 씨가 미국에서 얻은 승소 판결은 우리나라에서 집행할 수 있을까?

① 물론이다. 단 주한 미국 대사관을 통해서 한다.

② 우리나라 외무부가 그 판결을 승인하지 않는 한 불가능하다.

③ 우리나라 법원이 그 판결을 심사하여 승인하는 경우에만 가능하다.

④ 피고가 불참한 상태에서 얻어낸 불공정한 판결이므로 불가능하다.

우리나라 사람 또는 외국인이 외국의 법원에서 받은 판결을 갖고 국내에서 강제 집행할 수 있을까? 원칙적으로는 외국에서의 판결은 국내에서는 효력이 없다. 그러나 외국 법원의 확정 판결도 다음의 몇 가지 조건하에서는 유효하다.

첫째, 우리나라의 법령과 조약에 따라 국제 재판 관할의 원칙상 그 외국 법원이 당해 사건에 대하여 국제 재판 관할권을 갖고 있을 것.

둘째, 패소한 피고가 소장, 기일 통지서 등 소송 절차를 개시하는 문서를 적법한 방식에 따라, 방어에 필요한 시간 여유를 두고 송달받을 것.

셋째, 그 외국 법원의 판결을 인정하는 것이 우리나라의 선량한 풍속, 그 밖의 사회 질서에 위반되지 않을 것.

넷째, 그 외국이 우리나라의 확정 판결의 효력을 인정하는 조건과 우리나라가 그 외국의 확정 판결의 효력을 인정하는 조건이 대등한 경우일 것(이를 '상호 보증'이라고 한다). 즉 그 판결국이 우리나라의 판결을 승인하는 경우에 우리나라도 그 판결국의 판결을 승인한다는 원칙이다.

이상의 조건을 충족한 외국 법원의 확정판결은 국내 법원이 이를 '승인'하면 강제 집행을 할 수 있다.

**결론**

외국 법원의 판결에서, 국내인(또는 국내 기업)이 그 소송에서 적법한 송달을 받은 경우에는 그 응소 여부와 관계없이 유효하다고 본다. 따라서 그 외국 법원의 판결은 우리나라 법원이 승인하면 강제 집행할 수 있다.

# 59. 법대 출신은 역시 달라

나몰라 과장이 회사 내에서 동료, 후배 들에게 돈을 꾸고는 제때에 갚지 못하는 바람에 신용이 땅에 떨어졌다.

어느 날 나 과장은 신입 사원 김현명에게 "50만 원만 꾸어줘. 월급날 갚을게" 하고 사정하였다. 김현명은 법대 출신이다.

"에이, 과장님 약속 안 지키기로 소문이 자자하던데요?"

"누가 그래? 이 사람 큰일 날 소리하네."

"그럼 제가 하자는 대로 하면 빌려드리지요."

"좋아. 뭔데?"

이렇게 해서 나 과장은 금액은 50만 원, 지급 기일은 월급날로 하는 약속 어음을 작성하고, 공증 사무소에 가서 공증을 해준 뒤에야 간신히 돈을 빌릴 수 있었다.

자, 그런데 나 과장이 월급날 돈을 갚지 않았다고 하자. 채권자 김현명이 취할 수 있는 법적 조치는 무엇인가?

① 즉시 소송을 제기한다.

② 즉시 지급 명령을 신청을 한다.

③ 즉시 동네방네 소문을 퍼뜨린다.

④ 즉시 강제 집행을 신청한다.

원고가 소송을 하는 목적은 결국 승소 판결을 받아 강제 집행을 하여 권리를 구제, 실현하겠다는 것이다.

강제 집행을 할 수 있는 근거는 승소 판결에 국한되지 않는다. 소송상 화해가 이루어진 경우에 그 화해 조서, 재판 도중 조정이 이루어진 경우에는 그 조정 조서도 강제 집행의 근거가 된다. 또 소송이 아니더라도, 강제 집행을 할 수 있도록 당사자 간에 합의하고 이에 기초하여 공증인이 작성한 공정 증서도 이를 근거로 강제 집행을 할 수가 있다.

현재 공증인법에 의하면, 국가로부터 임명받은 공증인('임명 공증인'), 공증 사무 인가를 받은 공증 합동 법률 사무소와 법무 법인의 공증 담당 변호사(인가 공증인)는 당사자의 촉탁에 의하여 어음이나 수표 등과 같은 유가 증권 그리고 금전 소비 대차에 관하여 채무자가 변제기에 변제하지 못할 때에는 강제 집행을 하여도 이의 없다는 의사를 기재한 공정 증서를 발급할 수 있다.

현재 공증 업무를 담당하는 곳은 임명 공증인, 인가 공증인은 전국적으로 약 300여 곳이며, 공증인이 없는 곳에서는 그곳의 지방 검찰청이 촉탁을 받아 공증 업무를 대행한다.

임명 또는 인가받은 공증인이 수행하는 공증 제도는 분쟁을 굳이 소송에 의하지 않고 당사자 간에 자주적으로 분쟁을 해결하는 소위 예방 사법의 기능을 수행하는 제도로서, 대단히 널리 이용되고 있다.

### 결론

약속 어음에 대하여 공증을 받아 공정 증서를 갖고 있는 사람은 채무자가 지급 기일에 이행을 하지 않는 경우에 소송이라든가 다른 절차를 거칠 필요 없이 그 공증 증서에 근거하여 강제 집행을 신청할 수 있다.

## 60. 신용 카드 마구 긁어대다 패가망신한다

“자네, 무슨 걱정 있나? 얼굴에 수심이 가득하군 그래.”

“말도 말게. 나는 이번 달부터 파산이야. 아내가 알면 이혼하자고 나설 거야.”

“무슨 일인데?”

“지난달에 신용 카드 대금을 연체했더니 카드 회사에서 월급을 압류했어. 그래서 이번 달 월급날에는 한 푼도 집에 가져갈 수 없게 생겼어.”

“그러기에 내 뭐랬나? 분수대로 살아야 한다고. 좌우지간 신용 카드 때문에 패가망신하는 사람이 많구먼.”

자, 신용 카드로 구입한 물건의 대금을 내지 못해 월급을 압류당한 친구를 법률적으로 돕는 방법이 있을까?

① 돈을 빌려준다.

② 비밀을 지켜준다.

③ 월급은 반만 압류할 수 있다고 알려준다.

④ 보증을 서준다.

'강제 집행'이란, 국가가 공권력으로 채무자의 재산에 대하여 강제적 처분(이를 '경매'라고 한다)을 하여 그로부터 얻어진 수익을 강제 집행을 신청한 적법한 채권자에게 교부하는 국가의 일련의 절차를 말한다.

소송의 목적은 바로 이러한 강제 집행을 신청하여 국가로 하여금 강제 집행을 해달라고 신청하기 위해서이다.

강제 집행의 대상은 채무자의 소유에 속한 일체의 재산적 가치가 있는 것으로 한다. 동산, 부동산, 채권, 자동차, 광업권 등 재산적 가치가 있는 것이면 전부 강제 집행을 할 수 있다.

동산이나 채권에 대한 강제 집행의 첫 단계는 우선 압류이다. '압류'란 강제 집행의 대상물에 대하여 채무자의 점유를 풀고 이를 강제 집행 실시 기관인 집행관의 점유에 두는 것을 말한다.

근로자가 정기적으로 받는 급여(월급)도 강제 집행의 대상이 됨은 물론이다. 그런데 이 급여를 비롯하여 민사집행법 제195조에는 압류를 할 수 없는 대상을 정해놓고 있다('압류 금지 채권'은 제246조 참조). 급여는 채무자의 일상생활에 꼭 필요한 것이므로 압류할 수 있되 그 액수는 급여액의 2분의 1까지로 제한된다. 급여에는 기본급은 물론 모든 수당이 포함된다. 따라서 가령 월급이 200만 원이라면 압류는 그 2분의 1에 해당하는 범위까지이다.

그러므로 채권자는 매월 채무자의 급여에 대해 2분의 1까지 압류할 수 있고 그 상태는 그 채권액에 달할 때까지 계속된다(가령 1,000만 원의 강제 집행 채권을 갖고 있어 채무자의 월 200만 원의 급여를 압류하였다면 월 100만 원씩 10개월까지 압류된 급여를 회수할 수 있다).

결론

근로자의 급여는 2분의 1까지만 압류할 수 있다.

## 61. 집행해볼 테면 해보던지

연놀부의 여동생 연놀자도 심통이 고약한 것이 오빠를 꼭 빼어 닮았다. 집에는 없는 것 없이 다 해놓고 살면서, 남에게 빌린 돈은 많든 적든 갚는 법이 없다.

돈을 빌려준 영희 엄마가 버르장머리를 고친다는 생각으로 100만 원을 갚으라는 소송을 해서 이겼는데, 고민은 그다음부터이다. 연놀자는 가정주부여서 일정 수입이 없다. 집도, 자동차도 명의는 모두 남편으로 되어 있다.

영희 엄마는 강제 집행을 할 수 있을까?

① 피고가 자기 명의의 재산을 갖출 때까지 기다린다.

② 피고의 남편도 책임이 있으므로 남편 재산에 대해서 강제 집행을 신청한다.

③ 집 안의 가재도구에 대해서 강제 집행을 할 수 있다.

④ 피고를 사기죄로 형사 고소할 수 있다.

강제 집행은 채무자의 소유 재산에 해야 한다. 타인의 소유에 대한 강제 집행은 위법이다. 그렇다면 채권자가 부부 중 일방에 대한 승소 판결로 부부의 재산에 대해 강제 집행을 할 수 있을까?

민법에 의하면 부부의 재산에 관하여 부부 일방이 혼인하기 전부터 가진 고유 재산과 혼인 중 자기 명의로 취득한 재산은 그의 특유 재산으로 한다는 등 부부 별산제(夫婦別産制)를 채택하고 있다.

그러므로 부부의 일방에 대한 강제 집행 채권자가 채무자가 아닌 다른 배우자의 소유 재산에 대한 강제 집행은 허용되지 않는다. 그렇다면 집 안에 있는 가재도구는 어떻게 될까?

혼인 중에 있으면서 혼인 공동생활을 하는 부부에게 집 안의 가재도구는 굳이 누구의 고유 재산, 특유 재산이라고 할 수 없는 경우가 보통이다. 민법은 이렇게 귀속 불명의 재산은 부부의 '공유 재산'이라고 추정하고 있다. 따라서 채권자는 그 공유재산에 대하여 강제 집행을 할 수 있다.

다만 가재도구와 같은 공유로 추정되는 재산의 부부의 공유 지분은 각각 2분의 1씩이라고 보아야 하므로, 공유 재산에 대한 강제 집행은 그 공유 지분에 해당한다. 그러나 TV, 오디오, 냉장고 등 가재도구를 2분의 1만 경매하는 것은 비현실적이므로 압류한 공유재산 전부를 경매하고 경매로 얻은 대금의 반은 다른 배우자에게, 반은 채권자에게 배당하는 방식으로 강제 집행할 수 있다.

### 결론

채권자는 채무자의 공유하고 할 수 있는 가재도구에 대해서 강제 집행을 신청할 수 있다.

## 62. 외상 술값 다 내놓으란 말이다

이몽룡이 사법 시험에 합격하여 판사가 되자, 방자란 놈도 덩달아 출세하여 법원의 서기관으로 취직이 되었다고 가정하자.

그런데 이놈이 이 판사의 권세를 믿고 서울하고도 강남에서 유명하다는 술집은 다 다니면서 모조리 외상으로 술을 마시고는 갚을 생각을 하지 않는 것이 아닌가?

'끝내줘' 술집의 여사장 추월이가 참다못해 형조에 소송을 내려고 하는데 승소 후 강제 집행을 할 방법을 생각해보니 아득하다.

자, 외상 술값은 500만 원이고, 방자의 월급은 50만 원이다. 그 외에는 방자에게 아무런 재산이 없다. 아, 있기는 있다. 방자가 남원의 친구에게 500만 원을 빌려준 일이 있다.

추월이가 외상 술값을 받아내는 가장 효과적인 방법은?

① 승소 후에 이몽룡 판사에게 지급 청구한다.

② 승소 후에, 방자의 친구에게 방자에게 빌린 돈을 자기에게 지급하라고 청구한다.

③ 방자도 공무원이므로 국가를 상대로 손해 배상 청구한다.

④ 방자를 고용하고 있는 판사에게 사용자 책임 추궁 소송을 한다.

## 해답 ② 전부 명령

금전 채권자가 승소 판결에 기하여 채무자에게 강제 집행을 하려고 하나 채무자에게는 집행할 만한 재산이 별로 없고 다만 채무자가 제3자로부터 받을 빚(채권)이 있다면 채권자는 이 제3자에 대하여 자기의 금전 채권의 집행을 해볼 수 있을까?

판결의 효력은 소송의 당사자에게만 미치고, 강제 집행은 채무자에 대하여 한다는 원칙에 비추면 불가능할 것 같지만 민사집행법은 강제 집행 방법의 하나로서 이를 허용한다.

즉 채권자는 채무자가 제3자에 대하여 갖고 있는 채권에 대하여 압류할 수 있고, 채권자가 채무자를 대신하여 그 빚을 자기에게 이행할 것을 요구할 수 있는 '추심 명령(推尋命令)' 또는 채무자의 채권을 자신에게 이전시키는 '전부 명령(轉付命令)'이라는 제도를 이용할 수 있다.

추심 명령과 전부 명령은 집행 채권자의 신청을 받아 집행 법원이 발하는 명령이다. 가령 채권자 A가 채무자 B에 대하여 1,000만 원의 채권이 있고, 채무자 B는 제3의 채무자 C에 대하여 1,000만 원의 채권이 있는 경우, 채권자 A가 전부 명령을 얻으면 채권자 B의 제3의 채무자 C에 대한 채권은 채권자 A에게 이전된다. 이로써 채권자는 집행의 목적을 달성하게 된다.

전부 명령은 만일 제3의 채무자가 무자력이면 채권자가 위험 부담을 안게 되나, 전부 명령의 효과로 집행 절차가 곧바로 종료되므로 다른 집행 채권자가 이중 압류나 배당 요구를 할 여지가 없게 만든다. 그리하여 사실상 우선 변제나 독점적 만족을 얻는 강제 집행의 방법이므로 그 선호도가 높다.

### 결론

이 사례에서 채권자는 승소 후에 채무자가 제3자에 대하여, 갖고 있는 금전 채권을 자기에게 이전시켜 달라는 전부 명령의 수단을 이용하여 강제 집행을 할 수 있다.

## 63. 어느 셔터맨의 비애

김태평 씨는 이른바 '셔터맨'이다. 젊어서는 이것저것 다해 보았지만 손대는 일마다 실패하자 약사인 부인이 생계 전선에 나섰다. 그래서 지금은 할 일 없이 부인의 약국 문을 열고 닫아주는 셔터맨이 되었다.

그러나 사내 대장부가 언제까지 이렇게 살 수는 없는 법. 해서 아내의 도움도 받고, 친구의 돈도 빌려서 아이스크림 가게를 열었는데 이 업종마저 '너도나도' 하는 바람에 빚만 지고 망하고 말았다.

빚쟁이들이 빚을 갚으라는 소송을 해서 이긴 뒤, 그의 아내가 하는 약국의 임대 보증금에 압류를 해버렸다. 임차인 명의가 김 씨 앞으로 되어 있기 때문이다. 그러나 실은 보증금은 그의 아내가 마련한 것이고, 계약할 때 임차인 명의만 김 씨 앞으로 해둔 것이다.

김태평 씨의 아내에게 구제 방법이 있는가?

① 지금이라도 임차인 명의를 바꾼다.

② 법원에 이의 신청을 한다.

③ 보증금이 채무자 소유가 아니고 자기 소유라는 것을 주장, 입증하여 채권자를 상대로 소송한다.

④ 법원에 강제 집행 정지 신청을 한다.

판결의 강제 집행은 채무자의 재산에 대하여야 하고, 채무자가 아닌 제3자에게는 원칙적으로 할 수 없다. 그런데 실제로는 제3자에 대하여 강제 집행이 실시되는 경우도 있을 수 있다. 이때 제3자는 어떻게 해야 그 강제 집행의 배제를 구할 수 있을까?

이처럼 강제 집행의 목적물에 대하여 제3자가 소유권을 갖고 있거나 그 목적물의 인도를 막을 수 있는 권리를 갖고 있을 때, 그 제3자가 집행 채권자를 상대로 자신의 권리를 침해하는 강제 집행의 배제를 구할 수 있는 수단이 바로 '제3자 이의(異議)의 소(訴)'이다.

이 소송은 제3자가 강제 집행의 목적물에 대해 소유권을 갖고 있는 경우가 가장 전형적인 사유가 되나, 그 밖에 정당한 점유권을 갖고 있는 경우, 집행 목적물이 리스(lease) 계약인 경우 리스업자, 가등기를 갖고 있는 가등기 담보권자, 처분 금지 가처분을 한 가처분 채권자 등은 제3자 이의의 소를 제기할 자격이 있다.

제3자 이의의 소송은 통상의 소송 절차이므로 소의 제기가 있어야 한다. 제3자 이의의 소를 제기하더라도, 기왕의 강제 집행 절차는 계속될 수 있으므로 제3자가 이 소를 제기한 경우에는 집행의 정지, 집행의 취소 신청 등을 통하여 그 절차를 중단시켜야 소송의 실효를 거둘 수 있다.

### 결론

임대차 계약의 명의만 남편으로 되었을 뿐이고, 보증금을 댄 사람이나 점포를 점유하는 자가 아내라면 남편의 강제 집행 채권자에 대하여 제3자 이의의 소를 제기하여 저지해볼 수 있다.

## 64. 당신의 재산이 얼마인지 다 밝히시오

오재벌이 생전 듣도 보도 못한 장사만에게 거금 1억 원을 빌려준 뒤의 일이다. 장사만이 그 돈을 장사 밑천으로 하여 큰돈을 벌었다는 소문을 듣고 기다리다 못해 장사만을 상대로 대여금 반환 청구 소송을 냈다.

피고 장사만은 법정에 출석해서 "허허, 성질도 급하시구려. 대한민국 제일의 부자가 그까짓 1억 원 때문에 소송까지 하시다니" 하면서 웃더니, 차용 사실이 없노라고 부인하였다.

원고 오재벌은 결국 승소하였으나 문제는 피고에게 강제 집행을 할 재산에 대해서 아무런 정보가 없는 것이었다. 피고는 어디엔가 큰 재산을 숨기고 있는 것이 분명하다.

자, 승소한 원고가 피고의 재산을 모를 때에는 어떻게 해야 할까?

① 국세청에 사실 조회를 의뢰하여 피고의 재산 규모와 소재지를 알아낼 수 있다.

② 피고가 빚을 갚을 때까지 구치소에 수감시켜줄 것을 법원이나 검찰에 신청할 수 있다.

③ 법원에, 피고로 하여금 자기 재산의 명세를 제출할 것을 신청할 수 있다.

④ 아무런 방법이 없다.

천신만고 끝에 승소 판결을 받았으나, 피고의 재산의 소재지나 형태를 알 수 없어 강제 집행의 신청이 망설여지거나 포기하는 경우도 많다.

2002년 1월 26일 종전의 민사소송법에서 분리하여 제정된 민사집행법에서는 강제 집행의 실효성을 확보하기 위하여 '재산 명시(財產明示)' 제도를 도입하였다. 이 제도는 채권자가 금전 채권을 이행받기 위하여 강제 집행을 신청하였으나 채무자의 재산을 쉽게 찾을 수 없는 경우에 채무자로 하여금 스스로 자신의 재산 상태를 명시한 재산 목록을 법원에 제출·선서케 하고(재산 명시 선서), 채무자 명의의 재산에 대하여 공공 기관, 금융 기관 등에 조회하며(재산 조회), 재산 명시 기일에 채무자가 출석하지 않거나 재산 목록을 제출하지 않는 경우에 법원의 '채무 불이행자 명부'에 등재하는 등(명부 등재)의 일련의 절차를 말한다.

재산 명시는 채권자의 신청이 있어야 한다. 이 신청이 받아들여져 법원의 재산 명시 명령이 개시된 이후에 채무자가 정당한 사유 없이 재산 명시 기일에 출석하지 않거나, 재산 목록의 제출을 거부하거나, 제출한 재산 목록이 진실하다는 선서를 거부하는 경우에 법원은 채무자를 최장 20일까지 감치(監置)에 처할 수 있다. 이 재산 명시 제도는 채무자의 재산을 알 수 없는 경우에 강제 집행의 실효를 위한 획기적인 제도이고 점차 이용이 늘어나고 있다.

### 결론

**금전 채권에 대해 승소 판결 등 강제 집행을 실시할 수 있는 근거를 갖게 된 채권자는 채무자의 재산을 알 수 없는 경우에 새로 생긴 '재산 명시 제도'를 이용할 수 있다.**

# 부록

# 소　　　장

원　고[1]　유현덕 (일명 유비)
서울시 종로구 효자동 100 (우편번호 110-033)
전화: 02)555-1111(집), 휴대 전화: 010-3222-1111

피　고　조조
서울시 중구 서소문동 200 (우편번호 210-012)

## 대여금 청구의 소[2]

## 청구 취지[3]

1. 피고는 원고에게 돈 100,000,000원 및 이에 대한 2010년 1월 1일부터 이 사건 소장 송달일까지는 연 5푼, 그다음 날부터 다 갚는 날까지는 연 2할의 비율에 의한 금원을 지급하라.
2. 소송 비용은 피고의 부담으로 한다.
3. 제1항은 가집행할 수 있다.

라는 판결을 구합니다.

## 청구 원인[4]

1. 원고는 피고에게 2010년 1월 1일 돈 1억 원을 집을 사는 데 모자란다고 하면서 빌려줄 것을 요청하므로 갚는 날을 1년 후로 정하여 빌려주었습니다.
2. 그런데 피고는 갚는 때가 지난 현재까지 차일피일하면서 이를 갚지 않고 있습니다.
3. 따라서 원고는 피고에게 청구 취지와 같은 판결을 구하고자 이 청구에 이르게 되었습니다.

## 입증 방법[5]

| | | |
|---|---|---|
| 갑제1호증 | 차용증 | 1통 |
| 갑제2호증 | 변제 촉구 통고서 | 1통 |
| 갑제3호증 | 사과문 | 1통 |

그 밖의 것은 변론시에 제출하겠습니다.

## 첨부 서류[6]

| | |
|---|---|
| 1. 소장 부본 | 1통 |
| 2. 갑호증 사본 | 1통 |

2014년 2월 1일
원고 유현덕 (인)

**서울중앙지방법원 귀중**[7]

## • 주 •

1 원고의 표시에는 성명, 주소, 우편 번호, 전화번호, 휴대 전화 번호, 팩스, 전자 우편 주소 등 법원이 송달의 편의를 위해 필요한 정보를 기재한다.

2 소장에는 소명(訴名)을 적는 것이 보통이나, 필요적 기재 사항은 아니다.

3 청구 취지는 원고가 피고에게 청구하는 내용의 핵심이고, 소장의 필요적 기재 사항이다. 승소 시에는 이 기재가 판결서의 주문에 표시된다.

4 청구 원인은 청구 취지를 정당화하는 사유(사실 관계)를 요령있게 기재한다. 이 소송에서는 핵심적인 대여 일자, 대여 금액, 변제기 등을 적었다. 청구 원인도 소장의 필요적 기재 사항이다.

5 입증 방법은 소 제기 시부터 첨부하는 것이 보통이다(사본하여 첨부, 제출한다). 원고가 제출하는 입증 서류는 '갑호증'이라고 하고, 피고가 제출하는 입증 서류는 '을호증'이라고 한다.

6 첨부 서류는, 피고의 수에 해당하는 소장 부본과 소 제기 시에 소장에 첨부한 갑호증의 사본을 첨부한다(이것들은 피고에게 송달된다).

7 소장을 접수받을 법원을 표시한다(이 사례는 피고의 주소지가 서울중앙지방법원의 관할에 속한다).

# 답 변 서

사 건 2014가합 1000 대여금 청구
원 고 유현덕
피 고 조조

위 사건에 관하여 피고는 다음과 같이 답변합니다.

## 청구 취지에 대한 답변

1. 원고의 청구를 기각한다.
2. 소송 비용은 원고의 부담으로 한다.
   라는 판결을 구합니다.

## 청구 원인에 대한 답변

1. 피고는 원고로부터 원고가 주장하는 돈을 차용한 사실이 없습니다.
2. 다만 피고는 원고와 2010년 1월 1일 설악산의 생수를 생산하여 시판하는 사업을 동업으로 하기로 약정하고 원고로부터 돈 1억 원을 투자받은 일이 있습니다.
3. 그런데 위 설악산 생수 판매 사업은 2010년 지독한 가뭄 탓으로 생수가 고갈되어 사업을 더 이상 계속할 수 없어 피고는 망하고 말았습니다.

그 바람에 원고도 사업의 실패로 투자한 돈을 반환 청구하지 않기로 타협된 것입니다. 그래서 원고도 3년이 지난 지금까지도 이를 피고에게 청구하지 않고 있었던 것입니다.

4. 그러나 이제 와서 원고는 위 투자한 돈을 대여금이라고 주장하면서 이를 청구하고 있는 것에 불과하므로 원고의 청구는 부당하고, 따라서 원고의 청구를 기각하여주시기 바랍니다.

## 입증 방법

1. 생수 판매 사업 약정서 1통
2. 포기 각서 1통

2014년 2월 28일

피고 조조 (인)

**서울중앙지방법원 제1민사부 귀중**

# 서울중앙지방법원
# 제1민사부
# 판 결[1]

사 건[2] 2014가합 1000 대여금청구

원 고 유현덕

서울 종로구 효자동 100

피 고 조조

서울 중구 서소문동 200

변론 종결 2014년 5월 1일

판결 선고 2014년 5월 15일

주 문[3]

1. 피고는 원고에게 돈 100,000,000원 및 이에 대한 2010년 1월 1일부터 2014년 2월 15일까지는 연 5푼, 2014년 2월 16일부터 다 갚는 날까지 연 2할의 비율에 의한 돈을 지급하라.[4]
2. 소송 비용은 피고의 부담으로 한다.
3. 위 제1항은 가집행할 수 있다.[5]

## 청구 취지

주문과 같다.

이 유[6]

1. 성립에 다툼이 없는 갑제1호증(차용증), 갑제2호증(변제 통고서), 갑제3호증(사과문)의 각 기재와 증인 관우의 증언에 변론의 전체 취지를 종합하면, 원고는 피고에게 돈 1억 원을 갚는 때를 1년 후로 약정하여 대여한 사실을 인정할 수 있다.
   피고는 이에 대하여 위 돈은 대여금이 아니라 피고가 경영하는 설악산 생수 판매 사업에 투자한 것이라고 주장하나 을제1호증(생수 판매 사업 약정서)과 을 제2호증(포기 각서)의 기재는 이를 당원이 믿지 아니하고 그 밖에 달리 위 인정 사실을 번복할 증거가 없다.
2. 그렇다면 피고는 원고에게 주문 기재와 같은 금원을 변제할 의무가 있다 할 것이고, 이를 구하는 원고 청구는 이유 있어 이를 받아들이기로 하고, 소송 비용은 패소자인 피고의 부담으로 하며, 가집행 선고를 붙여 주문과 같이 판결한다.

재판장 판 사 김○○ (인)
판 사 이○○ (인)
판 사 박○○ (인)

## • 주 •

1 이 판결은 부록1에서 샘플로 제시한 원고 유현덕의 청구가 전부 받아들여진 경우를 가상하여 필자가 작성해본 것이다. 판결이 이런 것이구나 하고 이해하면 된다.

2 소장이 제1심 법원에 접수되면 사건 번호가 부여되어 제1심 법원 판결 종료 시까지 사건을 식별하는 표지가 된다.

3 '주문'은 판결의 결론에 해당한다. 원고 청구가 전부 받아들여지면, 원고의 소장의 청구취지가 주문이 된다.

4 금전 채무의 이행을 구하는 소송이 이유가 있게 되면 이자의 약정이 없었더도 '민법'과 '소송촉진 등에 관한 특례법'에 따라, 연 5푼과 연 2할의 지연이자를 가산 지급하도록 판결된다.

5 금전 채무의 이행을 구하는 소송에서 원고가 전부 승소하면, 가집행을 해도 좋다는 가집행 선고가 붙게 된다.

6 '이유'는 법원이 소송 사건을 심리, 조사한 결과 주문이라는 결론에 이르게 된 사실 관계, 법률관계, 증거 등이 표시되면서 주문의 정당함을 설명한다.

## 부록 4. 각급 법원 관할 구역

| 고등 법원 · 지방 법원 (일부개정 2014. 3. 18) | | | |
|---|---|---|---|
| 고등 법원 | 지방 법원 | 지원 | 관할 구역 |
| 서 울 | 서울중앙 | | 서울특별시 종로구 · 중구 · 강남구 · 서초구 · 관악구 · 동작구 |
| | 서울동부 | | 서울특별시 성동구 · 광진구 · 강동구 · 송파구 |
| | 서울남부 | | 서울특별시 영등포구 · 강서구 · 양천구 · 구로구 · 금천구 |
| | 서울북부 | | 서울특별시 동대문구 · 중랑구 · 성북구 · 도봉구 · 강북구 · 노원구 |
| | 서울서부 | | 서울특별시 서대문구 · 마포구 · 은평구 · 용산구 |
| | 의정부 | | 의정부시 · 동두천시 · 양주시 · 연천군 · 포천시, 강원도 철원군.<br>다만, 소년보호사건은 앞의 시 · 군 외에 고양시 · 파주시 |
| | | 고 양 | 고양시 · 파주시 |
| | | 남양주 | 남양주시 · 구리시 · 가평군 |
| | 인 천 | | 인천광역시 |
| | | 부 천 | 부천시 · 김포시 |
| | 춘 천 | | 춘천시 · 화천군 · 양구군 · 인제군 · 홍천군.<br>다만 소년 보호 사건은 철원군을 제외한 강원도 |
| | | 강 릉 | 강릉시 · 동해시 · 삼척시 |
| | | 원 주 | 원주시 · 횡성군 |
| | | 속 초 | 속초시 · 양양군 · 고성군 |
| | | 영 월 | 태백시 · 영월군 · 정선군 · 평창군 |
| 대 전 | 대 전 | | 대전광역시 · 세종특별자치시 · 금산군 |
| | | 홍 성 | 보령시 · 홍성군 · 예산군 · 서천군 |
| | | 공 주 | 공주시 · 청양군 |
| | | 논 산 | 논산시 · 계룡시 · 부여군 |
| | | 서 산 | 서산시 · 당진시 · 태안군 |
| | | 천 안 | 천안시 · 아산시 |
| | 청 주 | | 청주시 · 진천군 · 보은군 · 괴산군 · 증평군. 다만 소년 보호 사건은 충청북도 |
| | | 충 주 | 충주시 · 음성군 |
| | | 제 천 | 제천시 · 단양군 |
| | | 영 동 | 영동군 · 옥천군 |
| 대 구 | 대 구 | | 대구광역시 중구 · 동구 · 남구 · 북구 · 수성구 · 영천시 · 경산시 · 칠곡군 · 청도군 |
| | | 서 부 | 대구광역시 서구 · 달서구 · 달성군, 성주군 · 고령군 |
| | | 안 동 | 안동시 · 영주시 · 봉화군 |
| | | 경 주 | 경주시 |
| | | 포 항 | 포항시 · 울릉군 |
| | | 김 천 | 김천시 · 구미시 |
| | | 상 주 | 상주시 · 문경시 · 예천군 |
| | | 의 성 | 의성군 · 군위군 · 청송군 |
| | | 영 덕 | 영덕군 · 영양군 · 울진군 |
| 부 산 | 부 산 | | 부산광역시 중구 · 동구 · 영도구 · 부산진구 · 동래구 · 연제구 · 금정구 |
| | | 동 부 | 부산광역시 해운대구 · 남구 · 수영구 · 기장군 |
| | | 서 부 | 부산광역시 서구 · 북구 · 사상구 · 사하구 · 강서구 |

| 고등 법원 | 지방 법원 | 지원 | 관할 구역 |
|---|---|---|---|
| 부 산 | 울 산 | | 울산광역시 · 양산시 |
| | 창 원 | | 창원시 의창구 · 성산구 · 진해구, 김해시.<br>다만 소년 보호 사건은 양산시를 제외한 경상남도 |
| | | 마 산 | 창원시 마산합포구 · 마산회원구, 함안군 · 의령군 |
| | | 통 영 | 통영시 · 거제시 · 고성군 |
| | | 밀 양 | 밀양시 · 창녕군 |
| | | 거 창 | 거창군 · 함양군 · 합천군 |
| | | 진 주 | 진주시 · 사천시 · 남해군 · 하동군 · 산청군 |
| 광 주 | 광 주 | | 광주광역시 · 나주시 · 화순군 · 장성군 · 담양군 · 곡성군 · 영광군 |
| | | 목 포 | 목포시 · 무안군 · 신안군 · 함평군 · 영암군 |
| | | 장 흥 | 장흥군 · 강진군 |
| | | 순 천 | 순천시 · 여수시 · 광양시 · 구례군 · 고흥군 · 보성군 |
| | | 해 남 | 해남군 · 완도군 · 진도군 |
| | 전 주 | | 전주시 · 김제시 · 완주군 · 임실군 · 진안군 · 무주군. 다만 소년 보호 사건은 전라북도 |
| | | 군 산 | 군산시 · 익산시 |
| | | 정 읍 | 정읍시 · 부안군 · 고창군 |
| | | 남 원 | 남원시 · 장수군 · 순창군 |
| | 제 주 | | 제주시 · 서귀포시 |
| 수 원 | 수 원 | | 수원시 · 오산시 · 용인시 · 화성시. 다만 소년 보호 사건은 앞의 시 외에 성남시 · 하남시 · 평택시 · 이천시 · 안산시 · 광명시 · 시흥시 · 안성시 · 광주시 · 안양시 · 과천시 · 의왕시 · 군포시 · 여주시 · 양평군 |
| | | 성 남 | 성남시 · 하남시 · 광주시 |
| | | 여 주 | 이천시 · 여주시 · 양평군 |
| | | 평 택 | 평택시 · 안성시 |
| | | 안 산 | 안산시 · 광명시 · 시흥시 |
| | | 안 양 | 안양시 · 과천시 · 의왕시 · 군포시 |

## 가정 법원 (일부 개정 2014. 3. 18)

| 고등 법원 | 지방 법원 | 지원 | 관할 구역 | |
|---|---|---|---|---|
| 서 울 | 서 울 | | 가사 · 소년 보호 · 가정 보호 | 가족 관계 등록 |
| | | | 서울특별시 | 서울특별시 종로구 · 중구 · 강남구 · 서초구 · 관악구 · 동작구 |
| | 인 천 | | 인천광역시. 다만 소년 보호 사건은 앞의 광역시 외에 부천시 · 김포시 | |
| | | 부 천 | 부천시 · 김포시 | |
| 대 전 | 대 전 | | 대전광역시, 세종특별자치시 · 금산군. 다만 소년 보호 사건은 대전광역시 · 세종특별자치시 · 충청남도 | |
| | | 홍 성 | 보령시 · 홍성군 · 예산군 · 서천군 | |
| | | 공 주 | 공주시 · 청양군 | |
| | | 논 산 | 논산시 · 계룡시 · 부여군 | |
| | | 서 산 | 서산시 · 당진시 · 태안군 | |
| | | 천 안 | 천안시 · 아산시 | |
| 대 구 | 대 구 | | 대구광역시, 영천시 · 경산시 · 칠곡군 · 성주군 · 고령군 · 청도군.<br>다만 소년 보호 사건은 대구광역시 · 경상북도 | |

| 고등 법원 | 지방 법원 | 지원 | 관할 구역 |
| --- | --- | --- | --- |
| 대 구 | 대 구 | 안 동 | 안동시 · 영주시 · 봉화군 |
| | | 경 주 | 경주시 |
| | | 포 항 | 포항시 · 울릉군 |
| | | 김 천 | 김천시 · 구미시 |
| | | 상 주 | 상주시 · 문경시 · 예천군 |
| | | 의 성 | 의성군 · 군위군 · 청송군 |
| | | 영 덕 | 영덕군 · 영양군 · 울진군 |
| 부 산 | 부 산 | | 부산광역시 |
| | 울 산 | | 울산광역시 · 양산시 |
| 광 주 | 광 주 | | 광주광역시 · 나주시 · 화순군 · 장성군 · 담양군 · 곡성군 · 영광군.<br>다만, 소년보호사건은 광주광역시 · 전라남도 |
| | | 목 포 | 목포시 · 무안군 · 신안군 · 함평군 · 영암군 |
| | | 장 흥 | 장흥군 · 강진군 |
| | | 순 천 | 순천시 · 여수시 · 광양시 · 구례군 · 고흥군 · 보성군 |
| | | 해 남 | 해남군 · 완도군 · 진도군 |
| 수 원 | 수 원 | | 수원시 · 오산시 · 용인시 · 화성시.<br>다만, 소년보호사건은 앞의 시 외에 성남시 · 하남시 · 평택시 · 이천시 · 안산시 · 광명시 · 시흥시 · 안성시 · 광주시 · 안양시 · 과천시 · 의왕시 · 군포시 · 여주시 · 양평군 |
| | | 성 남 | 성남시 · 하남시 · 광주시 |
| | | 여 주 | 이천시 · 여주시 · 양평군 |
| | | 평 택 | 평택시 · 안성시 |
| | | 안 산 | 안산시 · 광명시 · 시흥시 |
| | | 안 양 | 안양시 · 과천시 · 의왕시 · 군포시 |

## 특허 법원 (일부 개정 2014. 3. 18)

| 명칭 | 관할 구역 |
| --- | --- |
| 특허 법원 | 전국 |

## 행정 법원의 관할 구역 (일부 개정 2014. 3. 18)

| 고등 법원 | 행정 법원 | 관할 구역 |
| --- | --- | --- |
| 서울 | 서울 | 서울특별시 |

## 부록 5. 소가 산정 기준표 (2012.11.30. 대법원규칙 제2431호) '민사소송 등 인지규칙'에 의함

| | | |
|---|---|---|
| 소송 목적물의 가액 산정 기준 | | 1) 토지: '부동산 가격공시 및 감정평가에 관한 법률'에 의한 개별 공시 지가에 30/100을 곱하여 산정한 금액<br>2) 건물: '지방세법 시행령' 제4조 제1항 제1호의 방식에 의하여 산정한 시가 표준액에 30/100을 곱한 금액<br>3) 선박 · 차량 · 기계 장비 · 입목 · 항공기 · 광업권 · 어업권 · 골프 회원권 · 승마 회원권 · 콘도미니엄 회원권 · 종합 체육 시설 이용 회원권 기타 '지방세법' 제10조 제2항 단서, 동법 시행령 제4조의 규정에 의한 시가 표준액의 정함이 있는 것: 그 시가 표준액<br>4) 유가 증권: 액면 금액 또는 표창하는 권리의 가액으로 하되, 증권 거래소에 상장된 증권의 가액은 소 제기 전날의 최종 거래 가격<br>5) 유가 증권 이외의 증서: 200,000원<br>6) 물건에 대한 소유권: 그 물건 가액<br>7) 물건에 대한 점유권: 그 물건 가액의 1/3<br>8) 지상권, 임차권: 목적 물건 가액의 1/2<br>9) 지역권: 승역지 가액의 1/3<br>10) 담보 물권: 목적 물건 가액을 한도로 피담보 채권의 원본액(단, 근저당권의 경우 채권 최고액)<br>11) 전세권(채권적 전세권 포함): 목적 물건 가액을 한도로 한 전세 금액<br>12) 그 외 물건 또는 권리인 경우: 소를 제기할 당시의 시가로 하고, 시가를 알기 어려운 때에는 그 물건 등의 취득 가격 또는 유사한 물건 등의 시가 |
| 소의 종류에 따른 소가 산정 기준 | 1) 통상의 소 | 가. 확인의 소(적극, 소극 포함): 위 6)~12)의 가액<br>나. 증서 진부 확인의 소: 유가 증권의 경우 위 4)의 가액의 1/2, 기타 증서인 경우 위 5)의 가액의 가액<br>다. 금전 지급 청구의 소: 청구 금액<br>라. 기간이 확정되지 아니한 정기금 청구의 소: 기발생분 및 1년분의 정기금 합산액<br>마. 물건의 인도 · 명도 또는 방해 배제를 구하는 소<br>① 소유권에 기한 경우: 목적 물건 가액의 1/2<br>② 지상권 · 전세권 · 임차권 또는 담보 물권에 기한 경우 또는 그 계약의 해지 · 해제 · 계약 기간의 만료를 원인으로 하는 경우: 목적 물건 가액의 1/2<br>③ 점유권에 기한 경우: 목적 물건 가액의 1/3<br>④ 소유권 이전을 목적으로 하는 계약에 기한 동산 인도 청구: 목적 물건 가액<br>바. 상린관계상의 청구: 부담을 받는 이웃 토지 부분 가액의 1/3<br>사. 공유물 분할 청구의 소: 목적 물건 가액에 원고의 공유 지분 비율을 곱하여 산출한 가액의 1/3<br>아. 경계 확정의 소: 다툼이 있는 범위의 토지 부분의 가액<br>자. 사해 행위 취소의 소: 취소되는 법률행위의 목적의 가액을 한도로 한 원고의 채권액<br>차. 기간이 확정되지 아니한 정기금의 지급을 명한 판결을 대상으로 한 변경의 소: 그 소로써 증액 또는 감액을 구하는 부분의 1년간 합산액 |
| | 2) 등기 · 등록 등 절차에 관한 소 | 가. 소유권 이전 등기: 목적 물건의 가액<br>나. 제한 물권의 설정 등기 또는 이전 등기<br>① 지상권, 임차권: 목적 물건 가액의 1/2<br>② 담보 물권, 전세권: 목적 물건 가액을 한도로 한 피담보 채권액(근저당권은 채권 최고액)<br>③ 지역권: 승역지 가액의 1/3<br>다. 가등기 또는 이에 기한 본등기: 권리의 종류에 따라 위 가, 나에 의한 가액의 1/2<br>라. 말고 등기 또는 말소 회복 등기<br>① 설정 계약 또는 양도 계약의 해지나 해제에 기한 경우: 위 가~다에 의한 가액<br>② 등기 원인의 무효 또는 취소에 기한 경우: 위 가~다에 의한 가액의 1/2<br>마. 등기의 인수를 구하는 소: 목적 물건 가액의 1/10 |
| | 3) 명예 회복을 위한 처분 청구의 소 | 처분에 통상 소요되는 비용을 산출할 수 있는 경우에는 그 비용, 비용을 산출하기 어려운 경우에는 비재산권상의 소로 보아 2,000만 100원 |

| | | |
|---|---|---|
| 소송 목적물의 가액 산정 기준 | 4) 회사 등 관계 소송 등 | 가. 주주의 대표 소송, 이사의 위법 행위 유지 청구의 소 및 회사에 대한 신주 발행 유지 청구의 소: 5,000만 100원<br>나. 위 가 외의 상법의 규정에 의한 회사 관계 소송: 5,000만 100원<br>다. 회사의 이외의 단체에 관한 것으로 위 나의 소송에 준하는 소송: 5,000만 100원<br>라. 해고 무효 확인의 소: 2,000만 100원 |
| | 5) 단체 소송 | 가. '소비자기본법' 제70조에 따른 금지 · 중지 청구에 관한 소송: 5,000만 100원<br>나. '개인정보 보호법' 제51조에 따른 금지 · 중지 청구에 관한 소송: 5,000만 100원 |
| | 6)집행법상의 소 | 가. 집행 판결을 구하는 소: 외국 판결 또는 중재 판정에 인정된 권리의 가액의 1/2<br>나. 중재 판정 취소의 소: 중재 판정에서 인정된 권리의 가액<br>다. 집행문 부여 및 그에 대한 이의의 소: 그 대상인 집행 권원에서 인정된 권리의 가액의 1/10<br>라. 청구 이의의 소: 집행력 배제의 대상인 집행 권원에서 인정된 권리의 가액<br>마. 제3자 이의의 소: 집행 권원에서 인정된 권리의 가액을 한도로 한 원고의 권리의 가액<br>바. 배당 이의의 소: 배당 증가액<br>사. 공유 관계 부인의 소: 원고의 채권액을 한도로 한 목적 물건 가액의 1/2 |
| | 7) 행정 소송 | 가. 조세 기타 공법상의 금전: 유가 증권 또는 물건의 납부를 명한 처분의 무효 확인 · 취소의 소: 납부 의무를 면하거나 환급받을 가액의 1/3. 단, 가액이 30억 원 초과 시 30억 원<br>나. 체납 처분 취소의 소: 체납 처분 근거 세액을 한도로 한 목적 물건 가액의 1/3. 단, 가액이 30억 원 초과 시 30억 원<br>다. 금전 지급 청구의 소: 청구 금액<br>라. 그 외의 소송: 2,000만 100원 |
| | 8) 특허 소송 | 5,000만 100원 |
| | 9) 무체 재산권에 관한 소 | 금전의 지급이나 물건의 인도를 목적으로 하지 아니하는 소는 소가를 산출할 수 없는 소송으로 보아 5,000만 100원 |
| | 10) 소가를 산정할 수 없는 재산권 상의 소 등 | 재산권상의 소로서 그 소가를 산정할 수 없는 것과 비재산권을 목적으로 하는 소송의 소가 : 2,000만 100원 |
| | 11) 상소의 소가 | 가. 상소로써 불복하는 범위의 소가를 기준<br>나. 부대 항소장, 부대 상고장: 위 가 준용. 단, 반소의 제기 또는 소의 변경을 위한 부대 항소장에 첨부할 인지액은 '민사소송 등 인지법' 제4조 및 제5조의 규정에 의하여 산정 |
| 병합 청구의 소가 산정 | 1) 합산의 원칙 | 1개의 소로써 주장하는 수 개의 청구를 하는 경우에 그 수 개의 청구의 경제적 이익이 독립한 별개의 것이면 합산하여 소가 산정 |
| | 2) 중복 청구의 흡수 | 1개의 소로써 주장하는 수 개의 청구의 경제적 이익이 동일 또는 중복되는 때에는 중복되는 범위 내에서 흡수되고, 그중 가장 다액인 청구의 가액을 소가로 한다.<br>(예: 청구의 선택적 또는 예비적 병합, 목적물의 인도 청구와 집행 불능의 경우를 대비한 대상 청구의 병합, 수인의 연대 채무자 또는 주채무자와 보증인이 당사자로 되는 경우, 동일 부동산에 관하여 취득자 및 전득자에 대하여 소유권 이전 등기, 말소 등기 절차의 이행을 구하는 경우, 동일한 권원에 기하여 확인 청구 및 이행 청구를 병합한 경우) |
| | 3) 수단인 청구의 흡수 | 1개의 청구가 다른 청구의 수단에 지나지 않을 때에는, 그 가액은 소가에 불산입. 다만, 수단인 청구의 가액이 주된 청구의 가액보다 다액인 경우 그 다액을 소가로 한다. |
| | 4) 비재산권상의 청구의 병합 | 1개의 소로써 수 개의 비재산권상의 청구를 병합하면 각 청구의 소가를 합산. 다만, 청구의 목적이 1개인 법률관계인 때에는 1개의 소로 본다. |
| | 5) 재산권상의 청구와 비재산권상의 청구의 병합 | 가. 1개의 소로써 병합한 경우에는 합산이 원칙. 단, '민사소송 등 인지법' 제2조 제5항의 경우에는 제외<br>나. 수 개의 비재산권상의 청구와 그 원인된 사실로부터 생기는 재산권상의 청구를 1개의 소로써 제기한 때에는 위 4)에 의하여 정해진 소가와 재산권을 목적으로 하는 청구의 소가 중 다액에 의함 |
| | 6) 수 개의 소장에 의한 소 | 1개의 소로써 병합 제기할 수 있는 청구를 수 개의 소로써 제기한 경우에는 각각 별도의 소가 산정 |

| 참고 사항 | | |
|---|---|---|
| | 1) 소가 산정의 기준 시 | 소 제기 시 |
| | 2) 소가 산정이 곤란한 때 | 법원은 소가 산정을 위하여 필요한 때에는 직권 또는 신청에 의하여 공무소 기타 상당하다고 인정되는 단체 또는 개인에게 사실 조사 또는 감정을 촉탁하고 필요한 사항의 보고를 요구할 수 있다. |

## 부록 6. 민사소송 등 인지액 (2012. 1. 17 법률 제11156호) '민사소송 등 인지법'에 의함

| 종별 | | | 금액 | 비고 |
|---|---|---|---|---|
| 소장 | 제1심 | 재산상의 청구에 관한 소송의 소장 | 1) 소가가 1,000만 원 미만인 경우에는 소가에 10만 분의 50을 곱하여 산출한 금액<br>2) 소가가 1,000만 원 이상 1억 원 미만인 경우에는 소가에 1만 분의 45를 곱하여 산출한 금액에 5,000원을 가산한 금액<br>3) 소가가 1억 원 이상 10억 원 미만인 경우에는 소가에 1만 분의 40을 곱하여 산출한 금액에 5만 5,000원을 가산한 금액<br>4) 소가가 10억 원 이상인 경우에는 소가에 1만 분의 35를 곱하여 산출한 금액에 55만 5,000원을 가산한 금액 | • 소가는 '민사소송법' 제26조 · 제27조에 의하여 산정<br>• 산출된 인지액이 1,000원 미만인 때에는 1,000원으로, 1000원 이상인 경우 중 100원 미만의 단수가 있는 때에는 단수는 불계산 |
| | | 비재산권 목적의 소송과 소가를 산출할 수 없는 재산권상의 소의 소장 | 2,000만 100원. 다만, 회사 관계 소송, 단체 소송, 특허 소송, 무체 재산에 관한 소는 5,000만 100원 | 1개의 소로서 비재산권을 목적으로 하는 소송과 그 소송의 원인된 사실로부터 발생하는 재산권상의 소송을 병합시키는 다액의 소가에 의한 인지 첩부 |
| | 상급심 | 항소장 | 제1심 소장의 경우의 1.5배액 | |
| | | 상고장 | 제1심 소장의 경우의 2배액 | |
| | 반소 | | 제1심의 반소장에는 위 1)~4)에 의해 산출한 금액. 항소심의 반소장에는 위 1)~4)에 의해 산출한 금액의 1.5배액 | 본소와 그 목적이 같은 반소장에는 반소의 규정액으로부터 심급에 따라 본소의 소가에 대한 규정액 또는 그 1.5배액을 공제한 액 |
| | 재심 소장 | | 심급에 따라 1심, 상소, 반소 소장과 동일한 인지액 | 소를 제기할 법원의 심급에 의함 |
| | 화해, 청구의 포기·인락 조서에 대한 준재심 | | 심급에 따라 1심, 상소, 반소 소장과 동일한 인지액 | 화해 성립 시에는 위 1)~4)에 의해 산출한 금액의 1/5의 액 |
| 신청 | 청구 변경 신청서 | | 심급에 따라 변경 후의 청구에 관한 위 1)~4)에 의해 산출한 금액 또는 그 1.5배액에서 변경 전의 청구에 관한 인지액을 공제한 액 | |
| | 당사자 참가 신청서 ('민사소송법' 제79조 · 제83조) | | 제1심은 위 1)~4)에 의해 산출한 금액. 항소심은 1심의 1.5배액 | 승계인의 참가 신청에 대하여 피신청인이 신청인의 승계 주장 사실을 다투는 경우도 동일 |
| | 화해 신청서 등 | | 위 1)~4)에 의해 산출한 금액의 1/5 | 화해 또는 지급 명령 신청 시에 소의 제기가 있는 것으로 보는 때에는 소를 제기하는 때에 소장에 붙여야 할 인지액에서 신청서에 붙인 인지액을 뺀 금액 인지를 보정해야 함 |
| | 지급 명령 신청서 | | 위 1)~4)에 의해 산출한 금액의 1/10 | |

재미있는

# 법률 여행